墨香财经学术文库

"十二五"辽宁省重点图书出版规划项目



Study on the Economic Integration of East Asia from the Point of View of Diversity

# 多样性视阈下的东亚区域经济一体化研究

宣昌勇 ◎ 著

东北财经大学出版社
Dongbei University of Finance & Economics Press
大连

**图书在版编目（CIP）数据**

多样性视阈下的东亚区域经济一体化研究 / 宣昌勇著. —大连：东北财经大学出版社，2017.12
（墨香财经学术文库）
ISBN 978-7-5654-3007-7

Ⅰ. 多… Ⅱ. 宣… Ⅲ. 区域经济一体化-研究-东亚 Ⅳ. F131

中国版本图书馆CIP数据核字（2017）第302640号

东北财经大学出版社出版发行
大连市黑石礁尖山街217号 邮政编码 116025
网 址：http：//www.dufep.cn
读者信箱：dufep @ dufe.edu.cn
大连永盛印业有限公司印刷

幅面尺寸：170mm×240mm 字数：194千字 印张：13.75 插页：1
2017年12月第1版 2017年12月第1次印刷
责任编辑：孙晓梅 章北蓓 责任校对：贺 欣
封面设计：冀贵收 版式设计：钟福建
定价：36.00元

教学支持 售后服务 联系电话：（0411）84710309
 举报电话：（0411）84710523
如有印装质量问题，请联系营销部：（0411）84710711

# 前言

从生物学的角度来讲，东亚地区是一个生物多样性的宝库。从西伯利亚开始，经中国，到东南亚，跨越赤道，再到澳大利亚，直至新西兰，绵延着一条绿色地带。这样一条绿色地带孕育着丰富多样的生物，形成了一个自我进化的生物生态系统。与东亚生物多样性一样，东亚各国（本书在分析一体化时，是指中日韩3国+东盟10国+印度、澳大利亚和新西兰共16个国家的泛东亚地区，与目前RCEP包含的国家一致）在政治、文化、宗教、制度、人均收入、技术水平和产业发展阶段等方面也存在巨大的差异。第二次世界大战以后，在WTO框架和从20世纪末开始的双边及多边贸易制度安排下，东亚地区的贸易依存度、紧密性和产业内贸易指数逐步提高，区域内产业分工逐步深化，在东亚地区逐步形成了与丰富的生物生态系统一样的经济上的生态系统。

按照传统的区域经济一体化理论，成员国之间的差异性是区域经济一体化的阻碍因素，不利于区域经济一体化的形成。传统的区域经济一体化理论主要注重区域经济一体化的福利分析，即成员国之间货物贸易完全自由化之后各国福利的变化。从这一点来看，传统的区域经济一体化理论注重结果分析，而对区域经济一体化实现的过程讨论不多也不足，或者可以说这一过程被抽象掉了。但是，从区域经济一体化实现的过程来看，不同国家一定存在不同的路径。从过程来看，各成员国之间差异性越大，越不容易达成一致或出现更高级别的一体化组织形式。但是从生物生态学中的多样性理论来看，多样性是促进自然界生物进化的主要原因；反之，就像生物在沙漠里，因为沙漠里的物种太少而很难实现进化。那么，东亚地区的多样性在经济一体化过程中能否像生态系统的共进化一样实现成员国的共同发展就是一个十分值得研究的问题。

从生物生态系统的共进化机理来看，在生物生态系统中，各种生物通过复杂的相互作用实现了系统内物种之间的平衡和生物功能的进化。从生物生态学的复杂系统理论解释中可以看出，生物生态系统的进化一方面受达尔文的随机变异、自然淘汰的选择进化机制的影响，另一方面则是受系统的自组织化能力的影响，其中自组织化能力更为重要。但自组织化能力的发挥或实现需要系统保持一定的稳定性，当外部冲击超过系统的承受能力，或系统内某种或某几种物种数量发生巨大变化时，有可能会破坏系统的平衡，甚至会造成系统的崩溃，从而影响整个生态系统的共进化。因此，东亚区域经济一体化能否实现成员国的共同发展，取决于经济一体化过程中能否有一套促进成员国共同发展的机制和保证东亚经济系统稳定的政策设计。

鉴于此，东亚国家自第二次世界大战之后一直走的是一条包容性和渐进式的经济一体化道路。在 20 世纪末之前，东亚地区的大多数国家都是 WTO 的成员，中国虽然没有加入 WTO，但是大多数国家给予了中国最惠国待遇。东亚国家主要在 WTO 制度框架下发展经贸关系，并随 WTO 的多轮谈判逐步降低关税和非关税壁垒，直到 1999 年东盟提出要建立东盟自由贸易区才开启了东亚地区签订自由贸易协定的进程。之后中日韩 3 国和东亚的其他国家纷纷与东盟签订自由贸易协议。2012 年 11 月 20 日，东盟 10 国与中国、日本、韩国、印度、澳大利亚和新西兰的领导人共同发布《启动〈区域全面经济伙伴关系协定〉(RCEP) 谈判的联合声明》，正式启动了覆盖东亚 16 个国家的经济一体化进程。同日，中日韩 3 国的经贸部长宣布启动中日韩 3 国 FTA 谈判。中韩 FTA

已经在 2016 年 12 月 20 日正式生效，日本由于历史因素和美国的干扰，对中日韩 FTA 的态度不够积极，但是从总体上看，中日韩 3 国自由贸易协定的签订只是时间问题。在这一过程中，东亚国家采取的是先签订和执行早期收割计划（如中国-东盟农产品早期收割计划等）；然后进行平等协商和谈判，签订初级版的自由贸易协议；在实施一段时间之后，再启动自由贸易协定升级版（如中国-东盟自由贸易区协定升级版）的谈判，进一步削减关税和非关税壁垒，并将自由化措施逐步扩展至服务贸易和直接投资等领域。可以看出，东亚地区一直走的是一条包容性和渐进式的经济一体化道路。

区域经济一体化实质上是一种通过区域性制度安排促进成员国国内制度变迁的过程。从制度变迁和制度安排的角度来看，包容性制度安排尊重各经济主体的意见，在经济政策制定时发扬民主、平等协商，在进行制度安排时照顾彼此的利益关切，制度变迁具有渐进性；从长远来看，容易激发各经济主体的积极性，实现经济的稳定发展、协调发展和长久发展。与之相对应的是汲取性制度安排，就是少数垄断势力利用控制力量掌握规则的制定权，无视各经济主体的差异性，采取统一的标准和进度安排，制度变迁具有激进性。这种制度安排虽然有时会取得短期的经济成长，但是从长远来看，会挫伤各经济主体的积极性，不利于经济的协调发展、稳定发展和长久发展。

这种包容性和渐进式的经济一体化道路能否促进东亚各国的共同发展呢？本书分别对东亚收入的多样性、技术的多样性、产品出口的多样性和制度的多样性与东亚区域经济一体化之间的关系进行了分析。分析结果表明，随着东亚区域经济一体化的逐步深入，东亚地区的人均收入差距呈现逐步缩小的趋势。东亚地区的技术随着区域内贸易和投资的增长呈现出梯度转移特征，带动东亚各国技术整体进步。与此同时，东亚各国间的贸易依存度和贸易结合度逐步提高，在一般机械、电器产品和化学工业制品类产业上贸易的专业化程度进一步提高，说明这几类产业的区域内分工逐步深化。从对东亚地区产品多样性与出口额关系的实证分析中可以看出，不同类型产品的出口多样性对该类产品出口的影响不同。这样的分析结果对指导今后东亚区域经济一体化谈判时各国根据不同的产品类别制定有针对性的贸易政策、避免恶性竞争和不必要的讨价还价具有重要意义。根据比较制度优势理论，东亚各国制度的多样性会在东亚地区形成不同类型的创新型国家，这为东亚地区在经济一体化过程中形成梯度技术转移路径和优势互补的产业分工格局创造了条件，有利于带动东亚地区技术的整体逐次升级。因此，东亚各国制度的多样性虽然在一定程度上会阻碍东亚区域经济一体化的进程，但是只要采取包容性和渐进式的经济一体化路径，就能化劣势为优势，实现制度间的优势互补。

虽然直接投资也是东亚区域经济一体化的主要内容，但是直接投资的直接效应和间接效应都会体现在区域内的贸易增长和技术进步以及经济发展上；另外，由于直接投资的双边和多边协议很难达成，即使在欧盟国家间也很难实现，因此本书没有讨论东亚区域内的直接投资问题。虽然市场一体化是区域经济一体化的重要内容，但是在目前阶段，这只是东亚区域经济一体化的美好愿景，缺少进行分析的现实基础，因此，本书也没有分析东亚地区市场一体化问题。

通过分析可以看出，东亚地区的经济正如东亚地区特有的、丰富的生态宝库一样，只要遵循与生物生态系统共进化同样的规律，基于对东亚各国在多方面具有多样性这一基本事实，采用包容性和渐进式经济一体化路径，就会有利于东亚各国经济的共同发展，特别是后发国家的经济和技术追赶。因此，我国应坚持以 RCEP 为框架，逐步推进东亚区域经济一体化进程，提升经济一体化层次，逐步吸收亚太地区的新成员，最终实现亚太自由贸易区的愿景。

在本书的写作过程中，以美国为首的亚太 12 个国家在亚太地区强推跨太平洋伙伴关系（也称 TPP）协定（Trans - Pacific Partnership Agreement），并于 2016 年 2 月 4 日在新西兰的奥克兰市正式签署协议。TPP 的最大特征是高标准，被标榜为 21 世纪的世界贸易规则，主张市场全面准入，强调成员国之间的一致性；其覆盖领域广，包含知识产权、劳工、环境、临时入境、国有企业、政府采购、金融、发展、能力建设、监管一致性、透明度和反腐败等亚太地区绝大多数 FTA 尚未涉及或较少涉及的条款。TPP 的这种制度安排和东亚地区正在推进的以包容性和渐进式为特征的 RCEP 制度安排形成了对比。虽然 TPP 因美国的退出而暂时停摆，但是仍然有继续推进的可能。本书用生物生态学的共进化理论分析东亚地区包容性和渐进式经济一体化所产生的影响，使得读者对东亚区域经济一体化的路径选择能有一个清晰的判断。

本书的写作得到了中国人民大学商学院博士生导师、南京审计大学党委书记晏维龙教授，中国人民大学商学院博士生导师王亚星教授，中国人民大学商学院博士生导师王晓东教授，中国社会科学院财经战略研究院博士生导师宋则教授的指导，他们提出了许多宝贵的修改建议，在此深表谢意！

**著　者**

2017 年 11 月

# 目录

# 1 绪论

## 1.1 问题的提出

从生物学的角度来讲，东亚地区是一个生物多样性的宝库。从西伯利亚开始，经过中国，到东南亚，跨越赤道，再到澳大利亚，直至新西兰，绵延着一条绿色地带。这条贯穿南北两个半球的绿色长廊在世界上绝无仅有，因为在其他地区，这种绿色地带通常都被沙漠地区所隔断。东亚地区这条独特的绿色地带孕育着丰富多样的生物，形成了一个庞大的自我进化的生物生态系统。与东亚地区的生物多样性一样，东亚各国在政治、文化、宗教、制度、人均收入、技术水平和产业发展等方面也存在巨大的差异。自第二次世界大战以后，在 WTO 框架下和 20 世纪末开始的双边及多边贸易制度安排下，东亚地区的贸易紧密性逐步提高，产业分工逐步深化，在东亚地区逐步形成了与丰富的生物生态系统一样的经济上的生态系统。东亚地区的经济发展一度被称为“东亚奇迹”，即使在世界经济不景气的今天，东亚地区的经济增长仍然是引领世界经济增长的火车头。那么促进东亚地区经济持续增长的主要原因是什么呢？

第二次世界大战之后，东亚地区的经济发展自日本开始，到 20 世纪 70 年代中后期，“亚洲四小龙”接下了东亚地区快速发展的接力棒，然后传至东盟主要 4 国（印度尼西亚、马来西亚、菲律宾、泰国）；1978 年，中国开始了改革开放，开启了经济快速发展的新时代；印度在 1991 年实行了“新经济政策”，经济发展速度一直位于世界前列。东亚地区按照这个次序一直发展下来，实现了经济的长期稳定与快速发展。特别是 20 世纪 70 年代以后到 2014 年间，除了 1998 年的亚洲金融危机和 2008 年的全球金融危机之外，东亚地区总体上实现了经济的平稳快速增长。1990 年以后，中国的年均经济增长率在 2008 年以前保持在 10% 左右，近几年也保持在 7% 左右。东亚地区其他国家的年均经济增长率保持在 5% 左右。特别是东亚地区的不发达国家，如老挝、柬埔寨、越南和缅甸，经济增速则更高（见表 1–1）。

表 1–1　　　　**东亚地区主要国家实际 GDP 的增长**

| 项目 / 国家 | GDP（亿美元） | | GDP年均增长率 | 人均GDP（美元） | | 人均GDP年均增长率 |
|---|---|---|---|---|---|---|
| | 2000年 | 2014年 | 2000—2014年 | 2000年 | 2014年 | 2000—2014年 |
| 泰国 | 1 227.3 | 3 738.0 | 8.3% | 1 968.5 | 5 560.7 | 7.7% |
| 越南 | 336.4 | 1 862.0 | 13.0% | 433.3 | 2 052.3 | 11.7% |
| 印度尼西亚 | 1 650.2 | 8 885.4 | 12.8% | 789.8 | 3 514.6 | 11.3% |
| 马来西亚 | 937.9 | 3 269.3 | 9.3% | 4 004.5 | 10 829.9 | 7.4% |
| 菲律宾 | 810.3 | 2 845.8 | 9.4% | 1 043.5 | 2 843.1 | 7.4% |
| 柬埔寨 | 36.5 | 167.1 | 11.5% | 299.0 | 1 084.4 | 9.6% |
| 老挝 | 17.3 | 117.7 | 14.7% | 321.3 | 1 707.5 | 12.7% |
| 新加坡 | 958.4 | 3 078.7 | 8.7% | 23 793.0 | 56 286.8 | 6.3% |
| 文莱 | 60.0 | 172.6 | 7.8% | 18 086.6 | 40 776.3 | 6.0% |
| 缅甸 | — | 643.3 | — | — | 1 197.5 | — |
| 中国 | 12 052.6 | 103 601.1 | 9.6% | 954.6 | 7 593.9 | 10.6% |
| 韩国 | 5 616.3 | 14 103.8 | 6.8% | 11 947.6 | 27 970.5 | 6.3% |
| 日本 | 47 312.0 | 46 014.6 | −0.2% | 37 299.6 | 36 194.4 | −0.2% |
| 澳大利亚 | 4 149.9 | 14 537.7 | 9.4% | 21 667.0 | 61 887.0 | 7.8% |
| 新西兰 | 526.2 | 1 883.8 | 10.3% | 13 641.1 | 42 409.0 | 9.1% |
| 印度 | 4 766.1 | 20 669.0 | 11.0% | 457.3 | 1 630.8 | 9.5% |

资料来源　根据世界银行统计数据库整理。

关于东亚地区经济高速增长的原因，有各种各样的研究结论。新古典派经济学家巴拉萨（Balassa）认为，东亚地区持续的经济增长是市场机制发挥作用的范例，消除高关税以及进口限制等阻碍市场机制发挥作用的制度在其中发挥了重大作用。阿姆斯登和怀德（Amsden，1989；Wade，1990[①]）认为，东亚地区经济的高速增长是因为政府对市场的成功干预，公共政策发挥了有效的作用，是政府矫正了市场扭曲的结果。新制度学派的研究者青木（1997）[②]主张，东亚国家的官僚机构、金融体系和创新体系等多种合适的制度设计促进了东亚地区经济的高速增长。另外，从贸易角度研究东亚地区工业化过程比较有名的有赤松（1972）[③]的雁阵型理论和末广（2000）[④]的追赶型工业化理论等。

但是，无论哪一种解释都不可否认在东亚地区经济高速发展的过程中，区域内的经济联系在进一步加强，东亚地区的经济发展与东亚区域内的经济一体化密不可分。东亚各国区域内的贸易规模自2000年以来一直保持着快速和稳定的增长，进口贸易额从2000年的5 619亿美元增加到2013年的22 490亿美元，出口贸易额从2000年的5 299亿美元增加到2013年的21 512亿美元，短短13年内增加了3倍多。东亚各国区域内的进口贸易额占东亚各国从世界进口贸易总额的比重从2000年的不到23%一跃升到2013年超过了40%，而出口贸易所占比重也超过了40%。这表明东亚各国间的贸易规模和所占份额都有了显著增加。

与此相对比，NAFTA（北美自由贸易区）和EU（欧盟）的区域内贸易份额无论是出口还是进口都出现了下降趋势，没有出现像东亚区域内贸易那样快速增长的态势。例如，墨西哥对美国的出口额占墨西哥总出口额的比重从1983年的83%下降到2011年的79%，加拿大对美国的出口额占加拿大总出口额的比重从最高的2002年的87.7%下降到2011年的73.7%。欧盟内部也是同样的情形。这说明东亚地区与其他

① WADE，ROBERT.Governing the Market：Economic Theory and the Role of Government in the East Asian Industrialization［M］．Princeton：Princeton University Press，1990：56-178.

② 青木昌彦，金基，奥野正寛．東アジアの経済発展と政府の役割：比較制度分析のアプローチ［M］．東京：日本経済新聞社，1997：34-89.

③ 小島清，松永嘉夫．世界経済と貿易政策［M］// 赤松要．世界経済の異質化と同質化．東京：ダイヤモンド社，1972：147-213.

④ 末廣昭．キャッチアップ型工業化論［M］．名古屋：名古屋大学出版会，2000：23-56.

地区不同，区域内贸易呈现持续的高速增长势头。

在 20 世纪末之前，专家学者们关于东亚区域内贸易模式的研究一直集中于以比较优势为基础的产业间贸易，但是近年来逐步转向了对区域内产业内贸易的研究。平塚（2006）[①]，深尾、石户、伊藤（2002），木村（2006）在这方面进行了深入的研究。平塚（2006）主要关注东亚区域内贸易快速增长的问题，他认为，由于运输费的下降、规模经济性、收入递增效应的作用，东亚地区形成了垂直型的分工体系，其结果是东亚地区的贸易从以比较优势理论和要素禀赋差异理论所解释的产业间贸易逐步向产业内贸易转变。他进行了实证分析，发现在东亚地区，垂直型的产业内贸易正在逐步扩大，特别是在机械和电器产业，这种现象更为明显。木村（2006）认为，东亚地区正在进行被称为“模块化分工”的生产过程的国际分工。由于模块化分工的深入，产业内贸易也随之增加，在同一产业内部就会产生中间投入的空间联系。

从上面的分析可以看出，虽然众多专家学者对东亚区域内贸易和投资对区域内经济发展的影响进行了分析，但是对东亚区域内这一时期的贸易制度安排和经济一体化所走的路径涉及不多。第二次世界大战结束以后到 20 世纪末之前，东亚地区的大多数国家都是 WTO（1995 年 1 月 1 日前是 GATT）的成员，中国虽然没有加入 WTO，但是大多数国家给予了中国最惠国待遇，东亚国家主要在 WTO 框架下发展经贸关系，并随 WTO 的多轮谈判逐步降低关税和非关税壁垒，进行实质上的一体化进程。东盟 6 国虽然在 20 世纪 60 年代就成立了一体化组织，但是其以成员国间政治上的相互协调为主要目的。直到 1999 年东盟宣布建立东盟自由贸易区，开启了东亚区域内制度性双边和多边贸易安排的先河为止，东亚地区一直走的是一条缓慢的渐进式的经济一体化道路，选择的是一种以诱致性制度变迁为主、强制性制度变迁（通过外部压力促进国内制度变迁）为辅的制度安排模式。

但是自 2001 年之后，东亚地区掀起了缔结 FTA 的热潮。中日韩 3 国先后分别与东盟 10 国签订了自由贸易协议。在此之后，印度、澳大

---

① 平塚大祐 . 東アジアの挑戦［M］. 東京：アジア経済研究所，2006：167-209.

利亚和新西兰又先后分别与东盟10国签订了自由贸易协议。东亚地区形成了以东盟10国为轮毂，中国、日本、韩国、印度、澳大利亚和新西兰6国为轮辐的轮毂-辐条型区域经济一体化格局。在此基础上，为了发挥东盟在东亚区域经济一体化中的核心作用，2012年11月20日，东盟10国与中国、日本、韩国、印度、澳大利亚和新西兰的领导人共同发布《启动〈区域全面经济伙伴关系协定〉(RCEP)谈判的联合声明》，正式启动了覆盖东亚16个国家的经济一体化进程。从RCEP的16个成员国来看，无论在政治、经济、文化，历史、宗教还是在人均收入、经济发展阶段和技术水平等方面都存在巨大的差异。从政治制度来看，中国、越南和老挝是共产党执政的社会主义国家，日本、泰国和柬埔寨是君主立宪制国家，其他大多数国家实行的是自由选举的西方政治体制。从经济发展阶段来看，日本、澳大利亚、新西兰是发达国家，韩国、新加坡是新兴市场国家，中国、印度尼西亚和马来西亚是中等收入国家，而柬埔寨、老挝、缅甸和越南是最不发达国家。由于经济发展阶段不同，区域内国家的技术水平和贸易的商品结构存在巨大的差异。

根据传统的区域经济一体化理论，成员国间的这些差异是区域经济一体化进程的阻碍因素，不利于东亚区域经济一体化的形成。传统的区域经济一体化理论主要注重区域经济一体化的福利分析，即成员国间货物贸易完全自由化之后各国福利可能发生的变化。从这一点来看，传统的区域经济一体化理论注重结果分析，而对区域经济一体化实现的过程讨论不多，可以说这一过程被抽象掉了。但是，从实现过程来看，区域经济一体化确实存在不同的路径。北美自由贸易区是世界上第一个由发达国家和发展中国家组成的自由贸易区，欧盟在经过关税同盟、共同市场和经济同盟这一过程之后，其吸收新成员国的标准很高。从区域经济一体化的过程上来看，差异性越大越不容易达成成员国间的一致，或很难升级到更高级别的一体化组织形式。但是从生物生态学中的多样性理论来看，多样性是促进自然界生物进化的主要原因，就像生物在沙漠里因为沙漠里物种太少很难实现生物的进化一样。那么，东亚地区的多样性在经济一体化过程中能否像生物生态系统的共进化机理一样实现成员国的共同发展是一个十分值得研究的问题。

从生物生态系统的共进化机理来看，生物生态系统中各种生物通过复杂的相互作用关系实现系统内物种之间的平衡和生物功能的进化。从生物生态学的复杂系统理论解释中可以看出，生物生态系统的进化一方面受达尔文的随机变异和自然淘汰的选择进化机制的影响，另一方面则是受系统的自组织化能力的影响，其中自组织化能力更为重要。但自组织化能力的发挥需要系统保持一定的稳定性，当系统内某种或某几种物种数量发生巨大变化时，系统的平衡将被打破，会造成某一或某些物种的减少，甚至灭绝；或当系统遭受外部冲击并且这种冲击超过系统的承受能力时也有可能造成系统的失衡，并有可能会造成系统的崩溃。因此，东亚区域经济一体化能否实现成员国的共同发展取决于一体化过程中能否有一套促进成员国共同发展的机制和保证东亚经济系统稳定的政策设计。

鉴于此，在这一过程中，东亚采取的是先签订早期收割计划（如中国-东盟农产品贸易早期收割计划等），然后进行平等协商和谈判，签订初级版的自由贸易协议，在实施一段时间之后，再启动自由贸易协定升级版（如中国-东盟自由贸易区协定的升级版）的谈判，进一步削减关税和非关税壁垒，并将自由化领域逐步扩展至服务贸易和直接投资等领域。从中可以看出，东亚地区在经济一体化过程中走的是一条包容性和渐进式的一体化道路。

那么东亚地区基于差异性这一现实所采取的这种包容性和渐进式的一体化道路能否促进东亚各国经济的共同发展呢？在区域经济一体化过程中，各国的收入、技术、产品和贸易模式以及制度等的差异性对成员国的影响巨大；当然，东亚在政治、历史、文化和宗教等方面存在着巨大的差异性并且这些差异性也同样影响着各成员国的经济发展和技术进步。但是，一方面，这些领域的研究超出了本书研究的范围，基本属于社会学或政治学研究范畴；另一方面，一国所选择的制度是该国综合考虑了政治、文化、历史和宗教等因素的产物。因此，本书只选择了制度作为代表来分析其与区域经济一体化之间的关系。本书借鉴生物生态学中多样性促进生物共进化的机理分别对东亚收入的多样性、技术的多样性、产品的多样性、贸易模式的多样性和制度的多样性与东亚区域经济一体化之间的关系进行分析，试图弄清东亚地区在重视多样性的基础上所选择的包容性和渐进式的经济一体化路径能否实现东亚各国的共同发展，特别是能否缩小不发达国家与其他国家间的经济发展差距。这种包容性和渐进式的经济一体化道路是否适合东亚地区的一体化进程具有十分重要的意义。

在东亚地区经济一体化进程顺利推进的时候，美国高调宣布在亚太地区强推跨太平洋伙伴关系（TPP）协定，Trans-Pacific Partnership Agreement)。2015 年 10 月 5 日，TPP 终于取得实质性的突破，12 个国家（澳大利亚、文莱、加拿大、智利、日本、马来西亚、墨西哥、新西兰、秘鲁、新加坡、美国和越南）就 TPP 达成一致；2016 年 2 月 4 日，12 个国家在新西兰的奥克兰市正式签署了跨太平洋伙伴关系协定。美国将 TPP 以高标准、宽领域、统一性和不可回溯性标榜要为亚太地区乃至全球制定 21 世纪的经贸新规则。那么，TPP 的这种无视成员国之间差异性而采取的统一的和激进的一体化路径对于东亚来说是否是一条可选择的路径呢？本书的分析对这一问题的回答可以作为一个有益的参考。

虽然直接投资也是东亚区域经济一体化的重要内容，但是直接投资的直接的和间接的效果都会体现在区域内的贸易增长、技术进步和经济发展上；另外，直接投资的双边和多边的制度协议很难达成，即使在欧盟各国间也很难实现。因此，本书没有讨论东亚区域内的直接投资问题。虽然市场一体化也是区域经济一体化的重要内容，但是在目前阶段市场一体化只是东亚地区经济一体化美好的愿景，缺少进行分析的现实基础。因此，本书也没有分析东亚地区的市场一体化问题。

## 1.2 相关概念的界定

（1）东亚地区。本书中所运用的东亚地区是一个泛东亚地区的概念，并非是纯地理上的概念，而是从区域经济一体化进程的角度所运用的概念。它既是一个狭义的区域经济一体化的区域概念，又是一个扩展的地理学上的概念，因为它包括了在地理学上不属于东亚的国家，如印度、澳大利亚、新西兰等国。在众多研究东亚区域经济一体化的文献当中，东亚地区是指包括东亚、东南亚、南亚和大洋洲的国家和地区的泛东亚地区。本书所指的东亚地区仅仅指参与 RCEP 协定谈判的国家，即东盟 10 国、中国、日本、韩国、印度、澳大利亚和新西兰 16 国。

（2）多样性。多样性是生物生态学上的一个概念，指在一定时间和一定空间范围内所有生物（动物、植物、微生物）物种及生态系统的复杂性总称。生物多样性主要包括遗传多样性、物种多样性和生态系统多样性三个层级。在本书中将这一概念扩展至经济学的领域，主要是指演化经济学中的空间经济学中的消费品、服务和人的多样性和复杂系统理论中的可利用资源的多样性。在本书的区域经济一体化研究中，多样性主要是指成员国之间的差异性，如制度的差异性、文化的差异性、宗教的差异性、收入的差异性、技术的差异性、产业水平的差异性、产品差异性和贸易商品结构的差异性等。

（3）共进化。共进化是一个生物生态学上的概念，是指地球上的所有生物不是没有规律的随意堆积，各种生物之间存在着千丝万缕的直接或间接的联系，彼此之间相互影响，相互作用，彼此制约，形成有规律的组合。物种之间的这种复杂关系，不仅影响着物种的生存，而且还影响着物种的进化。一个群体的进化与其他群体的进化相互影响，这种变化发展过程叫作生物的共进化。物种与物种之间相互之间复杂的适应性是生物长期共同进化的结果。在本书中借用生物生态学的这种共进化的概念和原理，将区域经济一体化组织视作一个系统，各成员国是系统中一个独立的生物或物种，探讨在区域经济一体化过程中成员国之间的制度、文化、收入、技术和产品等的多样性（或差异性）与成员国的经济发展和技术进步之间的关系。

（4）制度。制度是社会科学里的一个概念，从社会科学的角度来看，制度泛指以规则或运作的模式，规范个体行动的一种社会约束，一般指在一定的群体范围内要求大家共同遵守的办事规程或行动准则，也指国家机关颁布的法令和在一定历史条件下形成的礼俗等特定的规范。在本书中所讨论的制度主要是指经济制度。经济制度是人类社会发展到一定阶段，在社会生活中占主导地位的生产关系的总和。某一特定社会的经济制度构成了这个社会的经济基础，并与这个社会的政治制度、法律制度和人们的社会意识形态等上层建筑之间存在着相互影响、相互作用的关系。因此，在谈到一个经济制度时，不可避免地会涉及这个社会的政治制度、历史、文化、宗教和社会意识形态方面。制度会随着社会的发展而不断地发生着变迁，即使在同一经济发展阶段，不同的国家，特别是政治制度不同的国家会有不同的制度选择，不同的制度选择反过来又会对社会的发展产生不同的影响。

（5）产品出口多样性。本概念是借鉴生物多样性的一个概念。生物多样性是用生物多样性指数来定量地反映一个生物群落内物种多样性的程度，是用来判断生物群落结构变化或生态系统稳定性的一个指标。其在生物生态学的概念中包含有“种的丰富性”和“种构成的均等性”两层意思。产品出口多样性同样可以用产品出口多样性指数来描述。如果将这种描述生物多样性指数和均等性指数运用到东亚国际货物贸易的分析中，产品出口多样性指数则可以表示为：①在国际贸易中一国向某一国的出口额占该国出口总额中的份额；②在各国的出口总额中各个产业所占的份额，从而可以用来描述一国产品出口的多样性。

（6）区域经济一体化。是指成员国之间通过签订协议，削减关税和非关税壁垒以及实施在服务贸易、直接投资、知识产权保护等领域的便利化措施以实现成员国在货物贸易、投资和服务贸易等领域的自由化，达到提高成员国经济福祉的目的。按照一体化程度从低到高排列，区域经济一体化的形式分为优惠贸易安排、自由贸易区、关税同盟、共同市场、经济同盟和完全的经济一体化六种形式，其中自由贸易区是目前世界上最广泛的经济一体化组织形式。

（7）区域全面经济伙伴关系（Regional Comprehensive Economic Partnership，RCEP）协定。该协定是由东盟10国在2012年在柬埔寨首都金边联合签署宣言发起，邀请中国、日本、韩国、澳大利亚、新西兰、印度共同参加（“10+6”），通过削减贸易和非贸易壁垒，促进贸易和投资自由化，最终建立16国的统一大市场的自由贸易协定。

## 1.3 本书的构成

本书主要由 9 章构成。除第 1 章是绪论外，后面各章的主要内容如下：

第 2 章是理论综述。在本章中的理论综述主要分为三个部分：第一部分是对经济一体化过程中区域内成员国的收入收敛、技术转移和技术进步、贸易多样性以及产品出口多样性的影响因素进行理论综述，特别是对东亚包容性和渐进式的制度安排对上述几方面的影响进行理论综述。按照传统的区域经济一体化理论，成员国之间的差异性是区域经济一体化的阻碍因素，但是按照生物生态学中的多样性促进生物共进化的原理，多样性在一定条件下可以促进生物的共同进化。因此，第二部分是对生物多样性和生物共进化理论的介绍。在本部分，对系统控制论模型、复杂系统理论中的耗散结构和自组织系统、生物多样性系统的共进化机理进行综述。第三部分将生物生态学中的多样性促进生物共进化的原理运用到经济领域的分析中，将经济系统视作一个自组织化系统，对将生物进化理论运用到经济学领域研究的在演化经济学中十分重要的马歇尔、凡勃伦、熊彼特、哈耶克等的理论进行简单的介绍。最后从复杂系统中的空间经济学和复杂系统理论两个角度来解释多样性与经济发展之间的关系。

第 3 章是东亚收入多样性与区域经济一体化。在东亚地区最显著的差异之一就是各国人均收入的差距。高收入国家有日本、新加坡、澳大利亚和新西兰，中等收入国家有韩国、中国、印度尼西亚、马来西亚，收入低的国家有缅甸、柬埔寨、越南和老挝。这些国家收入上的差距在东亚实质性的经济一体化过程中，人均收入的差距变化如何？东亚地区的不发达国家是否陷入了“近邻贫困化”的陷阱？本章在对贸易收敛效应和投资收敛效应进行理论分析的基础上，对东亚地区一体化过程中的人均收入进行收敛的实证分析，用人均 GDP 的增长率和 GDP 增长率分别作为被解释变量，用各国区域内贸易零部件总额占该国零部件贸易总额的比重增长率、各国 FDI 流入量占 GDP 的比重、区域内 FDI 流量占国内资本份额的增长率、各国固定资本形成额占GDP的比重等指标作为解释变量进行实证分析。考虑到生产要素边际产出递减的因素对经济增长的影响，本书将各国GDP的初始值和人均GDP的初始值分别作为被解释变量进行回归分析。分析结果显示，东亚地区的人均收入增长呈现收敛的态势。也就是说，虽然东亚地区各国的人均GDP都在逐步提高，但是收入越低的国家增长的速度越高，总体上东亚地区的人均收入差距呈现逐步缩小的趋势。这说明，东亚地区收入的多样性（或差异性）并不是东亚区域经济一体化的阻碍因素，相反，收入的多样性更有利于各国间的经济合作，低收入国家人均收入的提高和与高收入国家间差距的缩小是东亚区域经济一体化的最根本的动力。但是各国GDP的初始值和人均GDP的初始值与经济收敛的关系不明显，说明经济收敛与东亚国家的初始经济状况关系不大。

第4章是东亚技术多样性与区域经济一体化。东亚地区国家间发展阶段的差异性决定了区域内各国技术水平上的差异性，各国在制度上的差异性又决定了各国在技术创新能力和创新模式上的差异性，这样在东亚地区就更容易形成技术水平上的差异性。在东亚区域经济一体化的过程中，伴随着区域内贸易和直接投资的增长，技术水平低的不发达国家是否会陷入"比较优势陷阱"？或在技术上一直处于被发达国家"俘获"的地位？弄清这一问题十分重要。因此，本章在对东亚技术多样性进行测度的基础上，结合技术国际转移理论和技术国际梯度转移的机理，对东亚地区随着区域经济一体化进程的推进，从零部件贸易种类和比重两个指标的变化对东亚地区的技术收敛性进行了实证分析。分析结果表明，在东亚地区确实呈现出技术收敛性的特征。因此，可以说明在东亚经济一体化过程中并没有出现不发达国家技术上的"被俘获"，相反，技术水平上的差异性和创新模式的不同在东亚地区形成了技术梯度转移模式和合理的产业分工，从而促进东亚地区整体的技术进步，而且不发达国家在这一过程中只要配以合适的制度安排，还可以实现"蛙跳式"的技术追赶，从而缩小与发达国家的技术差距。但是，一个国家在完全开放之后，不能完全依靠技术的国际转移来实现技术赶超，必须走自我创新的道路。本章还以日本、韩国、马来西亚和中国作为案例对东亚地区技术梯度转移进行了案例研究。

第 5 章是东亚贸易多样性与区域经济一体化。在东亚区域经济一体化过程中，东亚区域内的贸易结构和贸易模式是否发生了积极的变化，在东亚地区是否正在逐步形成优势互补的产业分工网络，对于判断东亚区域经济一体化的成败十分重要。在本章中首先运用贸易依存度指数计算出区域内各国对区域内贸易的依存度。结果显示，大多数国家的区域内贸易依存度有了很大提高，特别是不发达的越南、缅甸、老挝和柬埔寨等国区域内贸易依存度提高更快，说明这些国家与区域内贸易的紧密度提高。在对区域内贸易结构的变化进行分析后显示，东亚区域内的一般机械、电器产品、化学工业类产品以及 IT 产品区域内的贸易份额提升很快，产业内贸易指数都超过了 0.5，一改过去东亚区域内产业间贸易占主导的局面。这说明这些产业在东亚地区已经呈现出水平分工的趋势，在东亚地区正在形成垂直分工和水平分工相互交织的产业分工网络，改变了原先发达国家出口高端工业制成品，不发达国家出口劳动密集型产品和资源型产品的贸易结构。在对东亚各产业的贸易专业化指数进行分析后发现，东亚国家在不同类产品上出口专业化水平随着区域经济一体化的推进发生着积极的变化，各国基于比较优势的产业分工日益凸显。东亚区域内贸易结构和贸易模式随着东亚区域经济一体化进程的推进正在发生积极的变化，不发达国家进一步参与到区域内的产业内分工之中。

第 6 章是东亚产品多样性与区域经济一体化。在东亚地区既存在着经济规模和人均收入不同的国家，又存在着对各国来说竞争力不同的产业。那么，东亚区域经济一体化的过程中由于削减关税和非关税壁垒，对不同经济规模和人均收入不同的国家和不同类产品的出口影响如何呢？如果弄清了这些问题，对于今后在区域经济一体化谈判中，针对不同经济规模的国家和不同类产品实行不同的贸易政策，避免在一体化谈判中采取无视差异化的贸易政策，从而更加体现包容性和渐进式的一体化理念具有重要意义。在本章中借鉴生物生态学中的生物多样性指数的概念，采用出口多样性指数来对产品出口的多样性与贸易之间的关系进行实证分析。首先运用 Shannon-Wiener 的 H′ 指数计算出东亚各国的出口多样性指数，对东亚各国出口多样性指数的变化进行比较。分析结果显示，东亚各国除韩国和澳大利亚的出口多样性指数略有下降外，其他国家的多样性指数都有提升，原因是韩国近年来电器产品和汽车的出口份额明显提高，而澳大利亚近年来矿产品和农产品的出口份额显著提高。在此基础上，选择东亚区域内贸易紧密度最高的机械、化学工业类产品、一般原材料及其制品、食品和东亚各国间竞争性较强（相似度高）的纺织业和杂项制品等进行分析，制作出口多样性指数的面板数据，运用改进的贸易引力模型，分析不同类产品的多样性与出口贸易之间的关系。从分析结果可以看出，不同类产品、不同经济规模和不同人均收入的国家、贸易双方间的产品多样性指数都会对产品出口造成不同的影响。这些分析结论对于在区域经济一体化协议谈判时针对不同国家和不同产品制定不同的贸易政策具有指导意义。

第 7 章是区域经济一体化背景下产品差异与市场规模、关税保护。在进行区域经济一体化谈判时，大多数成员国对本国竞争力弱的产业往往采取高关税保护措施。在确定需要保护的本国产业时大多数成员国往往采用贸易竞争度等方法而忽略了成员国间市场规模的差异和产品的特性。这往往会造成保护失当或达不到预期的保护效果。我们采用空间经济学模型，对产品差异性与市场规模与关税保护效果之间进行模拟分析。通过分析得出，虽然关税能够防止本国产业的流出，但是对市场规模小的成员国来说效果有限；市场规模小的成员国无需对产品差异性程度小的产品采取高关税保护措施而只需对产品差异性程度大的产品采取高关税保护措施。东亚地区不仅国家间市场规模差异巨大，而且各国间的关税水平差异也大，特别是最不发达国家希望通过维持高关税来保护本国的产业。本章的研究结论在东亚地区推进一体化过程中为各成员国在谈判时确定本方应保护的产业以及保护的程度提供了一个崭新的视角。

第 8 章是东亚制度多样性与区域经济一体化。虽然经济制度构建了一个社会的经济基础，但是经济制度又是政治制度、文化和社会意识形态相互作用的产物。因此，本章在分析制度多样性时，虽然以经济制度分析为主，但是不可避免地会涉及政治制度、宗教和文化等因素。虽然东亚从总体上来看都受到了中国儒家传统文化的深远影响，但是东亚各国在制度上的差异性十分明显。制度、文化和宗教的多样性一直被认为是东亚区域经济一体化进程的阻碍因素。本章对东亚地区的经济制度按照对企业竞争力形成所提供的制度优势不同进行分类，以霍尔和索斯吉斯的“比较制度优势”理论为依据，对东亚地区制度的多样性对区域经济一体化进程的影响进行分析。研究得出，制度的多样性使东亚形成了不同类型的技术创新型国家，有利于东亚地区的技术梯度转移、各国的技术进步和东亚整体的技术进步。

从制度变迁的角度来看，东亚地区由于历史、文化和宗教因素的影响更倾向于诱发性的制度变迁，但是面对瞬息万变和日趋激烈的国际竞争，诱发性制度变迁会使东亚无法迅速面对国际经济形势的变化。因此，适度的强制性制度变迁不仅会使东亚国家因应国际竞争局势的变化而能及时采取应对策略，同时又能保持适度的稳定性和可持续性。从制度安排的角度来看，由于东亚地区多样性的存在，包容性的制度安排不仅能承认成员国之间的差异性，而且在此基础上能充分发扬民主，经过平等协商而达成能使各成员国获得最大利益的协议。因此，东亚地区既需要区域性经贸制度的安排促使各国进行强制性的制度变迁，但是又不能采取汲取性（或激进式）的制度安排打破东亚地区经济发展内在的平衡。东亚地区的经济一体化如生物生态系统的共进化一样，既要拥有保持系统共进化的机制，又要不能使系统内部失衡，超出自组织能力的范围，也不能使系统受到难以承受的外部冲击，从而使系统崩溃。从生物生态学的角度来看，包容性和渐进式是东亚经济一体化路径的正确选择。

第 9 章是结论和对策建议。在东亚地区各国中确实存在着明显的多样性，从与经济发展和区域经济一体化紧密相关的角度看，有收入的多样性、技术的多样性、贸易的多样性、产品多样性和制度的多样性等。这些多样性一直被认为是阻碍东亚进行一体化进程的原因。但是，随着近年来东亚各国间实质上的经济一体化步伐的加快，从本书的分析来看，东亚各国间的多样性随着一体化进程的推进对东亚各国的经济发展和技术进步起到了推进作用，在东亚地区呈现的是一种收敛的效应。东亚的经济一体化进程是在承认多样性的基础上，采取包容性和渐进式的一体化路径，这是一条合适的道路。

在此基础上，本书提出了如下建议：

第一，我国应以包容性和渐进式的方式加速推动东亚区域经济一体化的进程。

第二，我国应致力打造适合促进技术创新的国内制度环境。

第三，在推进东亚区域经济一体化过程中深化与东亚国家的产能合作。

第四，在区域经济一体化制度安排谈判中我国和其他成员国应实行灵活的策略。

第五，在推进区域经济一体化的过程中，在进行政策沟通的同时更加重视民心相通。

## 1.4 本书的创新之处

（1）创新性地将生物生态学中的生物多样性促进生物共进化的理论运用到区域经济一体化的分析中。

在传统的区域经济一体化理论中，成员国之间的差异性是区域经济一体化的阻碍因素，不利于区域经济一体化的形成。但是，从生物生态学的理论出发，生态系统内生物的多样性有利于生物的共同进化。因此，本书以东亚地区经济的快速增长和区域经济一体化进程加快为背景，在借鉴和吸收现有关于生物共进化和经济增长研究成果的基础上，尝试将生物生态学中的“多样性”、“自组织化”和“共进化”等生物进化的机理实质性地运用到国际贸易的研究之中去，以弄清东亚地区的多样性是否有助于东亚地区的经济发展。实际上，在演化经济学中已经有很多关于多样性的论述。如亚当·斯密（Adam Smith）[①]认为：技能的差异（多样性）并不是分工的原因，而是分工的结果；而查尔斯·巴贝奇（Charles Babbage）则认为：多样性是分工的原因，而并不是分工的

① SMITH A. The Wealth of Nations [M]. Londorn: Penguin Classics Press, 1776: 235-347.

结果；凡伯伦（Veblen）认为：多样性自人类社会一开始的时候就存在，之后随着环境的变化（自然选择）而一直持续下去。另外，哈耶克（Hayek）[①]认为，进化过程会产生多样性和复杂性。

近年来，在经济学方面关于多样性的研究可以归纳为两个方向：一个为空间经济学，另一个为复杂系统理论。

根据藤田（Fujita，2000）[②]论述，空间经济学研究成果中关于多样性的共同观点是在生产过程中存在着产品、规模经济性、运输费和劳动力等方面的差异，即“多样性”。具体来说，有 3 点：①消费品的多样性；②中间产品的多样性；③人的多样性等。这些因素的相互作用产生了集聚力。如图 1-1 所示，通过消费品多样性的增加，企业和消费者向城市集中机理的示意图。例如，当一个城市能够提供越多样的消费品和服务时，根据消费的偏好和效用原理，对于在该城市工作的劳动者（=消费者）所得的名义工资来说，其实际工资收入（=效用）就会越高，这样就会吸引更多的劳动者移居到该城市。更多的消费者又会形成对该城市消费品和服务更多的需求。需求的扩大，又会吸引更多的企业到该城市来落户投资，生产和提供更多的消费品和服务。更多的消费品和服务又会吸引更多的劳动者移居到该城市。更多样的消费品和服务的供给使得劳动者的实际工资收入提高从而吸引他们到该城市工作或定居的效果被称作“前向关联效应”；更大的消费市场又会吸引更多的企业到该城市落户投资，生产和提供更多的产品和服务的效应被称作“后向关联效应”。由于这种劳动者与企业之间的正向的反馈机理形成了集聚效应，促进了该城市的发展。这种正向的反馈机制也同样适用于以企业作为消费对象的“中间产品”的多样性，中间产品的生产企业与使用这些中间产品的最终产品的生产企业之间同样会形成集聚。这种集聚力的形成与人的多样性之间具有不可分割性。

从复杂系统理论角度进行的多样性研究，主要有斯图尔特·考夫曼（Stuart Kauffman，1995）[③]。根据他的理论，多样性产生多样性，或者

---

① HAYEK. The Constitution of Liberty［M］. Oxford：Routledge Press，1960：256-327.

② 藤田昌久，クルーグマン，ベナブルズ.空間経済学［M］. 東京：東洋経済新報社 2000：47-187.

③ KAUFFMAN S. At Home in the Universe：The Search for Laws of Self-Organization and Complexity［M］. New York：Oxford University Press，1995：78-189.

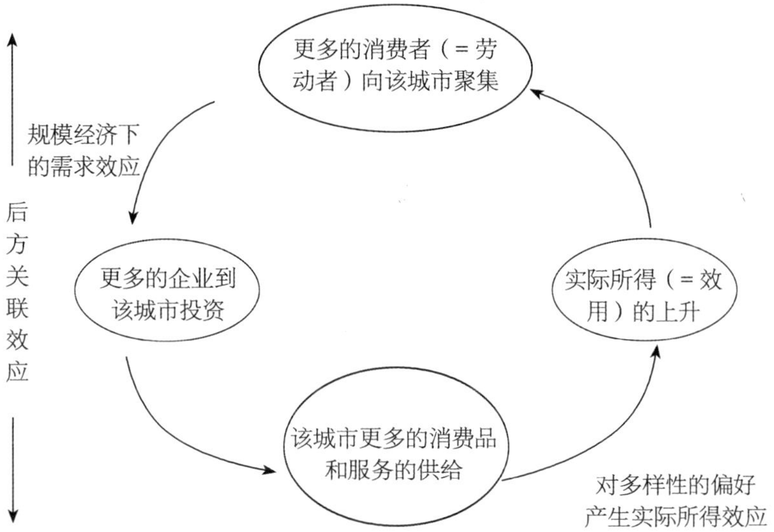


**图 1-1　由消费品和服务的多样性而形成的集聚效应**

说多样性来自于机理的多样性。因此，多样性是成长的促进因素。在长时间的跨度内，不断产生新的产品和新的服务，这些新产品和新服务逐步替代老的产品和服务，从而实现产品和服务的新老更替。由于市场的竞争，企业为了保持自己的竞争优势，都会竞相采用新技术，从而使技术具有了扩散的动因，这样就会连锁引起其他产品和技术的消失，有时会像雪崩一样快速和剧烈。由于这样的雪崩现象，其他的商品和服务也失去了存在的意义，从人们的视野中消失。各种各样的商品和服务只能博得人们一时的喜爱，显示其短暂的存在意义。就这样，整个社会就像生物界的进化（新旧更替）一样一直不断向前发展。在经济系统中发生的这种产品和服务的进化不只是单个个体的进化，而是共同进化，因为某种商品或服务的存在从现有的其他商品和服务来看必须具有其存在的意义。这种关系与生物界的共生或寄生关系极其相似，从经济学角度来看，就是互补品或替代品之间的关系。图 1-2 描述的是由多样性而引起共进化的示意图。可利用资源的多样性表示的是每一年新出现的产品和服务的多样性程度，资源构成的多样性表示的是资源中互补品和替代品的多样性程度。

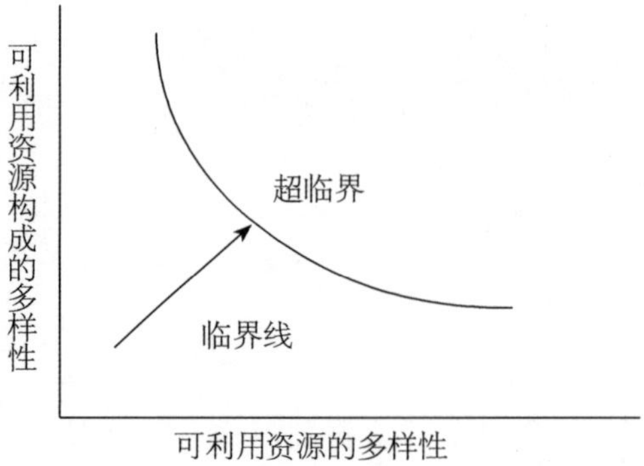


**图 1-2　由多样性引起的共进化机理**

随着可利用资源多样性和可利用资源构成复杂性的增加，整个系统将越过图中的临界线，就会发生相当于宇宙的涅槃那样，意味着整个系统产生了更多的新产品和新服务。该临界线被称作“卡俄斯（原始天神或混沌之神）临界线”，整个系统就是在卡俄斯临界线附近（下方）不断向临界线上的某一个点靠近而不断发生进化。随着“卡俄斯临界线”的不断上移，人类社会就会不断向前进步。

运用这些关于多样性的经济理论和生物生态学中多样性的机理来分析东亚地区的多样性在经济一体化过程中所能产生的效应是本书研究的目的之一，特别是以多样性为中心对东亚区域内贸易和技术转移进行实证分析。东亚地区的差异性是否有利于东亚地区的经济发展呢？另外，无论是空间经济学，还是复杂系统理论，虽然对多样性的重要性都给予了足够的重视，但是在实证分析方面，以多样性为重点进行的研究很少。近年来在关于东亚产业内贸易的研究中，虽然把多样性视为产业内贸易扩大的原因，但是对东亚地区的多样性与贸易之间关系进行实证分析的研究并不多。因此，这正是本书需要尝试的地方。

（2）对差异性（本书指多样性）不利于区域经济一体化的传统区域经济一体化理论的一个补充。

传统区域经济一体化理论认为成员国之间的差异性是区域经济一体化的阻碍因素，不利于区域经济一体化的形成。但是东亚地区一开始就选择了充分重视成员国之间的差异性而走一条包容性和渐进式的经济一体化道路。这条路径有效化解或规避了差异性给东亚区域经济一体化带来的不利影响。

从第二次世界大战之后东亚区域经济一体化的历史来看，在20世纪末之前，东亚各国在WTO的制度框架下进行着经贸往来，并随着WTO的多轮谈判逐步降低各国的关税和非关税壁垒。东亚大多数国家，特别是以中国为代表，纷纷实行出口导向型政策和积极的利用外资政策，东亚地区进行着实质上的经济一体化进程。但是，这时的东亚地区所走的是一条渐进式的一体化道路，以WTO的制度约束来缓慢地促进本国的制度变迁（微弱的强制性制度变迁），更多的东亚国家自行实行改革开放而形成诱发性的制度变迁。这种渐进式的一体化进程和诱发性的制度变迁曾创造了经济上的“东亚奇迹”和促进了中国经济的高速发展。

从21世纪初开始，东亚地区开始了缔结双边和多边贸易协定（FTA）的热潮，东亚国家间的FTA相互交织，形成了以东盟为轮毂，其他国家为辐条的FTA网络。但是东亚国家间缔结的FTA，都是在各国间平等协商，充分认识各国间存在的巨大差异性，照顾到不发达国家利益的基础上的协定，如对不发达国家削减关税和非关税壁垒的要求要比其他国家低得多，对不发达国家弱势产业给予足够的保护期等。除此之外，东亚国家还采取早期收割计划（如中国-东盟自由贸易区的农产品贸易早期收割计划等），贸易协定版本逐步升级等措施（如中国-东盟自由贸易区升级版）。因此，从中可以看出，东亚地区自21世纪初开始的制度性区域经济一体化安排走的是一条包容性和渐进式的道路。这种道路是否有利于东亚各国的经济发展呢？本书通过收入的β收敛实证分析，分析结果表明，东亚地区的人均收入呈现收敛的态势；东亚地区正在进行着技术在区域内的梯度转移，不仅实现了在整体上的技术进步，而且部分国家还实现了技术上的赶超和“逆袭”；东亚区域内的贸易依存度和紧密度逐步上升，贸易模式从原先的产业间贸易为主逐步转变为产业间和产业内贸易相互交融的局面；在一般机械、电器产品、化学工业类产品和IT产品等产业的区域内分工逐步深化，初步形成了区域内产业分工的网络。

因此，从上面分析可以看出，东亚地区所采取的包容性和渐进式的经济一体化道路是基于东亚国家间存在着巨大差异性这个现实。从生物生态系统的共进化机制来看，既要拥有保持系统共进化的机制，又不能使系统内部失衡，超出自组织能力的范围，更不能使系统受到难以承受的外部冲击，从而使系统产生崩溃。那种汲取式和激进式的一体化道路会打破东亚经济生态系统的平衡，不利于东亚地区经济的发展。

（3）对产品多样性与贸易关系的理论与实证分析为区域经济一体化自由化谈判采取不同的策略提供了新的可靠的依据。

在分析生物多样性与经济发展的国内外文献中，很少有采用实证分析的方法。在本书中，将描述生物生态学中物种丰富性程度的多样性指数运用到东亚区域内贸易的分析中，采用了使用比较广泛的香农-威纳指数（Shannon-Wiener Index（H′）），对东亚区域内的产品多样性与区域内贸易之间的关系进行实证分析。通过分析发现，不同国家、不同类产品的多样性对不同国家的不同产品的出口贸易影响不同。同时，运用空间经济学模型对产品差异性与市场规模和关税保护的效果进行模拟分析也得出同样的结论。这为在区域经济一体化谈判时各国根据不同类的产品制定本国的贸易和投资自由化策略提供了理论与实证分析的依据；同时也为在东亚地区采取包容性和渐进式的一体化道路提供了理论与实证分析的依据。这在目前关于区域经济一体化策略研究的文献中很难见到。

# 2 理论综述

## 2.1 多样性与区域经济一体化关系的理论综述

按照传统区域经济一体化理论，成员国间的差异性是区域经济一体化的阻碍因素，特别是制度上的差异性更是区域经济一体化形成的最大障碍，因为区域经济一体化说到底是通过成员国在制度上的协调实现贸易和投资的自由化，而成员国间制度上的差异性会给制度的协调造成极大的难度。东亚区域内各国间不仅在制度、文化、宗教等方面存在巨大的差异性，而且在经济收入、技术发展水平、贸易结构和贸易模式等方面也都存在着巨大的差异性。这些巨大的差异性在东亚区域经济一体化过程中会产生哪些影响呢？

### 2.1.1 收入多样性与区域经济一体化关系的理论综述

在关于收入多样性与区域经济一体化大研究中，区域经济一体化能否使每个成员国都受益呢？区域内的落后经济体会不会因为在分工上的劣势而陷入比较优势陷阱呢？早在1949年，阿根廷经济学家普雷维什（Prebisch，1949）①针对这一疑问就提出了“中心-外围”理论（Core and Periphery Theory）。在这种“中心-外围”的关系中，由于技术进步及其传播机制在“中心”和“外围”之间的表现不同和作用不同，这两个体系之间的关系是不对称的、不平等的。也有学者认为落后经济体的企业可以通过技术跨越，并充分利用联系、杠杆和学习的战略，实现赶超。Mathews（2006）②通过对亚太地区后发国家跨国公司典型案例的分析，提出了3L范式（Linkage-Leverage-Learning Framework）。那么在区域经济一体化内部，区域中的初始经济发展水平低的国家是否比初始经济发展水平高的国家具有更高的经济增长率，从而使得两国之间的经济差距有不断缩小的趋势，并最终出现趋同效应呢？这是一个十分值得思考的问题。

在经济学中，对这一问题的研究就是指区域经济一体化的经济收敛效应研究。在新古典经济学的研究框架下，经济增长的收敛形式一般可以分为三类，分别是β收敛（β-convergence）、σ收敛（σ-convergence）和俱乐部收敛（Club Convergence）。虽然这三种收敛关注的侧重点和计算的侧重点稍有不同，但是计算结果都能判断区域内成员国间收入差距的变化情况。在新古典经济学模型中，收敛性来自于递减的资本收益，因此，区域经济一体化所带来的贸易创造与投资促进效应也可能促进收入的收敛。因此，贸易收敛效应和投资收敛效应该是区域经济一体化经济收敛的主要影响因素。所以，通过收敛分析是判断区域经济一体化对成员国经济发展影响的一种科学方法。

### 2.1.2 技术多样性与区域经济一体化关系的理论综述

各国间经济发展水平的不同和技术创新能力上的差异会在区域经济一体化成员国间形成技术上的差异性（多样性）。这种技术上的差异性在区域经济一体化过程中会对不同的成员国产生什么样的影响呢？区域

① PREBISCH. The Economic Development of Latin America and Its Principal Problems [J]. Cepal, 1949 (5): 23-41.

② MATHEWS J A. Competitive Advantages of the Latecomer Firm: A Resource-based Account of Industrial Catch-up Strategies [J]. Asia Pacific Journal of Management, 2002, 19 (4): 467-488.

经济一体化过程中，成员国间通过贸易和投资，最主要是通过投资，使得技术在区域内成员国间进行转移。按照菰田（1987）[①]论述，国际技术转移可以大致分为企业内技术转移、企业间技术转移和技术援助等。作为技术转移理论，最著名的要数 R. Vernon[②]的产品生命周期理论。此外，在对外直接投资与技术转移之间关系的分析中，还有对外直接投资技术溢出和逆向技术溢出理论等。这些理论都为区域经济一体化过程中的技术转移提供了理论分析的依据。但是产品的生产据点从发达国家向发展中国家转移这种现象对于发展中国家来说是不是真的最终促进了他们的技术自立呢？现实中，从发达国家投往发展中国家的投资往往是技术已经成熟或陈旧的量产项目居多，量产所需的大量生产设备、重要的中间产品依然需要从发达国家进口，对发展中国家技术自立的贡献难以确定。有些发展中国家在区域内产业分工中一直处于国际价值链的最低端，在技术上一直处于“被俘获”的地位。

那么发展中成员国如何在区域经济一体化过程中获得技术上的进步呢？根据 Veblen 和 Gerschenkron 提出的“赶超”理论：如果落后国家的技术水平达到一定的程度，那么两个国家技术水平的差距越大，则技术国际传递的速度就越快。而对外直接投资和国际贸易是技术溢出的重要渠道，即对外直接投资量或贸易量越大则技术国际传递的速度就越快。那么在东亚地区技术水平差异巨大的背景下，东亚地区的不发达国家能否通过提高本国资本积累和制定合适的技术政策是一个十分值得研究的问题。伯利兹（Brezis）、克鲁格曼（Krugman）和兹东（Tsiddon）等（1993）[③]曾提出了发展中技术进步的“蛙跳”理论。那么，更进一步，东亚的部分国家在区域经济一体化过程中，能否实现技术上的追赶或“逆袭”，更是在东亚技术多样性与区域经济一体化关系分析中另一个十分值得考虑的问题。

---

① 菰田文男．国際技術移転の理論［M］．東京：有斐閣，1987：38-123.

② VERNON R.International Investment and International Trade in the Product Cycle［J］. The Quarterly Journal of Economics，1966（5）：190-207.

③ BREZIS，KRUGMAN，TSIDDON.Leapfrogging in International Competition：A Theory of Cycles in National Technological Leadership［J］. American Economic Review，1993（83）：1211-1219.

### 2.1.3 产品多样性与区域经济一体化关系的理论综述

随着区域经济一体化进程的深入，成员国间产业分工会进一步深化，区域内产品出口的多样性会大大增加。那么，区域内的发达国家和发展中国家产品出口的多样性是不是同时得到扩大呢？不同类产品出口多样性的增加是否一定会有利于本国的出口呢？Markusen（1986）曾提出了一个“东-西-南”三方贸易模型，指出发展中国家基于比较优势出口无差异产品，而发达国家则基于知识优势出口差异性产品。克鲁格曼因此认为，发展中国家经济发展的格局和出口产品结构的变迁与不断提高的出口多样性有着密切关系。克鲁格曼（1979）①最早把产品多样性这一因素引入到贸易分析模型中。在垄断竞争模型中他引入了内生的产品种类数目，认为从产品种类增长获得贸易利益有两个渠道：一个是使市场规模变大；另一个是通过贸易可以传播知识技术，推动各国经济的内生增长，从而生产更多种类的商品，各国会从产品品种的增加上获益。他还认为，一国所能生产的产品种类与其经济规模成正比。关于出口多样性对出口绩效影响的实证文献也随之增多，如 Funke & Ruhwedel（2001，2002）以 OECD 和东亚国家为样本研究出口多样性对出口实绩的影响，结果表明出口多样性对出口实绩有积极影响。Broda & Weinstein（2004）②实证检验了进口多样性与美国福利增长之间的关系，结果得出美国福利增加的 3% 来源于美国进口外延边际的增加。Feenstra（2004）③通过利用发达国家和发展中国家对美国出口的跨产业统计数据来计算各国产品出口多样性指数与各国全要素生产率之间的关系，计算结果显示出口多样性和生产率之间存在着相关性，出口多样性丰富的国家具有更高的劳动生产率。区域经济一体化对不同国家和不同产品的出口多样性会产生怎样的影响，反过来，产品出口多样性对产品的出口又会产生什么样的影响是一个在东亚区域经济一体化过程中十分

---

① KRUGMAN. Increasing Returns, Monopolistic Competition, and International Trade [J]. Journal of International Economics, 1979 (9): 469-479.

② BRODA C, WEINSTEIN D E. Globalization and the Gains from Variety [R]. NBER Working Paper, 2004 (2): 451-513.

③ FEENSTRA, ROBERT C, HIAU L K. On the Measurement of Product Variety in Trade [J]. American Economic Review, 2004, 94 (2), 145-149.

值得研究的问题。

### 2.1.4 制度多样性与区域经济一体化关系的理论综述

大多数经济学家都支持制度在经济发展和技术进步上发挥着重要的作用的观点。从制度方面解析制度多样性具有代表性的人物是霍尔和索斯吉斯（Hall，Peter，Soskice）（2001）①。他们提出了比较制度分析理论和 VOC（Varieties of Capitalism）制度划分方法（简称 VOC 方法）。VOC 方法不将“政府的作用”和“工会的作用”作为资本主义的比较基准，而将“企业”作为比较基准，重视各种各样的制度关系对企业行为所产生的影响。霍尔和索斯吉斯在将企业的创新划分为激进式创新和渐进式创新的基础上，指出正是制度构成的不同导致这两种不同的创新模式。他们认为激进式的技术创新是适应于自由市场经济制度的产物，而渐进式的技术创新是适应于有调节的市场经济制度的产物。由于 VOC 方法的局限性，Amable（2003）②提出了政府调节经济的调节制度划分方法。Amable 最终将资本主义市场体制划分为“市场基础型”、“亚洲型”、“欧洲大陆型”、“社会民主主义型”和“地中海型”5 种类型。根据不同的市场制度类型对企业创新能力和创新模式的影响不同，Amable 又将企业的创新分为渐进式创新和激进式创新，并对不同制度安排的国家与创新类型进行了模拟分析。因此，从这一理论出发，可以推断出在一个区域集团的内部，成员国之间制度的多样性会在成员国间形成不同的创新能力和创新模式。这种创新能力的不同又会加剧成员国间的技术差异性（或多样性）。根据 R. Vernon 的产品生命周期理论，技术转出国和转入国间技术差距的不同会造成技术转移速度和转移路径的不同。因此，技术上的多样性在区域经济一体化的过程中会对各国的技术进步产生不同的影响。

东亚地区在制度上确实存在着巨大的差异性。这种制度上的差异性在传统区域经济一体化理论看来是区域经济一体化最大的阻碍因素，因

---

① HALL，PETER，SOSKICE. Varieties of Capitalism：The Institutional Foundations of Comparative Advantages［M］. Oxford：Oxford University Press，2001：125-389.

② AMABEL B.The Diversity of Modern Capitalism［M］. Oxford：Oxford University Press，2003：52-178.

为区域经济一体化实质上是制度上的协调，制度上的差异必然给成员国间的制度协调造成困难。但是，制度毕竟是一定文化、历史、宗教和经济条件下的多重因素共同作用的产物，自然而然地会随着这些因素的变化而变化。因此，制度变迁也是伴随着社会的发展而不断地进行着。美国著名经济学家诺思[①]在其《制度、制度变迁与经济绩效》一书中把这种制度变迁划分为诱发性的制度变迁和强制性的制度变迁。诱发性的制度变迁由于变迁速度慢，常常是自发性的变迁，遇到的阻力较小，付出的成本低，但是它所能带来的经济发展速度和经济收益往往比较小。强制性制度变迁一般发生在系统内出现某一偶然事件或系统遭受到外部的强烈冲击时才可能发生。区域经济一体化的制度安排对一个经济体来说是一种典型的外部冲击，会促使一个成员国进行适当的制度变迁才能来满足区域经济一体化制度安排的要求。

按照国家或统治阶层对政治和经济的干预或控制程度，诺思将制度安排划分为包容性制度安排和汲取性制度安排。包容性制度安排能够在一个经济体内发扬民主，各经济体相互平等，能发挥各自的优势自由竞争，因而能调动各经济体的积极性，从而能在长期内实现经济的高绩效，但是在短期内其绩效的增长有可能是缓慢的。汲取性制度安排是少数精英阶层或垄断集团利用其垄断优势或市场控制力量攫取额外利润。这种制度安排由于其强制性和掠夺性，在短期内有可能会实现经济的高速发展，但是从长远来看，因为会挫伤经济主体的积极性而使经济绩效低于包容性制度安排的绩效。区域性贸易制度的安排如果把一体化组织作为一个国家来看的话可以被视作为一种制度安排。这种制度安排可以是包容性的，也可以是汲取性的。这种制度安排的不同当然会影响区域内不同成员国的发展绩效。

从上述的理论综述可以看出，收入的多样性、技术的多样性、贸易模式的多样性、出口产品的多样性和制度的多样性对区域经济一体化的影响没有一个明确的定论，但是从自然界生物多样性能促进生物共进化的机理来看，多样性对于区域经济一体化有可能具有积极的意

---

① 诺思.制度、制度变迁与经济绩效［M］.杭行，译.上海：格致出版社，2008：26-175.

义。因此，有必要对生物生态学中多样性促进生物共进化的机理进行介绍。

## 2.2 生物多样性与共进化的理论综述

多样性的研究广泛应用于物理、生物、复杂系统科学等理论领域。经济学受此启发，逐步将多样性应用到经济发展的研究之中。本章梳理多样性研究的主要成果，以期提炼出多样性对经济发展的作用机制。

本章首先考察物理学、生物学以及复杂系统理论中对多样性与进化的研究，然后分析多样性在经济学中的应用情况，并且在前面分析的基础上提炼出多样性促进经济发展的作用机制，以及多样性对于东亚区域经济一体化的意义。

物理学家普利戈金（Llya Prigogine）①和哈肯（Hermann Haken）②认为，在物理学中的多样性以系统哲学的观点来看，从某一选择对象（原子、分子、结晶体、细菌、有机体、社会、国家、感觉、感情、倾向、意志、思想）出发，无论对于自然系统还是认知系统，采用系统工程和技术，都可以提炼出系统-控制论系统。拉兹洛（Ervin Laszlo）③指出，在这一系统中，自安定性功能维持着系统从过去到现在的秩序，自组织性功能则开启现在到未来的新秩序。多样性的层级结构通过相互作用取得系统的进化。在经济学中“进化“的概念是从尼尔森和温特（Nelson and Winter，1982）④的研究开始焕发新机。生物学中的多样性研究是运用诸如“多样性”、“自组织化”、“自我淘汰”和“共进化”等概念，对多样性引起物种的共进化、多样性是物种进化的推手等观点进

① 普利戈金．非平衡系统中的自组织［M］．徐锡申，等，译．北京：科学出版社，1986：137-223.
② 哈肯．协同学引论——物理学、化学和生物学中的非平衡相变和自组织［M］．徐锡申，陈式刚，等，译．北京：原子能出版社，1984：89-176.
③ 拉兹洛．系统哲学引论：一种当代思想的新范式［M］．钱兆华，等，译．北京：商务印书馆，1998：28-194.
④ NELSON，WINTER. An Evolutionary Theory of Economic Change［M］．Harvard：Belknap Press，1982：147-234.

行的分析。考夫曼（1995）[①]认为，在这种情况下，生态系统是一个“自组织化”的系统。普利戈金和哈肯提出的复杂系统理论认为，构成系统各个要素的性质之和并不能形成整个系统的性质。只有更多的要素集合在一起才有可能产生迄今为止不存在的物质。这种现象被称为“原发”和“始发”。换句话说，就是相当于各元素中原先不存在的性质或秩序自发地产生，“自组织化”地表现出来。

上述关于多样性的研究运用到经济学之中，从物理学和生物学的观点来看，技术的进步与生物在被生成前的化学进化和生成后自我适应的共进化法则支配一样。复杂系统理论涵盖从生命体的进化到进化的机制、天气现象到经济体制和政治制度等非常广泛的领域，而且在演化经济学、制度经济学当中也存在同样或相似的观点，从“经济的高速增长也只有在产品或服务的多样性超过了一定的临界值之后才会发生”这一理论背景出发来进行研究。

### 2.2.1 物理的多样性

（1）系统哲学论

物理学家普利戈金和哈肯认为，物理世界在世界观上是系统哲学的。系统哲学的研究对象包括地球上广泛存在的各种处于自然状态的具体系统，涉及粒子、原子、分子、结晶体等物理系统，也包括细菌、有机体、生态等生物系统，还包括社会、体制、国家等社会系统。近年来，该研究还进一步跨进心灵现象等生理系统。拉兹洛认为，上述研究，实际上可以归为自然系统和认识系统两类认识。前者是关于物理现象上的事物研究，后者是关于心理现象上的研究。这两种系统，前者涉及具体的粒子、原子、分子、结晶体、细菌、有机体、社会、体制、国家等具体的事物，后者涉及知觉、感觉、感情、倾向、意志、思想、记忆、想象、意识、经验等心理上的现象（事物）。但这两种系统，基于它们共同的不变性和结构的相同性，可以设计出系统-控制论模型，从而为认识、解释、规范所认识的对象提供一般性的结构。因此，系统哲

① KAUFFMAN S. At Home in the Universe: The Search for Laws of Self-Organization and Complexity [M]. New York: Oxford University Press, 1995: 78-189.

学重视过程，重视创造与创新，重视相互进化，重视共存和重视全体性。

（2）系统-控制论模型

拉兹洛①着眼于自然系统和认识系统共同的系统不变性和结构的相同性而设计出的控制论模型涵盖四大要件：整体性、自安定性（第一控制性）、自组织性（第二控制性）与箱型层次结构。

根据该模型的解释，无论自然系统还是认识系统，整体皆不能还原成部分，系统内的各个部分也无法简单加总形成系统。在此情况下，要维持整个系统并保持安定，系统中现有的秩序必须在临界范围之内，此为系统控制论模型的第一控制性。当然，系统总会面临周围环境等外力的影响而被迫做出反应，现有的结构也将会变化。这个时候，进化、学习等再秩序化的进程就被开启，此所谓第二控制性。一般而言，第一控制性意在维持系统的自安定，维持系统从过去到现在的秩序化模式，第二控制性则开启从现在到未来的新秩序的自组织化。箱型层次结构着眼于某个层次，由于整体不能由部分相加而得，系统中的上层与下层的关系显得至关重要。在系统内部，各个部分既要保持各自的特性或自由度，又要相互接触、相互磨合、相互合作、相互适应以发挥功能性作用，形成完整的秩序状态。

### 2.2.2 生物的多样性

（1）基因、物种、功能

协同学的创始人哈肯②将生物的多样性划分为基因、物种与功能多样性三个层级。

首先是基因的多样性。关于生物多样性的研究，最有代表性的是关于物种的多样性研究。基因的多样性实质上是遗传的多样性，指的是以物种为单位所区分的物种间的多样性，也包括了某物种内所存在的各种不同特征的多样性。这种遗传的多样性，最显著的是

① 拉兹洛．系统哲学引论：一种当代思想的新范式［M］．钱兆华，等，译．北京：商务印书馆，1998：103-176.

② 哈肯．协同学引论——物理学、化学和生物学中的非平衡相变和自组织［M］．徐锡申，陈式刚，等，译．北京：原子能出版社，1984：67-179.

基因的多态性，也就是不连续的基因变异，其基础是在为数众多的基因位点中，多个对立的基因产生突变之后而产生，并可以以某种机制维系下去。一般而言，构成群体的个体数量越大，基因的多样性就越大。

其次是物种的多样性。物种的差异有两种依据：形态的差异和DNA差异。形态的差异能很容易观察到，但当物种很难从形态上区分时，就必须采用DNA的方法来进行区分。物种多样性的指标有两类，其一是基于生物（系统）分类的多样性，这种多样性，当显示更高的层阶，比如从种、科、目、类的分类来看，就会显现出不同的多样性；其二是基于生物种群丰富性（数量）的多样性，在这里种群的数量成为多样性的重要指标，这一指标在检测群体的动态演变模式时发挥作用。

最后是功能的多样性。从生物功能出发来考察多样性，与从物种多样性来划分的多样性之间存在很大的差异。生物功能是考虑到每一个生物在某生态系统或生存环境中所体现和发挥出来的结构的和动态的差异或变化的多样性。

无论是基因的多样性、物种的多样性还是功能的多样性，虽然存在着显著的差异性，但其中也暗藏了某种共性：社会性和互利共生性。它们本质上是某种物种之间或内部的协调关系，使得某种不可能发生的事情因这种关系而发生，换言之，产生了新的性质（特征）和功能。它们是同种或不同种的多个个体间的协调关系，使得原来没有这种关系时不可能发生的事情变成有可能发生的事情，也就是说产生出生命中完全不同的新的性质和功能（斯密斯，1982）[①]。

（2）生物多样性系统

生态系统究竟在什么样的机制下得以维持，生物的多样性在生态系统内形成了怎样的相互作用系统呢？

第一，共生机制。

竞争物种之间的共存问题作为生态学的中心问题，从20世纪20年

① 斯密斯（Maynard Smith），英国著名进化生物学家，著有突破性的《演化与博弈论》（Evolution and the Theory of Games）一书，将博弈论引入进化选择的过程中。

代意大利的沃尔泰拉（Volterra）[①]用数学模型进行考察开始，再到苏联的高斯（Gause）[②]通过实验方法的研究，一直受到高度关注。

竞争物种之间的共生问题是一个核心问题，特别在小生存环境高度类似的情境下，多个物种之间存在竞争关系，一方的增长对另一方产生不利的影响，共生关系变得非常困难，理论界得出了“与种内竞争相比，具有竞争关系的种之间不存在两种间的共存”的论断。但实际上，关于竞争物种的共存机制的研究还是取得了很大的成果。

首先是竞争减弱或者消失而引起的共生。这是由于小生存环境分割、转移引起的。因为在原先的相似的小生存环境下存在的竞争关系由于该环境的分割或转移，物种间的竞争逐步走弱，逐渐形成共生。这种共生的产生，也可能是小生存环境十分相似，在此情况下应该存在竞争关系，但是仔细一看小生存环境却有所不同，是实际竞争相当弱的情况。无论是哪一种情况，可以说正是因为物种之间竞争的减弱才使得共生成为可能。

其次是非真在同处的共生。这主要是由区域整体环境的非均匀性引起的，是以假设该区域环境条件的非统一性为前提。竞争排他性使得在每一个地点，最适应该地点的物种得以生存，在不同地点，则产生了不同的最适应物种。这样从整体来看，多物种共生就产生了。

再次是封闭的共生。这是由物种迁移引起的。当把生物群体生存的场所放大，从而生物生存的场所实际上可以认为由许多小场所构成。在此条件下，某一物种（竞争力强）对另一物种（竞争力弱）的竞争从而将后一物种排挤在外，后一物种被迫从之前的小场所迁移到其他小的场所以避免竞争，从而实现物种的共生。

又次是外因所导致的共生。这是由环境变化所引起的。当环境遭遇外界的扰乱而发生变化，将竞争力弱的物种排挤在外的进程放缓，从而实现物种的共生。此所谓物种群体的多样性在适度规模的扰乱下实现了

① 沃尔泰拉，意大利数学、自然哲学家。
② 高斯，苏联著名生态学家，提出了生态学上著名的“高斯假说”和“竞争排斥原理”。

最大化。

最后是自律场所的共生。这是一种对少数派有利的情况，指的是当竞争对多数派不利，却会对少数派有利的共生。其发生的机制是种内竞争比种间竞争更加激烈。自然界中的切换捕食的方法（捕食对象相同的两个捕食者只选择捕食数量多的猎物）就是这种共生的证明。

第二，种间关系。

物种为了生存，相互之间必然产生各种必要的交换，涉及能量、营养、空间、物质各方面，每种交换都伴随着获得或损失。以由此而伴随的得与失为基础，将它们划分为竞争、捕食、寄生和互利共生等几种类型。

竞争关系可以细分为消费型的竞争、干涉型的竞争和明显的竞争。消费型竞争是指相互竞争的物种对共用的资源展开争夺，某一物种对共用资源的利用致使该资源减少从而间接导致对另一物种的不利影响。干涉型竞争恰好与消费型竞争相反，是指两个物种之间直接展开的竞争。明显的竞争则指两个食物相同的物种之间，一种物种的增加对另一物种产生的显而易见的负面性。

捕食关系指的是一物种剥夺另一物种，双方是食与被食的关系。一方剥夺另一方的另一种关系是寄生关系。一般而言，某一种物种生活在另一种物种体内或缠绕在另一种物种的身上被称为共生关系，其中如果双方都得利被称为互利共生，如果一方得利而另一方没有损失则被称为单利共生，如果一方得利而另一方受损则被称为寄生。其中，地球上超过一半种类的生物是互利共生的关系，互利共生是自然界十分常见的一种现象。

第三，多样性与共进化。

多样性的生物要素构成了生态系统，这些多样且不均匀的生物要素之间复杂的相互作用形成了动态变迁的复杂机制，这些多样的生物以及它们特征（功能）的多样性都是生物进化的产物。生物多样性与相互作用的系统具有共进化的关系（见图 2-1）[①]。

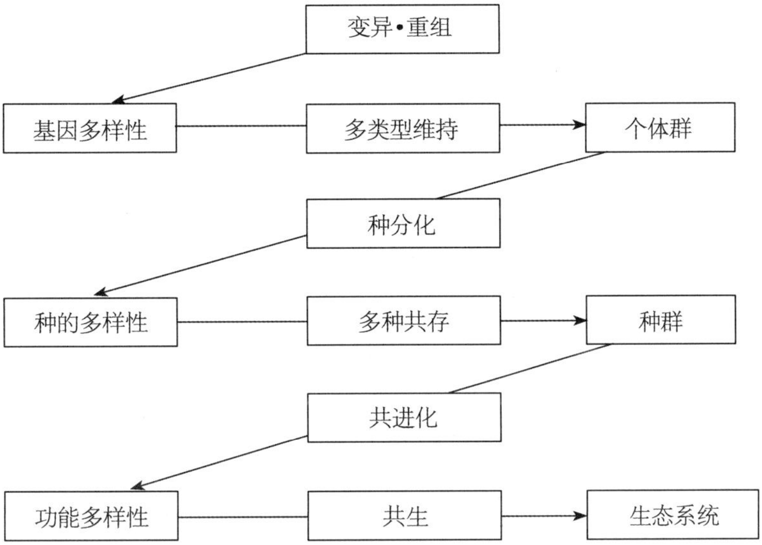


**图 2-1 多样性与共进化机制**

注：在具有基因多样性的某一种的集体群中，由于种的分化而产生种的多样性，由于多种共存机制的作用使种的多样性得到维持，有很多种再形成种群。另外，由于共进化的机制，产生功能的多样性，多样化的生物的共生形成生态系统。

这种由基因、物种和功能多样性形成的并由相互作用机制作用不断发生变化的生物多样性系统和东亚地区各国组成的一个经济系统一样，多样性是系统成员国发展（进化）的产物，同时，多样性又促进了系统的共同发展（共进化）。

### 2.2.3 复杂系统理论中的多样性：耗散结构、自组织系统

复杂系统理论是由设在美国新墨西哥州首府圣达菲的圣达菲研究所提出来的。复杂系统理论是在上述物理多样性和生物多样性等理论基础上发展起来的，发展过程中也吸收了社会、历史、经济等学科的理论，后又反过来渗入到各学科的研究之中。复杂系统理论的基础由如下两个方面构成：耗散结构理论、自组织系统。

① 井上民二，和田英太郎．地球環境学—生物多樣性とその保全［M］．東京：岩波書店，1998：57-134.

（1）耗散结构理论

关于耗散结构理论，物理学家普利戈金在《结构、耗散和生命》[①]和《非平衡系统中的自组织》[②]中都有详细的论述。耗散结构开始于远离均衡的状态。非均衡是指正常状态的稳定性被打破而出现的状态，此状态下波动不会趋弱，反而会加强，进而把整个系统卷入波动，引导系统朝着完全不同性质的新领域移动。不稳定的产生取决于阈值，也就是波动产生与稳态（均衡）之间的距离。非均衡之前被视为无序和杂音，但实际上非均衡也是具有高度组织性的，结构形成的秩序与耗散形成的浪费并不矛盾，远离均衡的耗散结构是物质形成新的运动状态的条件。

系统在超过阈值的临界值时，不论其初期状态怎样，虽然系统会自动离开常态，但却会向稳定的周期运动-有限循环接近。耗散结构意味着系统作为一个整体在活动，耗散结构成为物质形成过程和组织结构变化的能量系统，具有高度自创造性的特征。系统的规模在耗散结构的形成上具有重要作用。太小的系统通常不敌来自外界的冲击而被压制住。只有当系统的大小超过某一临界规模时系统才能获得对周围环境的自治，系统才有可能去选择新的结构。

这种分析理论在解释东亚区域经济一体化过程中要充分照顾经济不发达的小经济体具有重要的理论意义。因为激进式的一体化道路会使小国家敌不过外来变化的冲击而在经济发展上被压制住，会陷入“近邻贫困化的陷阱”。

（2）自组织与进化

考夫曼[③]在他的《自组织化和进化的理论》中指出，秩序的产生有两种动力，一种是达尔文的随机变异和自然淘汰的选择进化机制，另一种则是自组织化。自组织化是秩序产生的基本发生源。现在人们越来越倾向于认为自然选择的淘汰虽然重要，但是自组织才是秩序产生的根源，因为前者不能单独地制造和组织完整的生态系统，而后者则可以自发地产生秩序。

第一，秩序的动力。

长期以来，随机变异和自然淘汰被视为秩序的源泉，离开这种力

① 普利戈金于 1969 年在国际“理论物理与生物学”会议上发表了《结构、耗散和生命》一文，提出了耗散结构理论。

② 普利戈金．非平衡系统中的自组织［M］．徐锡申，等，译．北京：科学出版社，1986.

③ KAUFFMAN S. At Home in the Universe: The Search for Laws of Self-Organization and Complexity [M]. New York: Oxford University Press, 1995: 78-189.

量，我们就无法理解物种的相互进化，对拥有丰富生命和生物的社会秩序也将无法解释。但实际上，秩序是根据复杂性法则而自发形成的，自然淘汰是复杂性之后才发生的阶段，以复杂性的眼光来看，秩序绝非偶然性的产物。自发性秩序是对传统生物学的极大挑战，因为自然淘汰所选择出来的各种形态也是根据复杂性的法则产生的，自然淘汰仅仅是低级层面的机制，而不是产生进化的源泉。秩序自发产生，而自然淘汰在之后才发生作用，进化是自发性和自然淘汰相互作用的结果。宏大的秩序无一例外不是自然生成的，是拥有创造力的东西。进化是生物由于遗传的变化而适应环境，并且这种适应性逐步提高的过程。某一物种的进化，其竞争对手为了适应也会继续进化。竞争对手适应的结果，使得该物种要进一步适应，从而在共进化的系统内，每一个物种都朝着不断变化的适应性前进。在这个过程中，会出现秩序性的状态、卡俄斯边界（临界点）状态和各种过渡性的状态。

技术的进化实际上受和生物在产生前的化学进化和产生后适应性的共进化同样的法则所支配。“经济的高速增长只有在商品和服务的多样性超过阈值时才会发生”这个理论，与化学上的多样性在超过阈值时才会产生生命的理论一样。当多样性超过临界值时，新的分子，或者是新的商品和服务，又会成为更新种类的基础。

第二，多样性引起的进化。

既然生态系统的秩序不仅仅取决于自然淘汰选择，而且还受复杂性法则的支配，那么生态系统中的多样性这一媒介就成为引起进化的原因。举个生物学的例子来说，生物圈中分子多样性引发了分子种类的爆发性增长，这是因为多样性的分子之间，它们与环境之间的相互作用将产生新的分子，新的分子通过创造机制，产生出其他种类的新细胞，新的分子一旦超过临界点（卡俄斯边界），最终将产生新的一类生物。这也解释了在很小的生态系统中，当超过临界点时，由于某个细菌具有将与它作用的分子转变成剧毒性毒素的能力，该生态系统中同种的细菌由于这种毒素杀伤而灭绝，这将导致该生物系统中物种的多样性减少。系统超过了临界点，即使系统在不断形成不同种类的分子，这些分子在同样的机制下也将相继发生灭绝，如此一来，生态系统的多样性，从临界点上面的区域不得不向临界点下面的区域减少。另一方面，在临界点之下，细菌种类偏少，面临的竞争较少，处于相互共生的状态，可是从包含该小系统的更大的生态系统来看，会不断有新细菌的加入，持续的新细菌的加入以及加入过程中形成的新物种，随着细菌种类多样性的逐步增加将导致生态系统从临界点下面的区域向临界点的区域移动。从整体来看，系统本身仍处在临界点的下面和向临界点靠近一侧的分界线上，但由于上述系统内细菌的作用，作为一个整体就会产生一个超临界的生物系统，从而复杂性一定会增加。换句话说，局部的生态系统可以在临界点保持平衡，但是整个生态系统具有超临界的性质，多样性从而得以缓慢增加，整体生态系统通过充分的自我触媒，一边维系自身，一边产生新的分子。

从上文分析可以看出，自然界产生秩序有两种动力，一种是达尔文所说的自然淘汰的选择进化机制，另一种是自组织化能力，而自组织化是秩序产生的根源。从这两种动力促进进化的机制来看东亚区域经济一体化的话，东亚国家间需要削减关税和非关税壁垒，使得东亚国家间形成相互竞争的局面，运用自然界的自然淘汰选择进化机制促进东亚国家的技术进步和经济发展。但是如果自由化的节奏太快或幅度太大，有可能会超过弱小国家的承受能力，使这些国家失去像生物系统一样的自组织化能力而出现经济的倒退或技术上的"被俘获"。

## 2.3 多样性促进经济发展的理论综述

### 2.3.1 物理、生物的多样性与经济发展

（1）马歇尔：产业组织与社会进化

近代英国最著名的经济学家、新古典学派的创始人马歇尔（Alfred Marshall）①被认为是较早研究发展科学的经济学家之一，从其著作中可以探寻来自物理学、生物学的种种类比，在其主要的3本著作当中，《经济学原理》这本书中最多，其中"产业组织"最具有代表性。此

① 马歇尔.经济学原理[M]. 彭逸林，等，译.北京：人民日报出版社，2009：105-233.

外，他将企业的成长、衰退与树木的成长和衰老相类比。均衡系统、自然选择、自然淘汰、有机体、进化和统一成为马歇尔研究中重要的概念。从达尔文出发，运用自然选择法则，马歇尔分析了通过竞争进行淘汰的经济过程。从进化的角度，马歇尔将企业的成长类比于生物学中的演化，从而把产业组织引入经济学分析中。从整体的视野，马歇尔将社会作为一个有机体来看待，在讨论部分与整体的关系中，将人口的增加与知识的积累作为与社会这个整体相互作用而共同进化的重要条件。马歇尔在方法论上结合了归纳和演绎，充分重视个体和全体两个方面，对于企业的相互竞争和相互影响对于产业成长的促进，进而通过产业的相互竞争和相互影响对促进整个社会的经济发展这一事实进行了出色的论证。

从上述介绍可以看出，马歇尔在研究经济发展时十分注重系统均衡、自然选择、自然淘汰、有机体、进化和统一这些重要的概念，很好地将社会进化的机理运用到产业组织理论中，通过合理的产业组织，促使企业进行相互竞争和相互影响，从而促进企业的成长和社会的进步。如果将东亚区域经济一体化作为一个系统来看的话，需要注重区域内的均衡，把区域作为一个有机体，通过合理的组织架构，促使区域内各国的相互竞争和相互影响，发挥自然选择和自然淘汰的作用，促进区域内各国经济的共同发展。如果采用无视成员国间的差异性而采用激进式的一体化方式将会打破区域内的均衡，不利于区域内各国的共同发展。

（2）韦伯：累积进化论

韦伯（Max Weber）[①]是德国著名社会学家、政治学家、经济学家和哲学家。他在《新教伦理与资本主义精神》（1904）中阐述，经济学只能是进化论的科学，经济领域的遗传基因是本能、习惯和各种制度。习惯和惯例的安定性和惰性可以在很长的时间内保持其特性，而当所有的要素发生变化时，系统性的进化就会得以发生，这是一种累积进化的过程。

所谓累积进化，是经济发展过程本身所记述的各种经济制度的累积和继承。社会进步被认为是一个为生存而战的自然选择过程，制度被归

① 韦伯.新教伦理与资本主义精神［M］.于晓，陈维刚，等，译.北京：三联书店，1987. 28 197.

结为人对于环境的强制性适应，但并不只是“适应”的结果，同时还是下一次“淘汰效果的因素”。这意味着在社会进化过程中，进化既是前一阶段的结果，又是后一阶段的前提。制度的实质是关于人及人之间特定关系的思考习惯和生活方式，每种制度必然与不断变化的环境一起变化，当制度应对了这些外在的变化而得以发展时就可以带动社会的发展进化。因此，韦伯实际上认为制度是关乎精神、态度与人生观等心理学的东西，社会的进化不仅仅是对变化的环境采取习惯性应对的均衡化进程，而且是历史的、心理的进程，需要动态地和统一地去把握社会进程中的连续性和非连续性。

从上文的介绍可以看出，韦伯认为社会的进步是一个社会制度的累积和继承，而且是历史的、心理的进程，需要动态地和统一地把握社会进化进程的连续性和非连续性。从这一点来看，东亚区域经济一体化的进程和路径也是各国的制度性累积和继承的一个过程，不仅要考虑一国的历史、文化和社会意识形态，更要从总体上充分考虑各国间的制度协调，将制度的连续性和非连续性统筹考虑。

（3）熊彼特：替代性原理

美籍奥地利政治经济学家熊彼特（Joseph Alois Schumpeter）①在其代表作《经济发展理论》中指出，社会进化中存在着一个基本原理：替代性。该原理是对生物学中适者生存原理的有限度的选用，指的是要使得社会永远存续，相对优秀的生产要素将替代相对劣质的生产要素，相对优秀的生产要素被持续不断地用于社会生产的过程之中。

均衡的概念被用来描述具有秩序的经济学状态由来已久，经济人通过自由竞争机制达成一定的资源分配状态，这是一种静态的经济学的观察方法。熊彼特也采用这种方法，只是同时重视历史的方法，将时间因素引入静态分析，从而把经济的静态均衡看作是一种固定循环。但熊彼特并不局限于这种静态分析，他认为，无论何种社会领域，都有一种破坏性的力量，这种力量就是创新，一种将现行的社会框架从内部打破的力量。产品、工艺、管理、组织的创新是引起经济发展的动力。因此，

① 熊彼特．经济发展理论［M］．邹建平，译．北京：中国画报出版社，2012：41-169.

综合而言，社会生活的各个领域存在着各种不同类型的人，有适应于各自既定条件的静态均衡，也有着从内部更改这些既定条件而实现发展的机制。每一个领域虽然保持自身的相对独立性，又与其他领域存在着相互制约的关系，这些领域的全部构成了一个国家的社会文化。它是一个统一体，总是具有统一的趋势。社会的各个方面，既存在着同时性的（横向的）相互依赖关系，又存在着一个过程性的（纵向的）的自我进化过程。经济学不仅是静态的（社会现象），也是动态的（社会进化），前者是相互依存的关系，后者是自我进化的过程，需要用综合的观点来认识。这样，熊彼特实际上打通了静态与动态、发展与分化、历史与心理、综合与进化之间的关系，运用历史的、统计的、心理的方法对经济发展进行了全面的分析。

东亚区域经济一体化的进程和路径，实质上就是在东亚区域内用新的制度安排来替代旧的制度安排，进行区域内经贸制度的一种创新。但是这种制度上的替代需要考虑静态与动态、发展与分化、历史与心理、综合与进化之间的关系，需要以保持各国内部的均衡为条件。因此，渐进式的一体化道路是保持各国内部均衡的基本保证。

（4）哈耶克：自发秩序

哈耶克[①]对生物学的跨学科应用比较慎重，直到在《自由的条件》中进化的方法才被完全明确使用。不过哈耶克对于进化论的经济学应用，不仅只看到自然选择的淘汰过程，而且更加重视传承。哈耶克进而认为，社会进化的决定因素是对成功的制度和习惯的模仿而产生的淘汰，而非个人物理的和遗传属性的淘汰。这种模仿虽然是通过个人和群体的成功而起作用，但是表现出来的并不是个人的遗传属性，而是思想观念和技术等由于学习和模仿而传承下来的文化的全部。也就是说，在论述进化论时，对作为最基本问题的淘汰压力究竟在什么层次上发挥作用这个问题，哈耶克是在制度中寻找答案的。哈耶克所说的自生的秩序与经济学中的“制度”几乎是同义词。哈耶克认为，进化的结果对规则产生作用，规则的成功或失败是由与规则相关联的系统的存续可能

① HAYEK.The Constitution of Liberty［M］. Oxford : Routledge Press，1960：41-178.

性来决定的。该系统被称为“自发的秩序”，因为当系统被拉着向某种均衡移动时，即被视为系统进行着自发性的进化。对于哈耶克来说，社会的进化就是社会中存在的秩序自发性的成长。也就是说，“文明的进步”只有利用作为社会知识储备的制度的成长，才是真正的进化。他认为正是关于秩序的形成和变化的抽象理论才是描绘社会进步的唯一手段。

以哈耶克的自发秩序的角度来看，东亚区域经济一体化的过程和路径实质上是一种制度的传承，区域经济一体化成功的决定条件是对成功的制度和习惯的模仿而非物理的淘汰。因此，东亚区域经济一体化的制度设计也必须注重制度的传承，走一条渐进式的一体化道路。

### 2.3.2 复杂系统理论与经济发展

普利戈金[①]在其《非平衡系统中的自组织》中对系统自组织化动力的来源进行了详细的分析。克鲁格曼[②]在《自组织化的经济学》中也对自组织化的动力来源和自组织化的维度进行了详细的解析，将其运用到经济发展的解释上很有借鉴意义。

(1) 自组织化的原理

克鲁格曼从自组织化从不稳定产生秩序和从随机成长中产生秩序两个维度来说明自组织化的原理。

①从不稳定产生秩序

假定在一个篮子里放入高尔夫球和乒乓球并进行混合。如果充分混合的话，高尔夫球和乒乓球无论在篮子的上部还是下部都会均匀分布。但是当每摇一次篮子时，乒乓球会全部向上部移动，而高尔夫球会全部向下部移动。无秩序状态因为受随机的冲击而容易变得不稳定，初期的无秩序状态就会自然地走向组织化。

②从随机成长中产生秩序

将陶制品，如希腊的陶壶随意扔向石壁时，将会随机地变成无数的

① 普利戈金于 1969 年在国际“理论物理与生物学”会议上发表《结构、耗散和生命》一文，提出了耗散结构理论。

② 克鲁格曼，美国经济学家，2008 年获诺贝尔经济学奖，代表作有《空间经济学》和《自组织化的经济学》等。

碎片。这正是无秩序的创造。但是在这里创造出了一个奇妙的隐含的秩序。当把这些破碎瓦片仔细收集时，数一下重量大于 0.1 克的碎片的数量、重量大于 0.01 克的碎片的数量和重量大于 0.001 克碎片的数量，令人吃惊的是，碎片数量的分布完全遵从幂定律。也就是说，虽然乍一看无秩序和复杂的破碎过程创造出幂定律这样简单的秩序，但是该幂指数包含着重要的信息。

（2）自组织化的动力学

增长与贸易之间关系的问题是国际经济领域研究比较成熟的课题，其研究的主题是经济增长对国际贸易的影响，比如生产率的提高对贸易模式的影响，要素增加和提高对实际工资的影响等。反过来，贸易与增长之间的问题则充满了争论，比如贸易自由化对技术创新的影响如何？自由贸易还是保护主义贸易对经济发展更为有益？实际上，从自组织化系统动力学的观点来看，增长与贸易之间的关系问题关注的是除了时间和空间之外的其他维度上的自组织化，而贸易与增长之间的关系问题关注的是时间和空间维度上的自组织化。第一个对象是研究在除了空间和时间之外的其他维度上自组织化系统的动力学，这个对象经济学们都比较熟知；到现在仍然存在很多争论的第二个对象是研究时间维度及其相关因素的自组织化系统的动力学。在这里需要弄明白不连续均衡的基本理论。在复杂的条件下，许多局部稳定的均衡由于某种情况会变得不稳定，在新的均衡形成之前，往往会发生突然的变化。从稳定转向不稳定的变化即使基本环境的变化速度非常缓慢往往也是非连续性的，这就是不连续均衡的基本原理。

（3）时间上的自组织化

时间上的自组织化过程之一是从不稳定产生秩序，这实际上是不连续均衡原理的运用，在经济学上被称为“非线性景气循环论”。景气的循环取决于两个假定：一是边际消费倾向在某一时期大于 1，此时投资会扩大；二是支出函数比起依赖于生产水平，更加依赖于资本储备，资本储备的增加导致投资被抑制。当这种抑制超过临界水平时，资本储备的折旧就超过新投资，从而资本的储备水平随之下降。在这种情况下，加大投资的冲动将促进景气的循环。时间上自组织化的另一个过程是从随机的成长中产生秩序。在产业关联结构中，以最终消费品的生产企业为顶点，以中间产品的生产企业为中间层，当库存具有向着某个临界值收缩的条件下，一旦发生最终产品的消费需要，可以以库存的增减来影响整个生产活动，使生产环节发生连锁反应，从而从随机的成长中实现景气的循环。

（4）空间上的自组织化

空间上自组织化的过程之一也是从不稳定产生秩序。在相互依存的系统内，某一个空间层次结构的变化一定会对其他的空间层次结构产生影响，以此类推，某一个空间层次结构的变化一定会接受整个经济体的复杂反馈，从最初的不稳定状态最终形成新的复杂秩序系统。空间上自组织化的过程同样可以来自随机的成长而产生秩序。这是从当初几乎均质的或者说几乎是随机的分布条件下形成一个复杂新模式的系统。比如以商业街区形成的情况为例，假设促进企业积聚的力（向心力）和导致企业分离的力（离心力）之间保持紧张关系，两种力在任何一个地方都不能太强，而企业又希望别的企业与其相邻但又不能保持太近的距离，向心力在更短的距离内就会失去效力。在此情况下，随着时间的推移，即使最初企业是在整个区域随机地分布的，但是最终却形成了间隔几乎相等的几个独立的商业街区（多样性与经济发展之间关系的机理见图 2-2）。

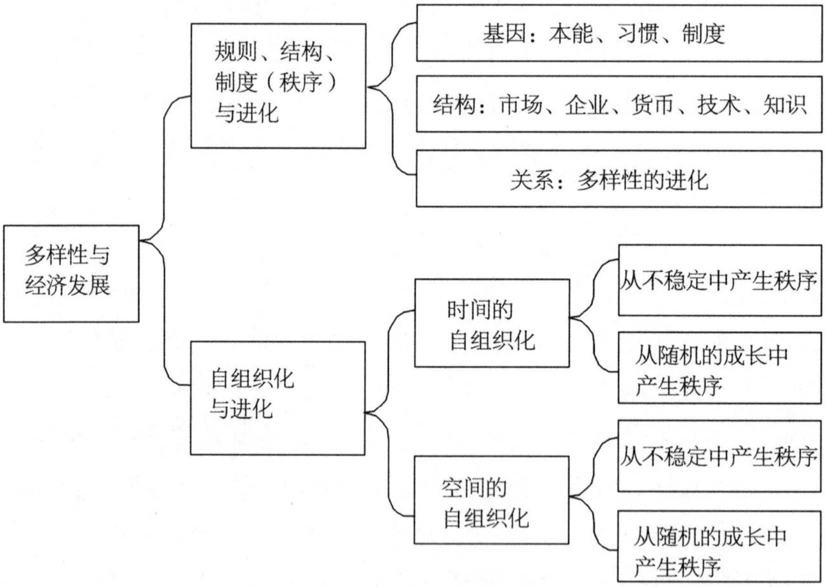


**图 2-2 多样性与经济发展**

## 2.4 生物多样性对区域经济一体化的启示

从物理学和生物学上对区域经济一体化的启示：

（1）从贸易的角度看多样性与区域经济一体化

经济系统中的发展原理可以借鉴生物和物理系统中的多样性以及多样性引起的共进化原理。从产品上说，新产品和新服务会随着时间的推移不断取代旧产品和旧服务；从技术上说，新技术不断地替代旧技术也是非常普遍的现象。技术的扩散往往会导致某些产品和服务的消失，大部分产品和服务都只能保持一时的存在，经济社会就像生物系统、物理系统一样，不断地进行着新旧更替的进化。同样的道理，经济系统中这种进化同样是产品和服务的共进化，因为每种产品和服务从现有的其他的产品和服务的角度来看一定具有各自存在的意义。把这种观点引入贸易的视角，产品和服务的多样化进一步引起产业的多样化，这两种多样化最终导致了贸易（进出口）多样性的增加，以此循环往复，不断促进经济社会的发展（多样性促进经济发展的机理见图 2-3）。

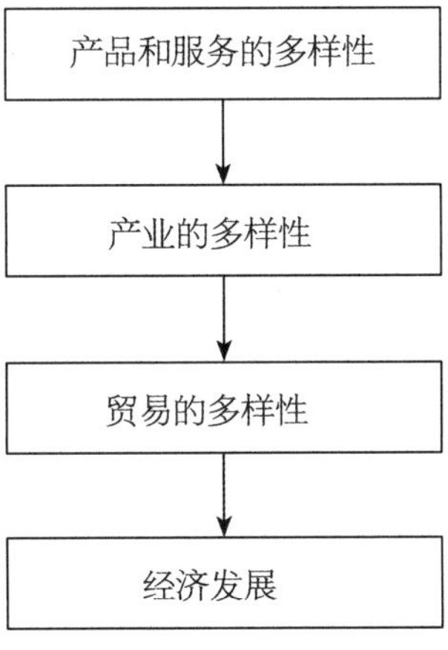


**图 2-3 贸易角度看多样性与经济发展**

（2）从共进化机制的角度看区域经济一体化

从生物多样性的角度来探讨经济发展的问题可以借鉴生物学中的种的概念。如果种的多样性可以类比为产品和服务的多样性，那么种构成的多样性可以理解为产业的多样性。东亚各国产业的发展是由于技术创新和相互竞争产生产品和服务的多样化，产业的多样性、产品和服务的多样性又产生了各产业的共进化，从而带动各国经济不断向前发展（产业多样性促进各国经济发展机理见图 2-4）。

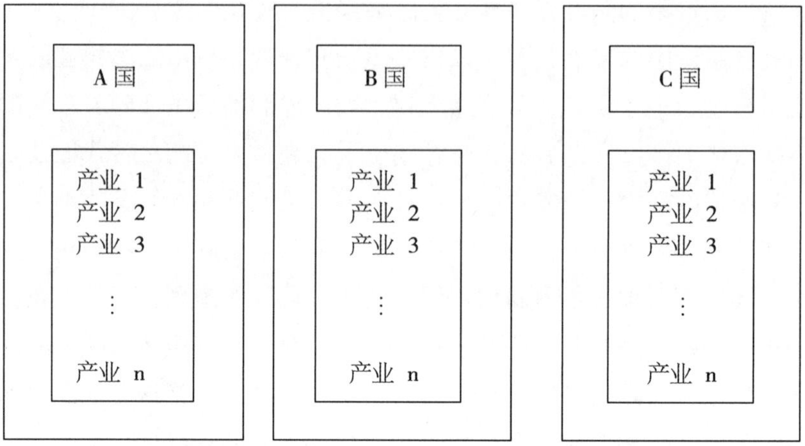


**图 2-4 各国产业的多样性和各国的共进化**

种构成的均衡性从贸易的角度来讲可以看作为各国出口贸易对象国的多样性和贸易额分布的均衡性，前者是指贸易对象国的数量，后者则是对某一个贸易对象国的贸易额占总贸易额的份额。这种多样性对于经济发展是非常重要的，从东亚地区来看，如果 A 国的某种产品只出口到 B 国一个国家，当某天两国关系恶化，A 国该种产品的贸易将受到重大的打击，假如 A 国同时向更多的国家出口该种产品，则这种打击将会大大减轻。显而易见，贸易对象国越多，对 A 国越有利。

东亚地区既是一个生物多样性的宝库，也是经济多样性的典范。生物和物理中的多样性和共进化的机理可以被运用到东亚地区经济一体化的研究，进而讨论东亚地区的多样性对于东亚地区经济发展的影响是十分值得借鉴的。

从空间经济学的观点来看，经济领域存在着产品、规模、距离和要素禀赋等方面的差异，这些差异导致了消费品的多样性、中间产品的多样性以及人的多样性，这三个方面的多样性通过前向关联效应和后向关联效应的反馈机制产生了集聚力，形成了共进化的过程。

这一通过消费品多样性的增加导致企业和人向城市集中的过程，可用图 2-5 来说明。前向关联效应是指，在一个能提供多样性消费品和服务的城市中，劳动者所得的实际工资将会提高，这将吸引更多的劳动者移居到该城市。后向关联效应则是指更多的劳动者（在充当消费者时）又反过来形成对该城市消费品和服务更多的需求，这会吸引更多的企业到该城市来投资，生产和提供更多的消费品和服务来满足扩大了的需求。如此反复循环反馈，形成了集聚效应，最终促进了该城市的发展。中间产品的多样性也同样适用上述反馈机制。中间产品的生产企业与使用它们的最终产品的生产企业之间也存在着同样的消费关系，这里中间产品的生产企业成为消费的对象，中间产品的多样性可以在这两种企业之间形成集聚机制，且这种集聚力的形成与人的多样性之间存在着不可分割的关系。

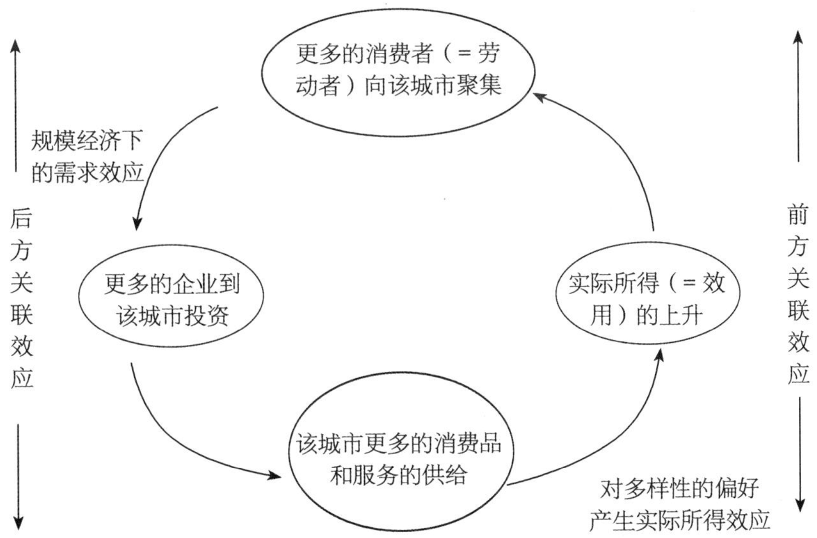


**图 2-5　由消费品和服务的多样性而形成集聚的机理**

（3）从自组织经济学的角度看区域经济一体化

自组织动力学的启示可以从两个方面运用到经济分析中：其一是应用从不稳定产生秩序的原理去说明城市的形成秩序和经济周期的变化。其二是应用从随机成长中产生秩序的原理去说明城市的规模和位次。这就是自组织经济学的作用。无论是时间的自组织化还是空间的自组织化，多样性都将产生更多的多样性，多样性是变化的推手，形成秩序，促进成长。从时间的自组织化来讲，新产品和新服务替代旧产品和旧服务，新技术替代旧技术，新产品、新服务、新技术不断诞生，旧产品、服务和技术不断消失，又由于新技术的扩散效应，经济中的雪崩现象就会发生，雪崩导致的不稳定有时会呈现扩大的趋势，从而从不稳定中产生新的秩序，前面所述的共进化得以实现。从空间的自组织化来讲，以图 2-6 为例，产品和服务的多样性程度以可利用资源的多样性来表示，互补品和替代品的多样性程度以资源结构的多样性来表示。一旦这两种多样性增加，整个系统将越过图 2-6 中所示的临界线，更多新产品和服务将在系统中产生。经济复杂系统在临界线附近不断向临界线上某个点靠近，进而不断实现适应性的共进化。更多的产品和服务会在成员国形成更强的产业集聚力从而带动成员国的产业发展，通过产业发展再带动经济的发展。

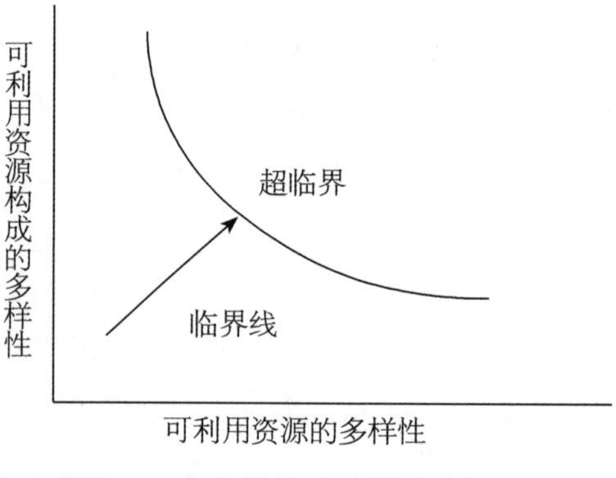


**图 2-6 由多样性引起的共进化机理**

## 2.5 本章小结

本章主要对在区域经济一体化过程中收入的多样性、技术的多样性、贸易多样性、出口产品的多样性和制度的多样性所产生影响的理论文献进行介绍和梳理。针对传统区域经济一体化理论中多样性不利于区域经济一体化的理论，试图用生物生态学中多样性促进共进化的机理进行解析。因此，对物理的、生物的和复杂系统理论中广泛存在的多样性促进生物共进化，对多样性与经济发展之间关系的理论进行理论梳理，最后对多样性与区域经济一体化之间的关系进行了演绎推导。这些研究虽然从不同角度对多样性进行了分析，但是都得出了基本相同的结论，即多样性能促进经济的发展，多样性辅之以合适的制度就会有利于区域经济一体化成员国经济的共同发展。另一方面也可以得出，区域经济一体化需要走渐进化的道路，激进式的道路会破坏区域内经济系统的平衡，影响部分成员国，特别是竞争力弱的成员国的经济发展。

# 3 东亚收入多样性与区域经济一体化

## 3.1 理论研究

东亚自由贸易区建成后，将在东亚地区逐步形成一个人口总规模达到34.6亿、GDP总和将达23万亿美元的统一大市场。自由贸易区建立后，区域内更自由的贸易，更加激烈的产业竞争，更集中的产业集聚都将引起区域内各国及地区的收入差距（分配）的变化（日本与其他东亚地区国家FTA现状见表3-1）。也就是说，由于FTA引发了发展的产业和停滞、衰退的产业，产业结构的变化又导致就业结构、需求结构的变化，最终影响到收入结构与分配问题。然而，与欧盟、北美自由贸易区等一体化组织相比，东亚区域经济一体化具备更显著的收入多样性，经济发展阶段、金融货币政策、政治环境体制更是千差万别。东亚区域经济一体化的收入差距是东亚所特有的，是东亚地区经济发展阶梯性的具体体现。东亚16国中，从总体GDP规模来看，中国、日本、印度、韩国都是比较大的经济体，缅甸、文莱、柬埔寨、老挝经济规模相对较小；从人均 GDP 来看，2014 年澳大利亚人均 GDP 为 61 887 美元，排名第一，新加坡人均 GDP 为 56 287 美元，排名第二，文莱人均 GDP 为 40 776 美元，排名第三，日本、韩国和马来西亚分列第四、五、六名。与此相对照，欠发达的柬埔寨、老挝、缅甸和越南 4 国（CLMV4）人均收入显著低于其他国家，收入最低的柬埔寨只有 1 084 美元，不及收入最高的澳大利亚的 2%，其次缅甸、印度、老挝人均收入均不到 2 000 美元；从年均经济增长率来看，2000—2014 年，除日本外，东亚其他各国均保持着较高的经济增长率，半数国家的年均经济增长率都在 2 位数以上，尤以中国的增长率最高，达到 16.6%（见表 3-2）。

表 3-1　　**日本与其他东亚地区国家 FTA 现状**

| 对象国 | FTA 名称 | 签订日期 | 生效日期 |
|---|---|---|---|
| 新加坡 | 日本-新加坡经济伙伴关系协定 | 2002.01.13 | 2002.11.30 |
| 马来西亚 | 日本-马来西亚经济伙伴关系协定 | 2005.12.13 | 2006.07.13 |
| 泰国 | 日本-泰国经济伙伴关系协定 | 2007.04.03 | 2007.11.01 |
| 印度尼西亚 | 日本-印度尼西亚经济伙伴关系协定 | 2007.08.20 | 2008.07.01 |
| 文莱 | 日本-文莱经济伙伴关系协定 | 2007.06.18 | 2008.07.31 |
| 菲律宾 | 日本-菲律宾经济伙伴关系协定 | 2006.09.06 | 2008.12.11 |
| 东盟 | 东盟-日本全面经济伙伴关系协议 | 2008.04.14 | 2008.12.01 |
| 越南 | 日本-越南经济伙伴协定 | 2008.12.25 | 2009.10.01 |
| 澳大利亚 | 日本-澳大利亚经济伙伴协定 | 2014.07.08 | 2015.01.15 |

越南、柬埔寨和老挝 3 国虽然人均 GDP 很低，但是增长速度很快，这说明了东亚地区各国间的收入差距呈现缩小的趋势。那么，在东亚包容性、渐进式的区域经济一体化进程中，像 CLMV4 国（柬埔寨、老挝、缅甸和越南）这些收入水平低、市场规模小的国家是否会同经济规模大、经济发展水平高的国家一样从 FTA 中获得贸易创造的效应，还是会因为被配置在东亚生产价值链低端的劳动密集型环节而落入比较优势陷阱，陷入经济停滞呢？本章主要在东亚 FTA 制度框架下，研究东亚经济一体化与东亚 16 国经济增长之间（主要是与贸易与投资之间）的关系，以及收入多样性大的区域经济 体化组织是否和收入多样性小

表 3-2 **东亚 16 国 2000—2014 年名义 GDP、名义人均 GDP 及平均增长率**

| 国家\项目 | GDP（亿美元） | | GDP年均增长率（2000—2014年） | 人均GDP（美元） | | 人均GDP年均增长率（2000—2014年） | 人口（百万）（2014年） |
|---|---|---|---|---|---|---|---|
| | 2000年 | 2014年 | | 2000年 | 2014年 | | |
| 泰国 | 1 227.3 | 3 738.0 | 8.3% | 1 968.5 | 5 560.7 | 7.7% | 67.2 |
| 越南 | 336.4 | 1 862.0 | 13% | 433.3 | 2 052.3 | 11.7% | 90.7 |
| 印度尼西亚 | 1 650.2 | 8 885.4 | 12.8% | 789.8 | 3 514.6 | 11.3% | 252.8 |
| 马来西亚 | 937.9 | 3 269.3 | 9.3% | 4 004.5 | 10 829.9 | 7.4% | 30.2 |
| 菲律宾 | 810.3 | 2 845.8 | 9.4% | 1 043.5 | 2 843.1 | 7.4% | 100.1 |
| 柬埔寨 | 36.5 | 167.1 | 11.5% | 299 | 1 084.4 | 9.6% | 15.4 |
| 老挝 | 17.3 | 117.7 | 14.7% | 321.3 | 1 707.5 | 12.7% | 6.9 |
| 新加坡 | 958.4 | 3 078.7 | 8.7% | 23 793 | 56 286.8 | 6.3% | 5.5 |
| 文莱 | 60.0 | 172.6 | 7.8% | 18 086.6 | 40 776.3 | 6.0% | 0.4 |
| 缅甸 | — | 643.3 | — | — | 1 197.5 | — | 53.7 |
| 中国 | 12 052.6 | 103 601.1 | 16.6% | 954.6 | 7 593.9 | 16.0% | 1 364.3 |
| 韩国 | 5 616.3 | 14 103.8 | 6.8% | 11 947.6 | 27 970.5 | 6.3% | 50.4 |
| 日本 | 47 312.0 | 46 014.6 | –0.2% | 37 299.6 | 36 194.4 | -0.2% | 127.1 |
| 澳大利亚 | 4 149.9 | 14 537.7 | 9.4% | 21 667 | 61 887 | 7.8% | 23.5 |
| 新西兰 | 526.2 | 1 883.8* | 10.3%* | 13 641.1 | 42 408.96* | 8.4%* | 4.5 |
| 印度 | 4 766.1 | 20 669.0 | 11% | 457.3 | 1 630.8 | 9.5% | 1 267.4 |

资料来源 根据 http：//unctadstat.unctad.org/EN/数据计算而得。

注：缅甸数据缺乏，新西兰 2014 年 GDP、人均 GDP 及增长率均是 2013 年的数据。

的区域经济一体化组织一样促进成员内各国的经济发展，收入上的巨大差异是否是东亚区域经济一体化进程的障碍等问题。

本章中的“收入”指国民收入，通常用 GDP 和人均 GDP 来衡量一国（或地区）的总收入水平和人均收入水平。“收入多样性”则是指区域内各国（或地区）的收入水平存在较大的差异性和分散性，既包括非常富裕的国家，也包括非常贫穷的国家。那么，在多双边 FTA 贸易体制下，区域中的初始经济发展水平（以人均 GDP 或 GDP 来衡量）低的国家的经济增长率是否比初始经济发展水平高的国家经济增长率要高，从而使得两国之间的收入差距具有不断缩小的趋势，并最终出现趋同效应呢？这一问题的研究在经济学中就是指区域经济一体化的经济收敛效应研究。

在新古典经济学的研究框架下，经济增长的收敛形式一般可以分为三类，分别是 β 收敛（β-Convergence）、σ 收敛（σ-Convergence）和俱乐部收敛（Club Convergence）。

β 收敛是最早出现的经济增长收敛假说形式，其关注的是经济产出增长率和初始产出水平之间的负相关关系。Barro 和 Xaviler（1991）[①]指出，如果初期人均产出水平较低的经济体倾向于比初期人均产出水平较高的经济体增长得更快，进而追赶上后国，那么经济收敛成立，这就是 β 收敛。它的基本假设是资本的边际收益递减规律，即人均资本较低的国家比人均资本较高的国家资本的边际收益率更高，那么给定相同的储蓄倾向，收入水平低的国家增长速度将会比收入水平高的国家更快，从而实现“追赶（catching-up）”效应。β 收敛又可以分为 β 绝对收敛（the absolute convergence）和 β 条件收敛（the conditional convergence）。β 绝对收敛是指随着时间的推移，所有经济体的收入水平最终都将趋于相同的均衡稳态水平，即相同的人均收入水平。但是从长期来看，无论各个经济体之间的初始条件、禀赋条件如何，最终的人均产出都将趋于相等。而 β 条件收敛放宽了 β 绝对收敛的严格假设条件，认为各经济体的增长速度不仅取决于其初始收入水平，而且还受到其自然资源禀赋、技术进步、投资率、人口增长率、政府的政策，以及地区间贸易等其他诸多因素的影响。

σ 收敛是 Barro 和 Xaviler（1991）提出的第二种经济收敛的概念，这一概念关注各国 GDP 与均值的离差。σ 收敛是指不同经济体之间的人均收入或人均产出的离差随着时间的推移而呈现逐渐下降的趋势。标准差是衡量变量间离散程度时使用最普遍的指标，因此，只要通过对人均产出数值的标准差的计算就可以对 σ 收敛进行检验。在这种情况下，如果国家或地区群组间的人均产出对数值的标准差持续下降的话，那么

① BARRO R J，XAVILER S M. Convergence across States and Regions [J]. Brookings Papers on Economic Activity，1991，22（1）：107-182.

σ 收敛将会出现。Xaviler（1996）[①]指出 σ 收敛和 β 收敛之间只是概念性的不同，σ 收敛研究的是群组成员之间产出的离差是如何变化的，而 β 收敛研究的是在相同的产量水平下产出的增量是如何流动的。σ 收敛和 β 收敛之间是既相关又独立的关系。Wodon 和 Yitzhaki（2002）[②]认为只要存在 σ 收敛则必然存在 β 收敛，但 β 收敛并不一定意味着 σ 收敛。

在当今的区域经济发展过程中，“整体趋异、局部趋同”的特征在各地明显存在，甚至经济发展水平和经济结构相似的经济体之间也出现了不同的收入收敛现象。在这种情况下，β 收敛不再适用，于是经济学家们又提出了“俱乐部收敛”的概念。从理论上讲，“俱乐部收敛”强调的是不同经济系统中存在着不同的稳态均衡增长路径，初期经济发展水平相近的经济体之间，在具有相似的经济发展水平的前提下会逐渐趋向接近，即落后的经济体和发达的经济体各自内部存在着条件收敛，但是，在两个经济体之间却没有呈现收敛的趋势。Galor（1996）[③]认为，当储蓄率被视为总产出函数的固定比例时，经济收敛的方式属于 β 收敛。然而，异质性的存在使得个人的储蓄率并不是总产出函数的固定比例，而是总产出中收入函数的固定比例时，经济收敛的方式属于“俱乐部收敛”。收入水平格局不同导致不同的稳态均衡增长路径，收入水平相似的集团内部，其储蓄倾向是相似的，进而影响稳态均衡增长率。

（1）区域经济一体化与经济收敛

一般认为 FTA 或受其引导的区域经济一体化至少对该地区而言具有经济合理性，将对成员国经济增长、消费（福利、保健）、产业发展、生产率提高方面产生一定的效果。通过自由贸易协定而消减关税与非关税壁垒，实质上降低了区域内部成员国之间的贸易成本，从而促进了成员国之间的自由贸易进而影响各成员国的产业集聚、就业、市场与需

---

① XAVILER S M. The Classical Approach to Convergence Analysis [J]. Economic Journal, 1996, 106 (437): 1019-1036.

② WODON Q, YITZHAKI, SHLORNO. Inequality and Social Welfare [R]. MPRA Working Paper, No.12298, 2002: 474-512.

③ GALOR O. Convergence? Inferences from Theoretical Models [J]. Economic Journal, 1996, 106 (437): 1056-1069.

求。Robson（1987）[①]比较了FTA与关税同盟的经济效应，认为FTA存在两个特点：首先，FTA成员国保有对非成员国的进口税率自主制定权，各成员国仍然保持各自的关税税率；其次，在FTA下从成员国进口的产品适用原产地规则时，必须提供符合相应要求的原产地证书才能享受优惠的关税安排。在自由贸易区内，随着贸易壁垒的削减，同样存在贸易创造效应和贸易转向效应，并给成员国的生产厂商带来重大的内部收益和外部收益。内部收益主要来自于对外贸易的增加和随之产生的规模经济效应，外部收益则是提高了整个一体化区域内的分工和合作水平，提高了生产效率，因此，在福利水平的提升方面FTA优于关税同盟。

然而FTA所带来的贸易收益，是否每个成员国都能受益呢？FTA内的落后经济体会不会因为分工的劣势而陷入比较优势陷阱？早在1949年，阿根廷经济学家劳尔·普雷维什（Prebisch，1949）就提出了解释这一问题的著名的"中心-外围"理论（Core and Periphery Theory）。他指出，在传统的国际劳动分工模式下，整个世界经济被化分成了两大部分：一个部分是"大的工业中心"，另一个部分则是"为大的工业中心生产粮食和原材料"的"外围"，前者是指发达国家，后者是指广大发展中国家。前者主要生产和出口工业品，而后者主要生产和出口初级产品，这种关系是不对等的。随着初级产品贸易条件的恶化，这种关系也会恶化下去。因此，对于市场规模小、生产结构单一的发展中国家，必须在一体化框架下联合起来，互利合作，才能以集团力量与"中心"国家抗衡。也有学者认为落后国家的企业可以通过技术跨越，并充分利用联系、杠杆和学习的战略，实现经济上的赶超。Mathews（2006）[②]通过对亚太地区不发达国家的跨国公司的典型案例分析，提出了3L范式（Linkage-Leverage-Learning Framework）。该范式认为，作为后来者的新兴市场国家的跨国公司，在缺乏资源和国际化经验前提下，可以先通过"外部联系"为公司创造进一步发展和产业升级的

① ROBSON P. The Economics of International Integration [M]. London: Allen & Unwin Ltd., 1987: 256-321.

② MATHEWS J A. Competitive Advantages of the Latecomer Firm: A Resource-based Account of Industrial Catch-up Strategies [J]. Asia Pacific Journal of Management, 2002, 19 (4): 467-488.

机会，然后利用“资源杠杆”（Leverage）强化这种联系，获取技术扩散或转移，最后通过“干中学”（Learning）以及贸易，主动学习和获取先进的技术和管理经验，形成自我加速，最终获取竞争优势。3L 范式较好解释了新兴市场企业的追赶现象。

（2）关于东亚地区经济效应的研究

世界银行在 1993 年出版的《东亚的奇迹》一书中分析了东亚地区经济奇迹发生的主要原因，并对政府在经济增长中的作用给予了高度评价。除了宏观经济政策的稳定、人力资本的投资、对外国市场的开放、外国技术的引进、对价格机制的校正等因素外，同时也认为出口导向、低利息政策和政策性金融政策也是促进经济增长的主要原因。赤松要（Akamatsu，1935）提出了著名的雁阵型模式（Flying Geese Pattern，FG）用来解释东亚地区的经济发展道路，指出其本质就是在开放经济下欠发达国家沿发达国家的工业化发展道路而实现国际化的发展。东亚的经济发展雁阵呈反“V”形，领头雁是日本，然后是 NIEs（中国香港、新加坡、韩国、中国台湾），接着是 ASEAN-4（泰国、马来西亚、印度尼西亚、菲律宾）以及中国内地。雁阵型模式也被视为后发国家的经济追赶之路，可以概括为以下两点：一是欠发达经济体的发展模式遵循着进口（M，import）→国内生产（P，domestic production）→出口（E，export）这一持续性发展曲线；二是欠发达经济体的工业化进程遵循着从生产消费品到生产资本品，或从生产低附加值产品到生产中高附加值产品的升级道路。

一些学者对东亚 FTA 的经济效应进行了计量分析。Hiley（1999）[①] 将东亚国家按雁阵分为三个层次，利用 1970—1996 年这些国家资源密集型、劳动密集型、高附加值产品的 RCA 指数来研究动态比较优势的变化，借此研究东盟等国的投资与产业调整是否符合雁阵型发展模式，结果表明高层国家对低层国家的投资与产业转移提高了生产要素的配置效率，促进了双边国家的经济增长和工业化水平。薛敬孝等（2003）[②]

① HILEY M.The Dynamics of Changing Comparative Advantage in the Asia-Pacific Region [J]. Journal of the Asia Pacific Economy，1999，4（3）：446-467.

② 薛敬孝，张伯伟.东亚经贸合作安排：基于可计算一般均衡模型的比较研究 [J]. 世界经济，2004（6）：51-59.

在采用 CGE 方法对中日韩 3 国建立 FTA 的经济效果进行了评价，认为 FTA 的建立不仅对中日韩 3 国有积极影响，而且对东盟也将产生正面效应。江崎光男（2008）[①]基于 CGE 世界模型的影响分析，探讨了东亚 FTA 对区域内各国的经济、产业影响，得出了东亚 FTA 一般对区域内各国经济具有正增长效用，成员国的收入分配也得到了改善的结论。黄凌云、张伟（2007）[②]采用全球贸易分析模型（GTAP）分析中日韩自由贸易区建立后的经济影响，认为将出现三赢格局，中国 GDP 增长 0.27%，日本 GDP 增长 2.15%，韩国 GDP 增长 1.05%。李丽、陈迅、邵兵家（2008）[③]同样运用 GTAP 模型研究中印自由贸易区的建立将对双方在 GDP 和福利水平等方面产生的经济影响进行了一般均衡模拟研究，预测中国 GDP 将增长 3.51%，印度 GDP 却缩减 7.10%，根本原因在于中国与印度之间利益让渡不平衡，中国让渡的利益要明显小于印度让渡的利益。

## 3.2 东亚区域经济一体化对经济收敛的理论分析

上一节提到东亚 15 国的收入差距存在 σ 收敛，在新古典模型中，收敛性来自于递减的资本收益，同样，区域经济一体化所带来的贸易创造与投资促进效应也可能促进收入收敛。

### 3.2.1 贸易收敛效应

东亚各国最初的国际化发展模式都是遵循着进口（M，import）→国内生产（P，domestic production）→出口（E，export）的渐进发展道路。Akamatsu（1962）通过一个连续性图表来解释东亚的初始贸易模式，他将产品分为消费品（如棉纺织业，图 3-1（a））和资本品（如纺织机械（图 3-1（b）））两种。第一阶段，从 $t_1$ 到 $t_2$ 时间段，该国

① 江崎光男．东亚的区域经济一体化与经济增长、收入分配及贫困削减［J］．南洋资料译丛，2008（1）：1-18.
② 黄凌云，张伟．中日韩三国建立自由贸易区的实证分析与模拟［J］．现代财经，2007（1）：36-38.
③ 李丽，陈迅，邵兵家．中印自由贸易区的构建对双方及世界经济影响计量研究［J］．财贸经济，2008（4）：111-116.

通过出口初级产品换取外汇，从而进口消费品；第二阶段，在 $t_2$ 时间，该国国内市场需求增长到足以支持国内生产时，该国开始进口资本品用于生产消费品以替代进口；第三阶段，在 $t_3$ 时间，该国国内消费品产业已经发展成为一个出口部门，而资本品的进口也逐步被国内生产所替代。这个时候，整个工业从进口替代向出口导向转变。

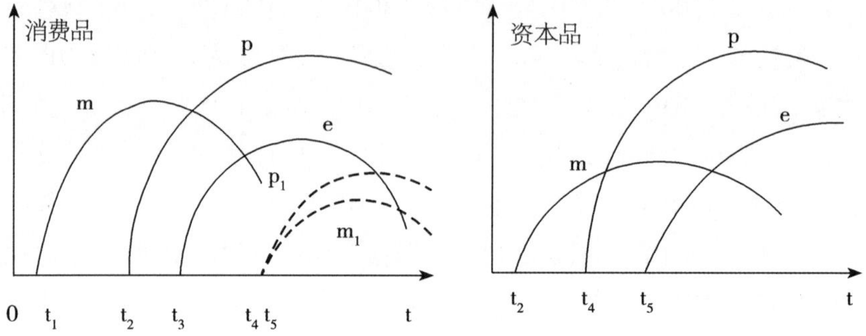


图 3-1（a）消费品的贸易模式　　图 3-1（b）资本品的贸易模式

进入 21 世纪之后，伴随着垂直产业内分工的深化，东亚各国之间的贸易模式也发生了深刻变化。跨国公司将最终产品的生产过程或某项服务的完整流程分割成若干不同的工序和环节，根据其要素密集度的不同配置在不同国家的不同企业，从而形成了以工序、环节为对象的全球价值链网络型分工模式。各国之间的贸易模式也从原来的产业间贸易向产业内贸易、产品内贸易模式转变。贸易作为各国经济联系的主要渠道，也自然是影响各国间经济收敛的主要因素之一。贸易对于经济收敛的作用可大体概括为“贸易→资本积累（人力资本和物质资本的积累）→经济增长甚至经济收敛”。与技术外生化的新古典经济增长理论不同，新增长理论将创新、R&D 与内生经济增长联系起来，把创新视为经济增长的内在动力，认为技术进步是促进经济增长的源泉和实现内生演化的动力。而贸易是技术溢出的重要途径，通过贸易可以学习和吸收技术领先国家的知识，形成一种干中学效应，实现经济赶超。这一路径可以概括为“贸易—资本积累/技术溢出导致的技术进步—经济增长甚至经济收敛”。

另外，国际贸易理论中从亚当・斯密开始就强调贸易对于经济增长的促进作用，到萨缪尔森发展了要素禀赋理论，提出了要素价格均等化理论（factor price equalization，FPE），即 H-O-S 模型。他认为各国以要素禀赋差异为基础进行的国际贸易，会反过来影响各贸易伙伴国的要素价格，国际贸易能够缩小国家间商品价格的差距，从而间接地使各国要素价格趋于均等。因此，贸易自由化对国民收入的影响主要体现在三个方面：要素价格、要素数量和生产技术。虽然从要素价格均等化到人均收入均等化（即经济收敛）的转变需要具备一定的条件，但是国际贸易自由化提高了一国国内企业的市场竞争力和对外先进技术、管理经验和思想观念的吸收能力，使得各国的知识水平逐渐趋于一致，并进一步导致人均收入水平的趋于一致（收敛）。

Ben-David（1993，1996），Sachs 和 Warner（1995）是最早实证研究贸易自由化与经济收敛关系的学者。Ben-David（1993）①研究发现战后欧洲经济共同体（European Economic Community）的 6 个国家和欧洲自由贸易联盟（European Free Trade Association）的 8 个国家之间的收入差距随着贸易自由化进程的加深而在逐步缩小，贸易自由化的程度对应着不同的收入收敛程度，指出“向贸易自由化的转变正使得国家间收入差距逐步缩小，FPE 理论提供了一个解释贸易自由化与经济收敛之间相互联系的理论框架”。Ben-David（1996）②将样本国家分为两组，一组包括主要贸易伙伴国，另一组随机选择或通过其他方式选择，通过对比分析发现，主要贸易伙伴国之间存在着明显的经济收敛现象，并指出“这些发现与赫克歇尔和俄林的直觉基本是相一致的：商品的流动补偿了或者替代了要素的流动，贸易扮演着平衡的角色，缓解了地理空间生产能力上的差异”，肯定了贸易自由化有助于经济收敛的观点。Sachs 和 Warner（1995）③将所选的样本国家划分为贸易“开放”和“封闭”两组，研究开放经济下和封闭经济下人均收入收敛现象，发现 1970—1989 年间开放组存在较落后国家经济增长速度更快的现象，即贸易自

① BEN D D. Equalizing Exchange: Trade Liberalization and Income Equalization［J］. Quarterly Journal of Economics，1993（8）：653-679.

② BEN D D. Trade and Convergence Among Countries［J］. Journal of International Economics，1996（3）：279-298.

③ SACHS J D，WARNER A.Economic Reform and the Process of Global Integration［R］Brookings Papers on Economic Activity，1995（1）：1-118.

由化加剧了市场竞争，促进了专业化发展，减少了寻租现象，从而促进了经济增长。Parikh 和 Shibata（2004）[①]以亚洲 14 个、非洲 30 个、拉丁美洲 20 个的发展中国家作为样本，分别使用 β 收敛和 σ 收敛来检验贸易自由化对收入收敛的影响。分析结果表明：贸易自由化使得亚洲和拉丁美洲国家间的人均 GDP 出现了明显的 β 收敛特征，而非洲国家间则出现了分散的现象。

中国学者也对贸易与经济收入收敛之间的关系进行了实证研究。尹华和吴彬（2008）[②]对比研究了欧盟与东盟两个区域经济一体化与经济增长收敛之间的关系，发现欧盟在 1955—1990 年呈现出显著的经济收敛，而东盟成立后经济增长却呈现出发散的趋势。其原因主要在于欧盟成员国之间的贸易比重远远超过东盟成员间的内部贸易，欧盟的区内 FDI 主要向相对贫穷的国家集聚，而东盟的 FDI 更多向最富有的成员国新加坡和相对富有的马来西亚和印度尼西亚集聚。范爱军和都春燕（2010）[③]基于 1992—2008 年间的面板数据对比研究了东盟和中国-东盟自由贸易区的经济收敛效应，结果表明中国-东盟自由贸易区的经济收敛速度快于东盟，其原因在于自贸区的建立促进了区域内各成员国间贸易结构的变化和贸易额的扩大，尤其是中国与东盟间贸易额的增加，惠及了更多的东盟中比较落后的国家，从而更大程度地促进了东盟国家间的经济收敛。杨帆和滕建洲（2013）[④]对 1978—2011 年东亚主要经济体之间的贸易与经济收敛的关系进行了实证研究。分析结果表明东亚地区经济增长呈现出明显的“俱乐部收敛”特征，经济收敛在经济发展水平相近的东盟国家之间显著存在，并且贸易自由化在这一经济收敛过程中起到了积极的推动作用。

---

① PARIKH A，SHIBATA M. Does Trade Liberalization Accelerate Convergence in Per-Capita Incomes in Developing Countries? [J]. Journal of Asian Economics，2004（15）：33-48.

② 尹华，吴彬．区域经济一体化经济增长收敛性的实证研究［J］．财务与金融，2008（5）：16-19.

③ 范爱军，都春燕．贸易自由化与经济收敛的关联性研究——基于中国-东盟自由贸易区视角［J］．亚太经济，2010（6）：46-51.

④ 杨帆，滕建州．东亚贸易自由化与经济收敛关系研究［J］．经济学家，2013（3）：24-31.

### 3.2.2 投资收敛效应

空间经济学认为，伴随着运输成本（不仅是指物理上的运输费，而且还包括关税和非关税壁垒）的下降，生产将在国家间进行转移。尤其是投资母国由于国内产业的集聚，出现制造业领域工资上升，由于用地紧张而引起地价上升以及污染问题的压力加大等问题会出现“拥挤”现象。企业为了追求利润最大化，就必须逃避这种“拥挤”，将产业在国家间进行分散，将一部分零部件的生产或一部分生产工序转移到工资成本更为低廉，环保要求相对宽松的国家，从而形成水平的或垂直的国际产业分工。那么东亚地区经济一体化过程中，投资国企业能否通过跨国投资带动东道国的中小企业融入生产价值链，从而实现共同发展呢？

Kojima（1995）[①]分析了东亚区域经济发展中的 FDI 问题，提出日本的 FDI 属于 PROT（pro-trade-oriented）型 FDI，即贸易导向型 FDI。如图 3-2 所示，水平轴表示产业升级的方向，依次从劳动密集型 X，向资本密集型 Y，向知识密集型 Z 升级。垂直轴表示产业转移的国家/地区，按工业发展阶段或人均收入水平依次向 NIEs、ASEAN4、中国内地转移。在第Ⅰ阶段，日本 X 产业得到发展，但还没有对外投资；在第Ⅱ阶段，日本在 Y 产业拥有比较优势，并投资于 NIEs 的 X 产业；第Ⅲ阶段，日本升级 Z 产业的比较优势，并投资于 NIEs 的 Y 产业和 ASEAN4 的 X 产业；第Ⅳ阶段，日本的优势产业是 Z′ 产业，并投资于 NIEs 的 Z 产业、ASEAN4 的 Y 产业和中国内地的 X 产业。

从图 3-2 可知，日本处于雁阵型模式中领头雁的位置，也是东亚地区对外投资的大国，通过将本国处于比较劣势的产业转移至其他国家，并通过提供资本和技术，与东道国的比较优势相结合，获取更高的投资收益。关于这一点，可以从对日资企业在东亚地区的销售和原材料采购活动的分析中得出结论。日本贸易振兴协会 2006—2009 年对在亚洲投资的日资企业的生产经营情况进行了调查。在调查报告中显示，在

---

① KOJIMA K. Dynamics of Japanese Investment in East Asia [J]. Hitotsubashi Journal of Economics, 1995 (36): 93 124.

马来西亚、新加坡、菲律宾、印度尼西亚、泰国和越南这6个东盟国家的日资企业生产经营活动本地化趋势明显，它们的零部件采购环节都在一步步从日本转向当地，销售也从向日本出口逐步转向在当地生产、当地销售。这说明日本通过对外直接投资将生产工序中的一些劳动密集型产业逐步转移到东亚其他国家，从而充分利用当地的要素资源禀赋。

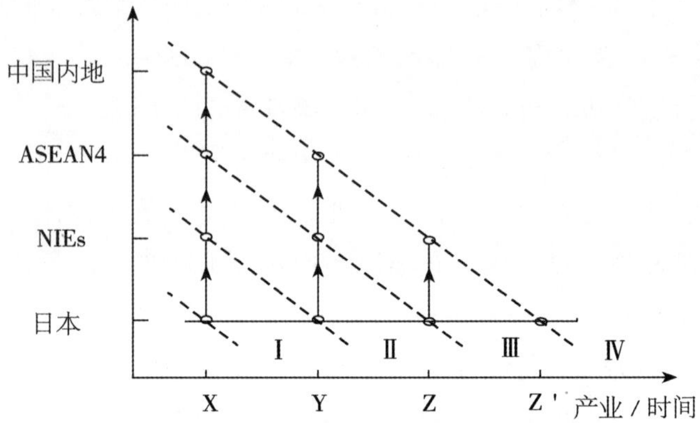


**图 3-2 日本的对外投资结构图**

那么，东道国的企业能否像日本企业一样从区域经济一体化中得到发展呢？从日本贸易振兴协会的调查结果中可以看出，当日资企业经营日趋本土化时，东道国的企业也从产业链中获得了前向溢出效应和后向溢出效应。例如，因为在新加坡和槟城经营的日资企业常年从当地供应商那里采购零部件，当地的零部件供应商中开始出现了全球性的大公司。我国的比亚迪、创维和荣事达等众多大公司也都是从为这些跨国公司生产零部件，或进行装配业务开始发展起来的。这些大企业的成长带动了东道国经济的发展。这样，在东亚区域内出现了不发达国家紧紧跟随发达国家的经济阶梯状发展模式。

实证研究也证明了对外直接投资对区域经济增长和技术进步的贡献。目前，全球R&D活动主要由跨国公司进行，因此跨国公司所展开的FDI活动也成为各国从发达国家获取技术溢出的重要渠道。Caves（1974）①研究了FDI对促进澳大利亚制造业技术进步的作用，认为外

① CAVES R E. Causes of Direct Investment: Foreign Firms' Shares in Canadian and United Kingdom Manufacturing Industries [J]. Review of Economics and Statistics, 1974 (56): 272-293.

资企业在生产分配效率、技术效率、和技术转让三方面促进了本地企业劳动生产率的提高，说明外商投资企业促进了本土生产企业的技术进步。Hejazi 和 Safarian（1999）[①]实证研究了国际贸易和 FDI 两种渠道下 1971—1990 年 G6 国家 R&D 对 OECD 国家的技术溢出情况，结果表明 FDI 是国际技术溢出的重要渠道，通过 FDI 渠道的溢出大于通过国际贸易渠道的溢出。

## 3.3 东亚区域经济一体化对经济收敛的实证分析

Barro 和 Sala-i-Martin （1991）把经济收敛具体描述为 σ 收敛和 β 收敛。前者描述的是一组国家间人均收入的标准差逐渐缩小的过程，后者描述的是一国人均收入增长率与初期人均收入水平之间的负相关关系。事实上，人均收入标准差的收敛是长期 β 收敛的结果，收入低的国家经济必须以比收入高的国家更高的速度增长才有可能缩小与收入高的国家的人均收入差距，即达到 σ 收敛。因此，本节我们重点考察东亚区域经济一体化的 β 收敛。

### 3.3.1 东亚经济收敛的初步观察

区域经济一体化组织内部由于签订了区域贸易协定，促进了成员国在贸易、投资和产业集聚等方面的合作，从而为成员国的经济增长带来了正向的增长效益。因此，当区域经济一体化组织存在更大的贸易创造效应时，成员国经济差距会逐渐缩小，从而在经济增长上体现出 σ 收敛效应，即随着时间的变化，不同国家或地区的人均 GDP 的标准差逐渐缩小，人均 GDP 表现出趋同效应。那么，东亚区域经济一体化能否有利于东亚各国经济的共同发展，特别是能否促进东亚地区欠发达的柬埔寨、老挝、缅甸和越南（CLMV）4 国缩小与其他国家的经济发展差距对于继续推动东亚经济一体化进程至关重要。

① HEJAZI W，SAFARIAN E. Trade，Foreign Direct Investment and R&D Spillovers [J]. Journal of International Business Studies，1999（30）：491-511.

图 3-3（a）为东亚 15 国[①]从 2000 年到 2013 年 GDP 和人均 GDP 自然对数的标准差 σ 随时间变化的趋势图。首先，从总的趋势来看，2000 年到 2013 年期间，各国收入差距呈现逐步下降的趋势。仅在 2009 年和 2010 年有小幅上升的趋势，这主要是受 2008 年全球金融危机的影响，而危机后各国恢复的程度不同。图 3-3（a）中可以看出，各国 GDP 自然对数的标准差从 2000 年的 2.17 下降到 2013 年的 2.03；图 3-3（b）中可以看出，人均 GDP 标准差从 2000 年的 1.77 下降到 2013 年的 1.47，也表明了这期间存在 σ 收敛。图 3-4 列出了欧盟 25 国从 2000 年到 2013 年 GDP 和人均 GDP 自然对数的标准差 σ 的变化情况。从总趋势来看，2000 年到 2013 年期间，欧盟 25 国各国收入差距呈现逐步下降的趋势。各国 GDP 自然对数的标准差从 2000 年的 1.8 下降到 2013 年的 1.6，人均 GDP 标准差从 2000 年的 0.7 下降到 2013 年的 0.6，说明这期间也同样存在 σ 收敛。比较图 3-3 和图 3-4 可知，尽管两个区域一体化组织的收入标准差都呈现出稳步下降的趋势，但东亚 15 国无论是 GDP 还是人均 GDP，其标准差都显著高于欧盟 25 国。东亚 2000 年到 2013 年 GDP 和人均 GDP 的平均标准差分别为 2.101 和 1.641，而欧盟 25 国 2000 年到 2013 年 GDP 和人均 GDP 的平均标准差分别为 1.708 和 0.632，由此可见，东亚比欧盟存在更大的收入多样化，其区域内各国间的收入差距更大，经济增长的整体趋同效应需要更长的时间来实现。

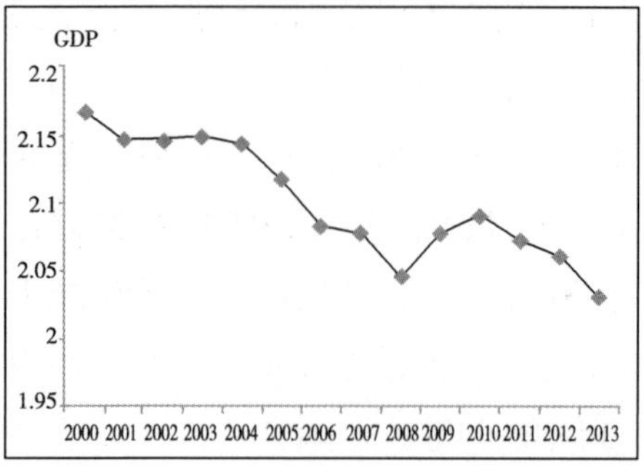


**图 3-3（a）2000—2013 年东亚 GDP 标准差**

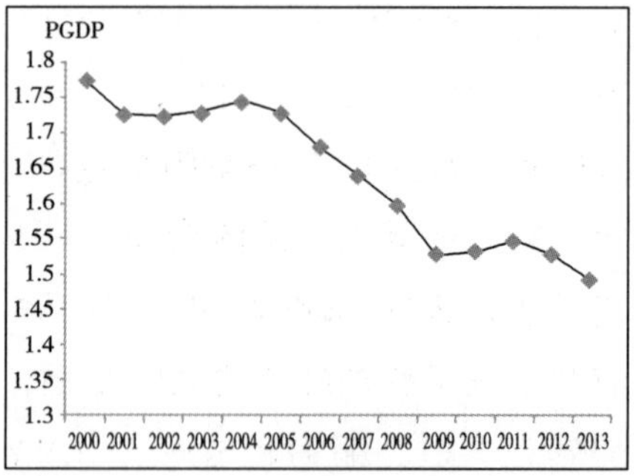


**图 3-3（b）2000—2013 年东亚人均 GDP 标准差**

数据来源　根据 http：//unctadstat.unctad.org/EN/的数据计算而得。

① 由于缅甸 GDP 和人均 GDP 数据的缺乏，此处仅计算了除缅甸外的其他东亚 15 国的收入差距。

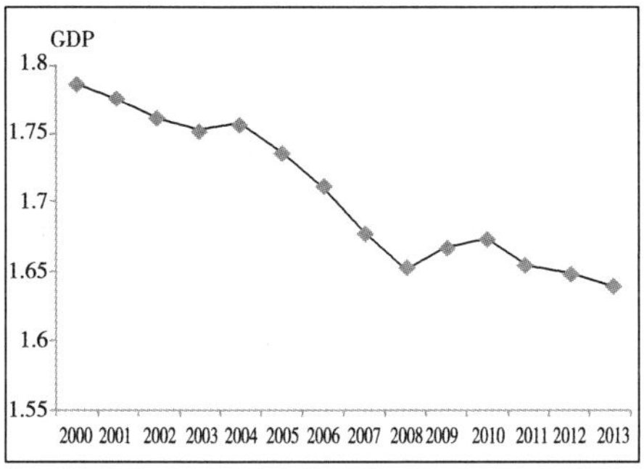


**图 3-4（a）2000—2013 年欧盟 GDP 标准差**

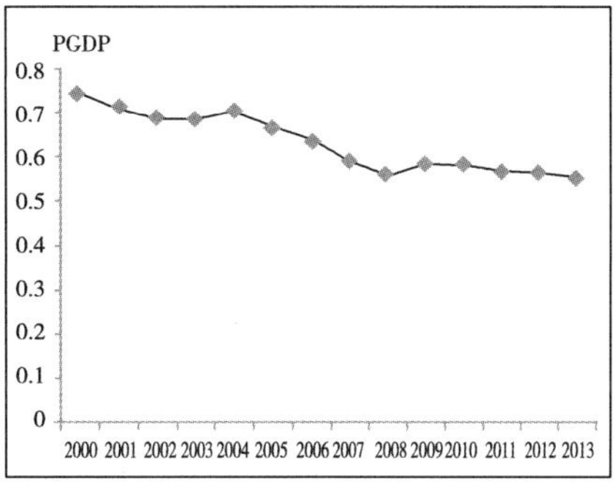


**图 3-4（b）2000—2013 年欧盟人均 GDP 标准差**

数据来源　根据 http：//unctadstat.unctad.org/EN/数据计算而得。

不过，上述研究存在的问题在于，它们对东亚地区经济收敛效应的分析主要采用区域内出口额占该国总出口额中的比重来分析收敛效应，但对于随着一体化的深入而日益深化的区域内产业分工对经济增长的影响，特别是对经济收敛效应的影响并没有涉及。一般来说，随着产业分工的深化，分工逐步从垂直分工向水平分工转化，产品内贸易的比重会逐渐上升，而产品内贸易又主要以零部件贸易来实现。因此，本章采用各国与东亚零部件贸易额占该国零部件贸易总额的比重来替代区域内出口额占该国总出口额中的比重来代表区域经济一体化的水平，以此来实证分析区域经济一体化对东亚经济增长的影响。

## 3.3.2　收敛性检验的基本模型和数据来源

（1）模型构建

Barro and Sala-i-Martin（1990，1991，1992）提出了 β 绝对收敛理论。其含义是，在资本边际报酬递减和技术扩散等因素的作用下，人均产出水平较低的国家（或地区）比人均产出水平较高的国家（或地区）具有更高的人均产出增长率，从而使不同国家（或地区）的经济发展水平最终将趋于一致。最常见的 β 收敛检验方程为：

$$\ln(Y_{it}/Y_{i,t-1}) = \alpha_{it} - (1 - e^{-\beta}) \cdot \ln(Y_{i,t_0}) + \mu_{it} \tag{3-1}$$

其中，下标 i 代表国家，t 代表年份（其中 $t_0$ 为初始年份），Y 为国民收入，α、β 为常数，μ 为随机误差项。

由于绝对收敛（unconditional convergence）的假说过于严格，而各国（地区）的经济结构与技术水平相同的假说与世界各国（地区）的实际情况存在一定的差距。因此，绝对收敛在某种程度上并不能完全反映当前地区经济协调发展的演变趋势。考虑到影响经济增长的其他因素，这里根据新古典增长模型中条件收敛（conditional convergence）理论，建立条件收敛模型，来实证检验区域经济一体化背景下分工、贸易与投资对东亚 15 国收入收敛的影响。根据 Barro and Sala-I-Martin（1991、1992a）以及 Mankiw、Romer and Weil（1992）提出的条件收敛理论，建立如下模型：

$$\ln(Y_{it}/Y_{i,t-1}) = \alpha_{it} - (1-e^{-\beta})\cdot\ln(Y_{i,t_0}) + \gamma X_{it} + \mu_{it} \tag{3-2}$$

其中，X 为影响全球经济增长的控制变量集合，γ 为 X 对应的系数或系数向量。

根据模型（3-1）和（3-2），我们可以进一步将条件收敛模型简化为：

$$\ln(Y_{it}) = \alpha + \beta\ln(Y_{i,t_0}) + \gamma X_{it} + \mu_{it} \tag{3-3}$$

因此，根据模型（3-3），若 $\ln(Y_{i,t_0})$ 的系数 β 是小于零的负数，则可认为 β 收敛成立。β 绝对值越大，则表示经济收敛的速度越快。

（2）变量说明与数据来源（见表 3-3）

被解释变量（Y）：本章采用 GDP 增速和人均 GDP 增速来反映经济增长的程度。

关注变量：①初始经济发展水平，包括初始 GDP 和初始人均 GDP，表示研究时间初期（即 2000 年）经济发展水平或人均收入的水平，数据均来源于世界银行的 World Development Indicators 数据库；②东亚国际分工（VD），以与东亚各国零部件贸易额（进出口总额）占全部零部件贸易总额的比重来反映各国参与东亚国际分工的程度。零部件为 BEC 分类中第 4 大类（资本货物及其零配件）中的 42 类产品和第 5 大类（运输设备及其零配件）中的 53 类产品。数据根据 UNcomtrade 数据库中相关数据计算所得。

控制变量：①外商直接投资（FDI），以各国 FDI 流入量占 GDP 的比重表示；②投资（K），以各国固定资本形成额占 GDP 的比重表示；③劳动力（L），以各国从业人数占总人口（15~64 岁）的比重表示；④法治环境（LAW），用政治风险指数中的法治指标来表示，数据来自于著名的国际风险评估机构——美国政治风险服务集团（The PRS Group）公布的 International Country Risk Guide（ICRG）政治风险指数中的法治指标来表示，指标被分为 0 到 6 共 7 个等级，6 级为最好，本章将等级折算为 0 到 1 区间内；⑤通货膨胀率（CPI），以各国消费者物价指数来表示。样本选择上，由于缅甸、老挝数据的缺乏，本节实证研究的样本为东亚区域经济一体化中的其余 14 个国家，时间跨度为 2000—2013 年，共 14 年，合计 14×14＝196 个观测值。所有的数据均来源于公开的统计数据库，其中 GDP 增长率、人均 GDP 增长率以及 2000 年初始 GDP 和人均 GDP 数据来源于世界银行 WDI；零部件贸易数据来源于 UN Comtrade；投资、劳动力、吸引外资和通胀率等数据都来源于 WDI；法治环境数据来源于 International Country Risk Guide。

表 3-3　　**变量说明与数据来源**

| 变量名 | 变量含义 | 数据来源 | 预期 |
| --- | --- | --- | --- |
| Y | 各国的GDP和人均GDP增长率（%） | 世界银行数据库 | |
| $GDP_{2000}$ | 各国初始GDP（美元） | 世界银行数据库 | - |
| $PGDP_{2000}$ | 各国人均GDP（美元） | 世界银行数据库 | - |
| VD | 各国与东亚零部件贸易额占该国零部件贸易总额的比重（%） | UNcomtrade数据库 | + |
| FDI | 各国FDI流入量占GDP的比重（%） | 世界银行数据库 | + |
| K | 各国固定资本形成额占GDP的比重（%） | 世界银行数据库 | + |
| L | 各国从业人数占总人口的比重（%） | 世界银行数据库 | |
| LAW | 各国的法治环境 | International Country Risk Guide | |
| CPI | 各国的通货膨胀率 | 世界银行数据库 | |

### 3.3.3 东亚经济收敛的实证分析

（1）变量的描述性统计

为了将 OFDI 与各解释变量之间可能存在的非线性关系转换成线性关系，减少异常点以及残差的非正态分布和异方差性，本章对 VD、K、L 等 8 个变量采取了对数形式。综合考虑各变量对经济增长解释力的大小，本章先以基础模型（3-4）进行回归，之后以扩展模型（3-5）和（3-6）进行回归，三个模型如下所示：

$$\ln Y_{i,t} = \alpha + \beta_1 \ln GDP_{i,2000} + \varepsilon_{i,t} \tag{3-4}$$

$$\ln Y_{i,t} = \alpha + \beta_1 \ln GDP_{i,2000} + \beta_2 \ln VD_{i,t} + \varepsilon_{i,t} \tag{3-5}$$

$$\ln Y_{i,t} = \alpha + \beta_1 \ln GDP_{i,2000} + \beta_2 \ln VD_{i,t} + \beta_3 FDI_{i,t} + \beta_4 \ln K_{i,t} + \beta_5 \ln L_{i,t} + \beta_6 \ln LAW_{i,t} + \beta_7 CPI_{i,t} + \varepsilon_{i,t} \tag{3-6}$$

本章运用 Stata12.0 分析软件对样本数据进行实证分析，各变量描述性统计结果如表 3-4 所示。

表 3-4 **变量的描述性统计**

| 变量 | 总样本 | | | | 东盟国家样本 | | | |
|---|---|---|---|---|---|---|---|---|
| | 均值 | 方差 | 最小值 | 最大值 | 均值 | 方差 | 最小值 | 最大值 |
| Y（GDP） | 4.926 | 3.281 | -5.527 | 15.240 | 5.142 | 3.056 | -2.330 | 15.240 |
| Y（PGDP） | 3.686 | 3.296 | -5.515 | 13.673 | 3.614 | 3.140 | -3.649 | 13.470 |
| $LnGDP_{2000}$ | 4.926 | 3.281 | 0.527 | 15.240 | 24.476 | 1.356 | 22.019 | 25.829 |
| $LnPGDP_{2000}$ | 8.110 | 1.673 | 5.702 | 10.527 | 7.642 | 1.537 | 5.702 | 10.077 |
| LnVD | -0.669 | 0.247 | -1.213 | -0.0967 | -0.523 | 0.197 | -1.133 | -0.097 |
| FDI | 0.037 | 0.046 | -0.0362 | 0.265 | 0.050 | 0.055 | -0.028 | 0.265 |
| LnK | 3.2230 | 0.289 | 2.345 | 3.864 | 3.127 | 0.277 | 2.345 | 3.678 |
| LnL | 4.278 | 0.098 | 4.031 | 4.441 | 4.286 | 0.096 | 4.126 | 4.441 |
| LnLAW | -0.395 | 0.307 | -1.099 | 0 | -0.538 | 0.318 | -1.099 | 0 |
| CPI | 4.250 | 5.372 | -22.091 | 29.016 | 5.331 | 6.504 | -22.091 | 29.016 |

（2）计量结果与分析

本章样本国家 14 个，时间跨度为 14 年。考虑到可能存在的组间异方差或组间同期相关，我们使用“组间异方差、组间同期相关”稳健的标准误差，即“面板校正标准”（Panel-Corrected Standard Error，PCSE）进行回归分析。表 3-5 中第一列到第三列是以 GDP 增长率为被解释变量的估计结果，第四列到第六列是以人均 GDP 增长率为被解释变量的估计结果。首先，我们来分析第一列和第四列所表示的 β 绝对收敛情况。从第一列可以看出，初始 GDP 的系数为负，但在统计上并不显著，这说明 14 国 GDP 增长率与初始 GDP 之间并不存在着明显的 β 绝对收敛趋势。第四列的估计结果中，初始人均 GDP 系数负，且通过了 1% 的显著性检验，说明在东亚一体化的 14 个国家之间的人均 GDP 增长率与初始人均 GDP 之间存在着 β 绝对收敛的趋势。

表 3-5　　**总样本面板数据回归结果**

| 变量 | 被解释变量：GDP增长率 | | | 被解释变量：人均GDP增长率 | | |
|---|---|---|---|---|---|---|
| | （1） | （2） | （3） | （4） | （5） | （6） |
| $LnGDP_{2000}$ | -0.069 (0.059) | -0.055 (0.080) | $-0.502^{***}$ (0.132) | | | |
| $LnPGDP_{2000}$ | | | | $-1.036^{***}$ (0.108) | $-1.129^{***}$ (0.128) | $-1.005^{***}$ (0.153) |
| LnVD | | 0.222 (0.856) | $-3.504^{***}$ (0.810) | | $-2.068^{***}$ (0.763) | $-2.414^{***}$ (0.798) |
| FDI | | | $21.049^{***}$ (5.835) | | | $19.266^{***}$ (5.814) |
| LnK | | | $6.154^{***}$ (0.765) | | | $3.469^{***}$ (0.525) |
| LnL | | | 1.994 (1.458) | | | $2.647^{**}$ (1.348) |
| LnLAW | | | -3.677 (0.647) | | | 0.0477 (0.834) |
| CPI | | | $0.0730^{**}$ (0.036) | | | 0.025 (0.036) |
| N | 14 | 14 | 14 | 14 | 14 | 14 |
| A-$R^2$ | 0.002 | 0.002 | 0.441 | 0.277 | 0.298 | 0.485 |

注：（1）***、**、*分别表示在 1%、5% 和 10% 水平上通过显著性检验；（2）括号中的数值为标准差。

在考察完 β 绝对收敛后，我们来看看 β 条件收敛的情况。第二列、第三列报告了以 GDP 增长率为被解释变量的检验结果，在仅加入新国际分工变量时，初始 GDP 和东亚国际分工 VD 变量都不显著，而接着加入其他控制变量之后，初始 GDP 的系数在 1% 水平上显著为负，说明各国经济增长依然存在着显著的 β 条件收敛。东亚国际分工变量的系数变成显著为负，这与我们的预期结果并不相同，说明东亚国际分工导致了各国 GDP 增长率的条件发散。此外，吸引外资变量、资本、CPI 变量对各国经济增长收敛发挥了积极作用。第五列、第六列报告了以人均 GDP 增长率为被解释变量的估计结果，在第五列中初始人均 GDP 在 1% 水平上显著为负，说明各国经济增长依然存在着显著的条件收敛。东亚国际分工变量的系数也在 1% 水平上显著为负，与我们的预期结果并不相同。第六列加入其他控制变量之后，初始 GDP 和东亚国际分工 VD 的系数依然在 1% 水平上显著为负，同时，吸引外资变量、资本和劳动变量也都显著为正，说明这些变量对 14 国经济增长收敛发挥了积极作用。

总体而言，东亚区域经济一体化过程中，14 国的 GDP 增长率和人均 GDP 增长率 β 绝对收敛趋势并不显著，而在加入东亚国际分工 VD 变量、吸引外资变量、资本和劳动变量后，β 相对收敛的趋势比较显著。重点考虑的东亚国际分工变量在促进 GDP 收敛和人均 GDP 收敛过程中显著为负，与理论上的预期结果并不相同，主要原因在于东亚国际分工变量指标所衡量的主要是各样本国在零部件贸易中参与东亚国际分工的程度，其中，越南、柬埔寨、印度尼西亚对于东亚国际分工的参与程度是最高的，平均值分别是 0.74、0.71、0.70，而经济增长率较高的中国、印度、韩国等国该指标并不高，分别是 0.39、0.35、0.51，其经济增长更多依靠的是参与全球垂直化的产业分工，与东亚分工的参与程度并不十分紧密，所以在统计结果上使得该指标并不显著为正，随着中国“一带一路”倡议的实施以及东亚区域经济一体化的发展，东亚区域性的国际合作和分工必将进一步增强，中国、韩国、日本等东亚国家在东亚部分的贸易参与度将进一步提高。

与东亚 16 国的泛区域组织相比，东盟是已经达成自由贸易区协议的真正的一体化组织，以东盟为子样本进一步考察区域经济一体化下的经济收敛问题，以检验是否存在俱乐部收敛。因此，本章以东盟 8 国（不包括缅甸和老挝）为子样本，继续考察东亚一体化过程中经济的绝对收敛与条件收敛情况。表 3-6 第一列到第三列是以 GDP 增长率为被解释变量的估计结果，第四列到第六列是以人均 GDP 增长率为被解释变量的估计结果。首先，在 β 绝对收敛方面，东盟子样本的实证结果与总样本类似，即从第一列的 GDP 增长率的 β 绝对收敛并不显著，第四列的人均 GDP 增长率虽然通过了 1% 的显著性检验，但整体方程的显著性较差。因此，东盟地区并不存在明显的 β 绝对收敛趋势。

表 3-6　　**东盟国家面板数据回归结果**

| 变量 | 被解释变量：GDP 增长率 | | | 被解释变量：人均 GDP 增长率 | | |
|---|---|---|---|---|---|---|
| | （1） | （2） | （3） | （4） | （5） | （6） |
| $LnGDP_{2000}$ | -0.009<br>（0.1566） | 0.023<br>（0.166） | $-0.727^{**}$<br>（0.314） | | | |
| $LnPGDP_{2000}$ | | | | $-0.886^{***}$<br>（0.181） | $-0.810^{***}$<br>（0.226） | $-1.511^{***}$<br>（0.290） |
| LnVD | | $3.310^{**}$<br>（1.456） | -0.739<br>（1.804） | | 1.056<br>（1.595） | -1.988<br>（1.883） |
| FDI | | | $26.069^{***}$<br>（7.222） | | | $31.8581^{***}$<br>（7.598） |
| LnK | | | $3.652^{***}$<br>（1.373） | | | 0.598<br>（0.883） |
| LnL | | | 0.133<br>（4.289） | | | -2.547<br>（2.653） |
| LnLAW | | | $-4.051^{***}$<br>（1.148） | | | -0.0632<br>（1.013） |
| CPI | | | $0.0811^{**}$<br>（0.0381） | | | 0.044<br>（0.036） |
| N | 8 | 8 | 14 | 8 | 8 | 8 |
| $A\text{-}R^2$ | 0.001 | 0.045 | 0.309 | 0.188 | 0.191 | 0.412 |

注：（1）***、**、*分别表示在 1%、5% 和 10% 水平上通过显著性检验；（2）括号中的数值为标准差。

在 β 条件收敛方面，第二列、第三列报告了以 GDP 增长率为被解释变量的检验结果，在仅加入新国际分工变量时，东亚国际分工 VD 变量显著为正，但整体方程并不显著。第三列加入其他控制变量之后，初始 GDP 的系数在 1% 水平上显著为负，说明各国经济增长依然存在着显著的 β 条件收敛，东亚国际分工变量的系数由正变负，且不显著。此外，吸引外资变量、资本、CPI 变量对各国经济增长收敛产生了积极作用。第五列、第六列报告了以人均 GDP 增长率为被解释变量的估计结果，在第五列中初始人均 GDP 在 1% 水平上显著为负，说明各国经济增长依然存在着显著的 β 条件收敛。东亚国际分工变量系数为正，且不显著。第六列加入其他控制变量之后，初始 GDP 依然在 1% 水平上显著为负，同时，吸引外资变量、资本和劳动变量也都显著为正，说明这些变量对东盟国家经济收敛发挥了积极作用。

## 3.4 结论

与欧盟、北美自由贸易区等一体化组织相比，东亚区域经济一体化具备更显著的收入多样性。在东亚 16 国中，既包括日本、澳大利亚、新西兰等发达国家，也包括中国、印度、马来西亚等发展中国家；既包括人均 GDP 超过 3 万美元的高收入发达国家，也包括人均 GDP 不到 2 000 美元的低收入发展中国家。自由贸易协定的东亚区域经济一体化能否通过产业竞争、整合与发展来实现成员国的共同富裕和经济收敛？本章基于新古典经济增长理论研究了东亚区域经济一体化的收入收敛问题。

从 σ 收敛来看，东亚各国 GDP 对数的标准差从 2000 年的 2.17 下降到 2013 年的 2.03，人均 GDP 对数的标准差从 2000 年的 1.77 下降到 2013 年的 1.47，说明这期间存在 σ 收敛。然而，与欧盟 25 国相比，东亚地区收入的离差更大，这意味着东亚经济增长的整体趋同效应需要更长的时间来实现。

从 β 收敛来看，东亚区域经济一体化过程中，14 国的 GDP 增长率和人均 GDP 增长率 β 绝对收敛趋势并不显著，而在加入东亚国际分工 VD 变量、吸引外资变量、资本和劳动变量后，β 相对收敛的趋势比较显著。同时，吸引外资变量、资本和劳动变量也都显著为正，说明这些变量对 14 国经济增长收敛发挥了积极作用。

从俱乐部收敛来看，东盟子样本的实证结果显示绝对收敛并不显著，但是条件收敛结果显著，即在加入其他的控制变量之后，初始 GDP 和初始人均 GDP 的系数在 1% 水平上显著为负，说明各国经济增长依然存在着显著的条件收敛。同时，吸引外资变量等变量也都显著为正，说明这些变量对东盟国家经济收敛发挥了积极作用。

由此可见，在 2000 年后东亚渐进式和包容性区域经济一体化过程中，FTA 促进了东亚各国的经济增长，特别是落后国家的经济增长，东亚地区的 GDP 和人均 GDP 的差距在缩小。这种增长主要是通过各国间逐步削减关税和非关税壁垒，促进区域内投资形成的。日本和韩国等发达国家的跨国公司在工资低廉的其他东亚国家设立了新的工厂，而国内原有的工厂并没有拆除，而是一般会保留下来进行高附加值产品的生产，从而在东亚地区呈现出以发达国家日韩两国领头雁，新兴发展中国家（原东盟 6 国+中国）紧紧追赶，欠发达的 CLMV4 国紧随其后的雁阵型发展模式。

近年来，日本、韩国和新加坡的工业化率明显降低，这与这些国家的经济结构转型，进行产业国际转移和着力发展本国的第三产业相关。中国正在积极推进“一带一路”建设，促进大区域内的经济和产业结构调整、产能的国际合作，而越南、柬埔寨、老挝的东亚国际分工指数出现了较明显的上升，柬埔寨 2000 年的 VD 指数是 0.47，到 2013 年已经上升到 0.91，这与其积极吸引外来投资、承接产业转移有关。由此可见，收入差距的缩小与产业在东亚各国间的梯度转移密不可分，这也说明东亚渐进式的、包容式的一体化进程有利于区内经济落后国家的发展。

那么，在东亚地区渐进式一体化过程中，先发国家向 CLMV4 国转移的都是哪些产业呢？由于 CLMV4 国国内市场规模小，劳动力素质不高，因此，一些与国内市场规模无关，产品技术水平含量较低，谁都能生产的出口产业容易在这些国家立地，从而CLMV4国可能会成为劳动密集型出口产业转移的载体。也就是说，以出口为导向的加工装配产业由于设备投资小，对劳动力素质要求不高，从而成为最容易向CLMV4国转移的产业。例如，近年来，像频闪零部件、聚光器和USB连接线等低附加值零部件已经开始在老挝进行组装。为了承接这些产业的转移，CLMV4国已经相继建立了一些开发区或工业园区来实现产业的集聚。当然，CLMV4国在经过前期的经济追赶、实现早期的工业化发展之后，如果不注意自身技术创新能力的培养和劳动力素质的提升，在后期也非常容易面临陷入“比较优势陷阱”的问题。

## 3.5 本章小结

通过上文对东亚区域经济一体化进程中RCEP14国和东盟8国的收入差距与经济收敛现象进行了实证分析，可以提出如下政策建议：

第一，以推进“一带一路”建设为契机，不断推进以RCEP为中心的东亚区域经济一体化进程。实证分析表明：东亚区域经济一体化促进了东亚区域内各国的共同发展，缩小了成员国之间的发展差距，呈现出经济收敛的现象。这是继续推进东亚区域经济一体化进程的动力。因此，在逆全球化趋势渐显，保护主义抬头的今天，我国应该坚定地成为贸易和投资自由化的倡导者和捍卫者，成为东亚区域合作的积极推动者。当前，我国提出的“一带一路”倡议已经得到了世界上绝大多数国家的支持，东亚国家是“一带一路”倡议的重要参与者。因此，“一带一路”的建设将会成为进一步深化东亚区域经济合作的强大推动力。

第二，深化区域内产业分工合作将是东亚区域经济一体化的重中之重。在东亚区域经济一体化过程中，虽然东亚国家间贸易和投资增长迅速，并且是促进区域共同发展的主要动力，但是东亚国家间仍然没有形成深度的产业分工体系，产业分工并没有发挥促进区域经济共同发展的应有作用，而产业分工合作才是促进区域经济共同发展的内生动力和持久动力。因此，东亚地区需要尽快消除影响产业深度合作的制度壁垒，同时在基础设施的互联互通等硬件条件上加快建设，加快形成区域内产业分工的体系。在这个意义上来说，中国所提出的“一带一路”倡议在这其中将发挥着重要的作用。通过基础设施建设，设施联通，改善东盟国家的投资条件；资金融通为基础设施建设和产业项目投资提供资金支持；通过政策沟通逐步消除区域内的贸易和投资壁垒；通过产能合作，带动东盟国家的产业发展，逐步构建区域内的产业分工体系。因此，东亚地区应该成为“一带一路”建设的重点实施区域。

第三，东盟自身需要进一步提升一体化的层次，需要更深入地融入到东亚区域经济一体化进程之中。从实证分析的结果来看，东盟区域内的合作对于缩小区域内经济发展差距的作用并不明显。因此，虽然在东亚区域经济一体化过程中，东盟扮演着轮毂与轮辐关系中轮毂的角色，但是要使东盟真正发挥轮毂的作用，一方面东盟需要进一步深化内部的产业合作，提升东盟一体化的层次，早日建成东盟经济共同体。另一方面，由于仅仅依靠东盟自身难以加快东盟区域内各国的经济发展，因此东盟需要更深入地融入到东亚的区域经济一体化之中，以便最大限度地获得东亚区域经济一体化的利益。与此同时，中日韩 3 国应发挥区域内大国应有的作用，尽早达成中日韩自由贸易协定，共同推进东亚区域经济一体化进程，从而促进区域内各国的共同发展。

# 4 东亚技术多样性与区域经济一体化

## 4.1 理论研究

20世纪50年代以后，亚洲各国/地区的经济发展纷纷进入快速轨道，特别是“亚洲四小龙”、东盟主要国家和中国内地的发展十分迅速，已经成为当今世界经济发展的中心。东亚地区的经济联系日益密切，进行着潜移默化式的实质上的一体化进程。不可否认，东亚经济一体化的迅速演进是建立在工业化快速推进基础之上。对于后发国家来说，要推进工业化，如果没有生产技术就没法生产出工业品，即使生产出来了，没有一定的品质和性能也就没有市场竞争力。也就是说，工业化与技术之间存在着紧密的关系。如果没有技术基础，工业化不可能顺利推进。从这个意义上来说，在探讨东亚地区的工业化时，如果不考虑技术的转移、生产技术的结构，就无法准确把握东亚工业化的现状和今后发展的方向。另外在关于伴随东亚各国工业化而发生的技术转移效果的研究中，大部分是关于海外直接投资与技术转移关系的宏观或微观层面的实证分析，而关于贸易、投资与技术转移关系的研究不多。实际上，虽然不能说发展中国家从发达国家进口先进的产品就一定能够获得先进的技术，但是将产品拆解，进行分析和模仿，学习产品中包含的知识和技术是十分可能的，这也正是东亚国家成功的核心所在。

具体说来，20 世纪 60 年代以后，随着第二次世界大战后经济恢复的完成和朝鲜战争的需求刺激，日本逐步成为欧美等发达国家在东亚区域的主要贸易伙伴，从事着低端消费品的出口。随着美国产业向日本的转移与日本的"干中学"[①]，日本的产品生产技术日益提高，并且逐渐取代美国成为东亚地区创新的来源地。20 世纪 70 年代，"亚洲四小龙"开始实行出口导向政策，继日本之后，在美日欧等国家产业转移的大背景下，在工业产品的下游环节开始组织产品生产。20 世纪 80 年代以后，"亚洲四小龙"低端产业也开始逐步向外转移，马来西亚、菲律宾、泰国和印度尼西亚等国家也开始工业化的步伐。20 世纪 90 年代以来，随着运输与通信技术的进步和贸易壁垒的不断降低，生产过程更易于分割，和全球范围一样，东亚地区的产业开始在区域内重组，中国、越南等国也开始融入到了东亚的生产体系之中。从具体发展过程来看，东亚各经济体在垂直生产分割链中的地位表现出较强的动态传递性。一方面，随着产业升级，一国旧有的生产环节会逐渐转移到成本更低的国家；另一方面，正如产品生命周期理论所揭示的那样，产业链上游国家的优势产品也不断被下游国家所替代。

另外，东亚各国的要素禀赋、制度特征、比较优势和开放时间等并不相同，这种不同决定了各国不同的技术创新模式、技术进步领域和技术获取方式，从而在东亚地区形成了阶梯型的技术层级。随着经济一体化进程的推进，通过贸易和投资渠道，在东亚地区形成了顺梯度技术转移路径，在东亚形成了雁阵型产业转型模式，并在此基础上形成了东亚新型的生产网络模式。不过，大量的研究也已经证实：发展中国家企业以代工模式从低端融入 GVC（全球价值链）分工虽然可以实现工艺和产品升级（张辉，2004；李晓华，2010），但参与的是依附型全球价值

① 阿罗于 1962 年提出了"干中学"（learning by doing）模型，把从事生产的人获得知识的过程内生于模型。研究发现，一个人一生中 90% 的学习是在工作中实现的。

链，往往会导致本土企业“被俘获”（Schmitz，2004；Messner，2004），而且国际分工网络的跟随者同时也承受着国际风险传导的影响（代谦、何祚宇，2015），并不是加入 GVC 的每个企业都可积累源自客户的技术能力（Humphrey 和 Schmitz，2004）①。

因此，本章以雁阵型模式理论为基础，以技术多样性为背景，探讨东亚区域经济一体化背景下技术多样性的演化特征、相关机制及其演化趋势。

### 4.1.1 技术的概念和技术转移的模式

在讨论东亚地区的技术多样性时，有必要首先对技术这个概念有一个明确的理解。本来对于“技术”这个词定义并不明确，准确地把握并不容易。在本节中我们对技术的含义进行详细的讨论，然后再对技术转移的模式进行简单的概述。

（1）技术的概念

技术这个词是生产某种产品的手段，一般是指生产技术。生产技术又被分为“产品技术”、“制造技术”和“生产管理技术”三类。如表 4-1 所示，产品技术是指在商品化时用容量、热量等表示出来的产品的性能和用结构和强度等表示出来的功能两方面的设计以及开发技术。制造技术是指根据设计图或加工图制造出某一特定产品的组装技术、加工技术和操作技术等。生产管理技术并不是直接操作机器设备的技术，而是为了提高产品的品质和生产效率，对生产设备、零部件、辅助器械、原材料与工人、技术人员之间进行组合，对生产的流程进行改进等的诀窍，可以看成是职场的生产管理技术。

表 4-1 **生产技术的分类**

| 生产技术种类 | 技术的内容 |
|---|---|
| 产品技术 | 产品的性能（容量、热消耗量、效率等）和功能（结构、强度等）的设计和研发 |
| 制造技术 | 根据设计图或制造图制造出产品的加工或组装技术，或者说操作技术 |
| 生产管理技术 | 为了制造产品对生产设备、原材料、零部件、员工和信息的组合技术，可以被看成是职场的生产管理技术 |

① HUMPHREY J, SCHMITZ H. Chain Governance and Upgrading: Taking Stock Local Enterprises in the Global Economy-Issues of Governance and Upgrading [M]. Cheltenham: Edward Elgar, 2004: 24-78.

另外，根据产品的生命周期理论，又有将技术分为成熟技术、先进技术和高技术的说法。成熟技术是指被开发出来的产品，市场已经到了成熟阶段的技术，先进技术是指刚开发出来不久的技术，而高技术虽然是指程度高的技术，但往往与先进技术作为同义词使用。另外在谈到向发展中国家技术转移时又有最合适技术这个词。其内容虽然没有被严格地定义，但是可以说成是与发展中国家的技术水平相适应，能够被吸收的技术。因此，关于技术这个词有各种不同的含义，在对技术进行分析时必须要明确其具体的含义。在本章中所要分析的技术是指制造技术，也就是生产出某一特定产品所需的加工、组装和操作技术。

（2）技术多样性

多样性是一个生物生态学上的概念，指在一定时间和一定地区所有生物（动物、植物、微生物）物种及其生态系统的复杂性总称。在这里，本章将这一概念扩展至技术领域。所谓的技术多样性实际上指的是技术的差异性，而技术的差异性一方面来自于技术创新的方向、方式乃至实际应用方向，另一方面来自于后来者的模仿再创新和精细化过程等。

具体说来，原始创新是依靠创新主体自身的能力突破技术瓶颈而掌握核心技术的创新，其突出的核心是首创性，即核心技术首次被认识和掌握。当然，与首次相对应的便是技术创造与应用过程存在极大的复杂性与不确定性。作为原始创新实践活动逻辑起点和终点的创新产品销售市场同样也具有极大的不确定性和风险性，甚至可能会出现长期的市场沉默期（指产品第一次在市场上出现到获得商业成功的时间）。这给原始创新产品的市场化进程造成极大瓶颈，甚至会把新产品扼杀在“摇篮”中。毫无疑问，技术的原始创新是最艰难的。

当原始创新已经完成之时，模仿创新便开始登上历史舞台。模仿创新可以有效避免市场开发初期需求和市场行为的不确定性风险，而且还能跨越创新产品市场化初期的“沉默期”，从而能够较好并且较快地适应市场和目标公众的需求，模仿创新市场客体在市场“活跃期”占有绝对的主导优势地位。

随着原始创新的完成，技术创新国在技术水平上独占鳌头，而伴随着模仿创新的不断展开，整个经济体的技术梯度开始展开，技术出现转移，技术差异化在更大范围内演化。

（3）技术转移的模式

按照菰田（1987）的论述，技术转移可以大致分为企业内技术转移、企业间技术转移和技术援助等，详见表4-2。企业内技术转移是由于企业的对外直接投资而产生的技术转移。例如，为了降低生产成本，日本的企业在东亚其他国家设立工厂，利用当地的劳动力而进行生产活动，这就会发生技术的转移。企业内技术转移是作为国际分工的一环而展开的，即使发生技术的转移，保持技术秘密仍然有可能，这不仅能促进成熟技术的转移，而且还能促进先进技术的转移，对于各国的工业化来说是一个效果非常好的技术转移形态。企业间的技术转移收益是通过签订技术许可协议来实现的。也就是说，通过支付对价来换得技术。企业间的技术转移，技术的引进方大多是本地的企业，从真正的意义上来说是技术的国际转移。但是与企业内技术转移不同，企业间的技术转移必须以提供方能保持技术的优越性和支配力为前提，因此一般不转让先进技术，陈旧和成熟技术的转让一般较多。除了这两种途径之外，还有一种就是技术援助。例如，我国对东亚其他国家的开发援助，在进行经济合作的同时，还进行技术合作。政府间的技术援助十分活跃，其中包括我国向外派遣技术专家，提供机械设备，东亚其他国家的技术人员来我国培训等。这些都是技术援助的内容。

表4-2　　**技术转移的各种形态**

<table>
<tr><th colspan="3">技术转移的形态</th><th>存在的基础或前提</th><th>目的</th></tr>
<tr><td colspan="3">企业内技术转移</td><td>技术所有权的独占以及存在丧失的危险</td><td>保持技术秘密</td></tr>
<tr><td rowspan="3">企业间技术转移</td><td colspan="2">非市场型</td><td>刺激引进企业的技术模仿努力（研发）</td><td>无明显意图的转移</td></tr>
<tr><td rowspan="2">市场型</td><td>不完全市场型</td><td>国家保护主义和反垄断法等</td><td>不得不转让</td></tr>
<tr><td>竞争市场型</td><td>有成熟的和具有竞争性的技术市场，有大量的R&D资金供给</td><td>获得技术资料的收入，技术引进等</td></tr>
</table>

（4）技术转移理论

作为技术转移理论，最著名的要数 R. Vernon 的产品生命周期理论。这个理论是在论述发达国家向发展中国家技术转移时逃避不了的一个重要理论。根据这个理论，在某一新产品初出现时，由于市场的不确定性和技术创新十分迅速，因此首先考虑在技术基础雄厚的发达国家生产，在产品和技术逐渐走向成熟的过程中，逐渐地将生产转移到劳动力等生产要素相对低廉的发展中国家比较有利。这样技术也就随着进行转移。他还主张，在经过一段时间以后，发达国家与发展中国家间的技术差距会逐步减小。图 4-1 就是根据 R. Vernon（1966）[①]的产品生命周期理论的要点而绘制的技术转移路径图。发达国家首先引入新产品，进行生产和消费。生产根据对需求的预测进行扩大，当生产超过需求时开始出口。在这个阶段，该产品的信息传递到发展中国家，唤起了人们的消费欲望，他们开始进口。这一阶段是“引入阶段”。发展中国家由于消费的扩大而开始自己生产，开始了“进口替代”阶段。当发展中国家对该产品的生产超过消费时就开始出口，进入“出口阶段”。在这个时期，在发达国家该产品的生产和消费达到顶峰的“成熟产品阶段”。在发达国家该产品一过成熟期，其生产力就会逐渐减少。消费与生产的不足部分从发展中国家进口，开始进入“逆向进口阶段”（如图 4-1 所示）。

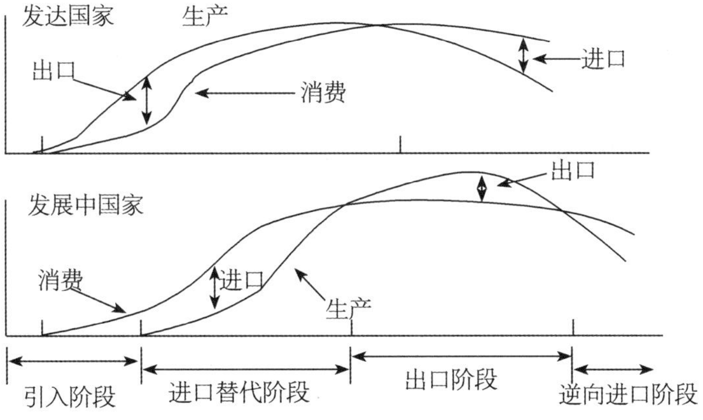


**图 4-1　产品的生命周期**

① VERNON R. International Investment and International Trade in the Product Cycle [J]. Quarterly Journal of Economics, 1966, 80 (5): 190-207.

该产品生命周期理论在考虑现实的国际经济问题时十分有用，但是它又存在重大的缺陷。该产品生命周期的最终结果，也就是说，各种产业的生产据点从发达国家向发展中国家转移这种现象对于发展中国家来说是不是真的最终促进了他们的技术自立。现实中，来自发达国家的投资往往是技术已经成熟或陈旧的量产项目居多，量产所需的大量生产设备、重要的中间产品依然需要从发达国家进口，对发展中国家的技术自立的贡献好像不明显。

### 4.1.2 技术多样性分类及测度

Lall（2000）[①]提出了出口产品技术结构的划分方法。按照技术水平的差异将全部产品可划分为基础性产品和制成品。在制成品中又可划分为资源型产品、低技术制成品、中技术制成品和高技术制成品。研究结果表明：东亚地区发展中国家在高技术产品的出口上表现出越来越明显的竞争优势，但其高技术产品的出口大多来自于加工贸易，其主要从事的是高技术产品的劳动密集型环节的专业化生产。关志雄（2002）等大量学者研究得出：一是按照技术附加值计算的各国出口技术结构与各国的人均 GDP 呈现高度正相关关系。发达国家处于全球制造业技术的最高端，但是其出口结构近年来并没有表现出相对提高的趋势。中国和其他东亚发展中经济体自 20 世纪 90 年代以来出口技术结构有所优化，并且表现普遍好于世界上其他发展中国家或地区。二是东亚生产网络中，由技术附加值所反映的出口结构仍然体现出非常明显的雁阵型模式的特征。日本是雁阵的领头雁，NIES 经济体的出口结构明显优化，东盟国家与中国有所改进，但进程相当缓慢。尽管东亚发展中经济体如中国和东盟出口了大量的高技术产品，然而从技术附加值来看，其主要从事的仍然是技术密集型产业的劳动密集型环节，其出口量之大恰好反映了这些经济体在加工环节所拥有的劳动力禀赋优势。此外，一国在生产网络中技术等级的提升也会反映在其中间产品贸易方面。

Humphrey 和 Schmitz（2004）在研究发展中经济体，特别是“亚洲

① LALL S. The Technological Structure and Performance of Developing Country's Manufactured Exports 1985-1998 [J]. Oxford Development Studies, 2000, 28 (3): 337-368.

四小龙”的经济发展轨迹时提出，东亚国家的技术等级提升主要是沿着装配加工 OEM→ODM→BM 这一路径实现的。刘重力、陈静等（2009）指出：生产环节在东亚区域内不断传递，使不同的国家和地区始终处于不同的技术等级水平上。一方面，一国旧有的生产环节会逐渐转移到更低成本的国家；另一方面，一国将承接来自高技术等级国家的新的生产环节。但是自 2008 年的全球金融危机之后，东亚国家产业转移的这种雁阵型模式似乎出现了背离，具体表现为日本的领头雁地位受到削弱；中国台湾和中国香港在区域分工中的地位下降；中国内地在东亚分工中实现了快速进位。那么，东亚地区在经济一体化过程中为什么会出现背离雁阵型模式的现象？我国如何实现了在东亚产业分工中的快速进位？技术进步到一定程度后，一个国家能否继续依靠国际技术传递来实现赶超？这是一个要实现从中国制造向中国创造转变十分值得思考的问题。

## 4.2 东亚技术梯度转移的机制探索与测度

### 4.2.1 理论分析

假设有两个国家，发达国家 A 和后发国家 B。用 $T_A(t)$ 和 $T_B(t)$ 分别表示这两个国家在 t 时期的技术水平，用 $K_F(t)$ 和 $K_D(t)$ 分别表示 B 国的国外资本和国内资本规模，$X(t)$ 和 $M(t)$ 分别表示 B 国的出口和进口。定义：

$$x=\frac{T_B(t)}{T_A(t)};\quad y=\frac{K_F(t)}{K_D(t)};\quad z=\frac{X(t)-M(t)}{GDP(t)} \tag{4-1}$$

根据 Veblen-Gerschenkron 提出的“赶超”理论，如果后发国家的技术达到一定程度，发达国家与后发国家之间的技术水平差距越大，则国际技术传递的速度就越快。FDI 和国际贸易是技术外溢的两个最重要的渠道，即 FDI 和贸易额越大则技术传递的速度就越快。不过，在现实中，影响一个国家或地区能否获取发达国家技术外溢的变量非常多，如技术水平、研发投入、劳动力素质、基础设施和制度等。鉴于理论分析的简洁性和可处理性，本章虽然分析 FDI 与贸易额对技术差距的影响，但其他影响后发国家技术进步的变量在某种程度上有可能更加重要，因此本章在这里再假设一个其他变量的集合变量，用 T 来表示。由此，可以得到以下表达式：

$$\dot{x} = f(x,y,z,T) \tag{4-2}$$

$$\dot{y} = g(x,y) \tag{4-3}$$

其中 $\partial f/\partial x < 0$、$\partial f/\partial y > 0$、$\partial f/\partial z > 0$。x、y 对 g 函数的影响要分两种情况讨论。当后发国家与发达国家之间的技术水平差距比较大时，$\partial g/\partial x < 0$、$\partial g/\partial y < 0$；当后发国家变得越来越发达时，$\partial g/\partial x > 0$、$\partial g/\partial y > 0$，另外，T 对 f 函数的影响不能确定。$\dot{z}$ 与 x、y 无关，z 在此系统中作为外生变量。

在上述构造的系统中，当 $\dot{x} = 0$ 且 $\dot{y} = 0$ 时，系统达到均衡状态：

$$0 = f(\bar{x},\bar{y},z,T) \tag{4-4}$$

$$0 = g(\bar{x},\bar{y}) \tag{4-5}$$

用 TT 表示曲线 $\dot{x} = 0$，则有 $0 = f(x,y,z,T)$。对其进行微分得到 y 关于 x 的偏导数为 $\partial y/\partial x = -f_x/f_y > 0$，这表明 TT 是一条向上倾斜的曲线；用 KK 表示曲线 $\dot{y} = 0$，则有 $0 = g(x,y)$，对其进行微分得到 y 关于 x 的导数为 $dy/dx = -g_x/g_y$。在上面的分析中可以看到 $dy/dx < 0$，这表明 KK 是一条向下倾斜的曲线。

TT 与 KK 交于均衡点 $E(\bar{x},\bar{y})$。在均衡状态下，A、B 两国之间的技术差距是一个常数，外国资本与国内资本之间的比例也是一个常数。但是，因为 $\partial f/\partial z > 0$，均衡值 $\bar{x}$ 是 z 的增函数，即贸易可以使技术差距进一步缩小，但不会出现逆转。另外，T 对 f 函数的影响并不确定，如果 $\partial f/\partial T < 0$，那么，由于这个因素的影响，技术差距将不仅不能够缩小，而且会有不断扩大的趋势，这是开放条件下的一个陷阱；如果 $\partial f/\partial T > 0$，那么技术差距将会进一步缩小，技术差距出现逆转也将成为可能。后发国家不同的开放政策对技术进步的影响具体如图 4-2 所示。

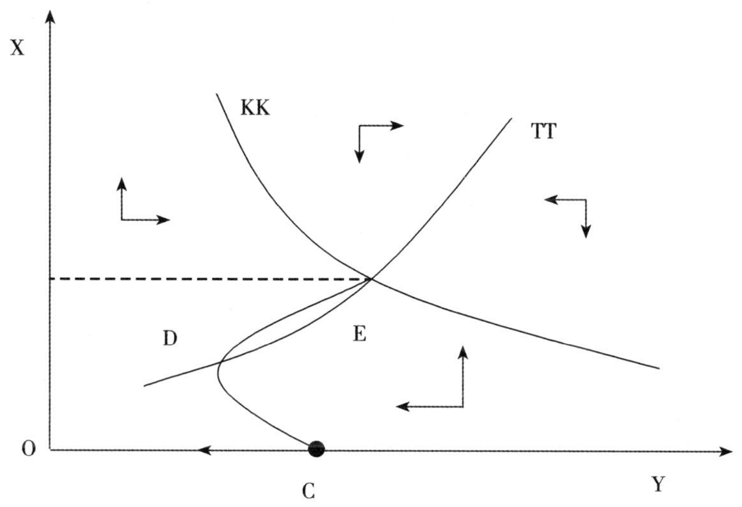


**图 4-2　资本流动与技术传递**

（1）封闭经济

如果国家 B 是完全封闭的，而且相对技术落后，那么外商直接投资为零，从而 Y 等于零，使得该国经济处于坐标轴上的某一点，设为 C 点。该国经济的技术进步完全是内生的，不存在任何的国际技术传递，“后发优势”也就不存在，甚至还有可能掉入到贫困恶性循环的“陷阱”中去。由于后发国家的技术累积程度低于发达国家，其技术 TB 的增长速度小于发达国家技术 TA 的增长速度，相对技术差距将会越来越大。在图 4-2 中表示为由 C 点向 O 点移动，表示后发国家与发达国家的技术差距越来越大。在东亚，这主要体现在缅甸、老挝和柬埔寨等几个基本处于封闭型的国家上。根据联合国人类发展报告统计数据，2009 年缅甸排名在全世界共 182 个国家统计数据的第 138 位。该统计数据是根据人均收入、平均寿命和上学的时间三个指标得出的，在由这三个统计指标组成的贫穷指数上，缅甸得分为 0.088，与老挝和柬埔寨在同一水平线上。

（2）低度开放经济

当国家 B 由封闭转向开放时，由于存在技术差距，国家 B 的外商直接投资开始出现并逐渐增加。FDI 和国际贸易是技术转移的主要渠道，技术传递的速度与外资依存度和外贸依存度成正比。因此，开始的时候技术传递的速度较慢，B国技术进步增长率仍低于A国的技术进步增长率，B国的相对技术和外资依存度的点在图4-2中C到D的曲线段上。当国家B由C点移向D点时，虽然相对技术x在减少，但国家B由于技术传递使得其绝对技术水平较封闭时以更快的速度增长。这表明，在开放初期虽然有利于后发国家的技术进步，但是随着后发国家市场的逐步开放，低廉生产要素的充足供应，发达国家会同样获利，甚至更大[①]。例如，中国在开放的初期获得了模仿日本、韩国等国先进技术的可能性，这一方面迫使日韩等国提升技术进步水平，另一方面中国巨大的市场和廉价的生产要素也为日韩等国寻求技术进步汲取更多的利润创造了新的空间。

（3）完全开放经济

当FDI增加到一定程度时，即图4-2中B的外资依存度超过D点时，这时x和y的值同时增加，由曲线DE间的点逐渐收敛于均衡点E。开放程度高的国家能更好地发挥“后发优势”，这时，后发国家的技术进步率会快于发达国家。20世纪七八十年代，“亚洲四小龙”采取出口导向型的开放政策，积极引进大量的外商直接投资和发达国家的先进技术。这段时期，“亚洲四小龙”的经济增长速度和技术进步都非常快。

（4）均衡状态

在均衡点E处，后发国家与发达国家之间的技术差距是一个常数，两种国家以相同的速度取得技术进步，外资依存度也是一个常数。就是说，无论一个国家有多么开放，靠国际技术传递来取得技术进步是有限度的。但是，如果 $\partial f/\partial T > 0$，那么技术差距将会进一步缩小，技术差距出现逆转也将成为可能（如图4-3所示）。那么这个逆转主要依靠什么来实现呢？这主要得依靠后发国家国内是否具有与开放条件下相配套的促进技术进步的好的制度体系。技术进步包括内生技术进步和外生技术进步，前者可称为自创型技术进步，后者可称为获得性技术进步。如果

① 需要注意的是，模型的构建过程中将FDI的因素突出出来，而将其他因素作为T，这并不表示其他因素不重要。

一个国家能将两种技术进步有机地结合起来，就有可能在某些行业实现快速赶超。反过来，如果 $\partial f/\partial T<0$，那么后发国家的技术水平相对于发达国家将出现倒退，原因或许就在于后发国家由于缺乏自主创新能力，被固定在了国际分工的低端，使他们失去了发展的潜力。

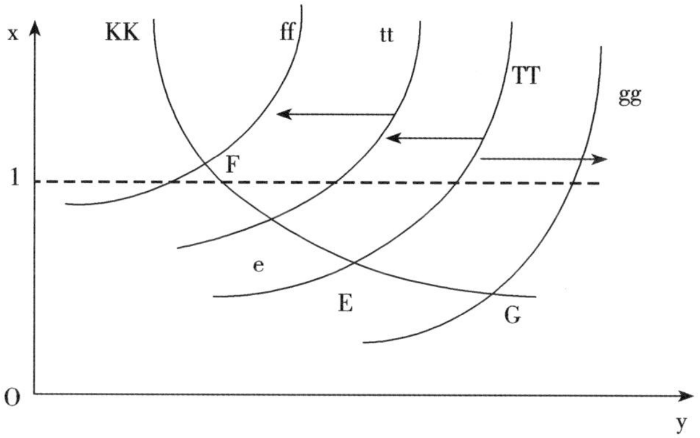


图 4-3 开放性条件下的技术逆转

### 4.2.2 实证分析

不少学者采用人均收入水平来表示出口国在生产网络中的技术等级，并且这一做法在东亚地区的相关研究中较为普遍。这种研究方法的理论基础在于：开放条件下一国将根据其比较优势参与国际分工，因此一国的人均收入水平应该与其在生产网络中所处的分工地位一致。基于此，Hausmann、Hwang 和 Rodrik（2005）①通过实证方法证明：一般而言，一国出口技术结构与其人均收入水平存在高度相关关系。在对东亚生产网络进行层次划分时，学者们通常采用经济体之间的收入水平梯度来考察东亚生产网络中的技术梯度分布。刘重力、陈静等（2009）在整理相关理论和实证文献的基础上，通过对人均收入水平的分析提出了东亚区域内广泛存在技术梯度差异的现实，并从动态视角考察了东亚生产网络的技术结构变化。研究表明：东亚生产网络的技术结构基本上保持稳定，但从具体发展过程来看，东亚各经济体在垂直生产分割链中的地

① HAUSMANN, HWANC, RODRIK. What You Export Mattcrs? [C]. NBER Working Paper Cambridge MA: National Bureau of Economic Research, 2005 (11): 657-689.

位表现出较强的动态传递性。Mona Haddad（2007）在其世界银行工作论文中，从历史发展和出口政策的角度，把东亚经济体分成四个层级：日本；“亚洲四小龙”；马来西亚、印度尼西亚、菲律宾、泰国；中国、越南。同时，正如前面所指出的，生产环节在东亚区域是不断传递的，各个国家和地区处于不同的技术梯度水平。下文将以各个经济体的发展水平为依据，尝试对上述技术梯度进行划分，并在梯度划分的基础上揭示东亚零部件贸易动态变化。

人均收入同一国的技术水平、消费能力正向相关，但是这也意味着高昂的劳动力要素成本。而生产分割现象也正是跨国公司在挖掘各国区位优势基础上，追求利润最大化的结果。因此，以人均收入水平作为技术梯度的划分标准具有双重意义。相关经济体的人均收入水平比较如表4-3所示。尽管各经济体的相对人均GDP有所变动，但仍然可以看出，东亚经济体间人均收入水平存在较大差异，且呈现出较为明显和稳定的梯度关系[①]。其中，澳大利亚、新加坡、新西兰、文莱、日本和韩国是第一梯度，第二梯度包括泰国、中国和印度尼西亚，第三梯度由菲律宾、越南、印度、老挝和柬埔寨构成（见表4-3）。平滑的人均收入水平差距为东亚地区的技术传递提供了良好条件，并为产业的国际深层次分割搭建了良好的平台。

表4-3 **东亚国家不同年份人均GDP比较** 单位：美元

| 国家 | 2000年 | 2014年 |
|---|---|---|
| 澳大利亚 | 21 666.95 | 61 886.96 |
| 新加坡 | 23 793.04 | 56 286.80 |
| 新西兰 | 13 641.06 | 43 902.00 |
| 文莱 | 18 154.83 | 41 344.04 |
| 日本 | 37 299.64 | 36 194.42 |
| 韩国 | 11 947.58 | 27 970.49 |
| 马来西亚 | 4 004.546 | 10 933.49 |
| 泰国 | 1 957.549 | 5 519.361 |
| 中国 | 954.5522 | 7 593.882 |
| 印度尼西亚 | 780.0921 | 3 491.93 |
| 菲律宾 | 1 039.702 | 2 870.545 |
| 越南 | 433.3337 | 2 052.294 |
| 印度 | 452.4136 | 1 595.704 |
| 老挝 | 324.0197 | 1 759.784 |
| 柬埔寨 | 299.5622 | 1 090.115 |

① 本章在此与Haddad一样，分了四个梯度。实际上，可以分为更多或更少梯度，四个梯度的划分方法只是为了能够更好地说明问题。

东亚各国人均GDP变动情况见图4-4。澳大利亚、新西兰和文莱虽然人均收入高，但是属于资源禀赋国。因此，只能将日本、新加坡和韩国作为第一梯度国家，把中国、马来西亚、印度尼西亚和泰国作为第二梯度的国家，把菲律宾、越南和印度作为第三梯度国家。根据人均收入水平指标，可以明显看出东亚各国之间存在明显的技术水平的差异性，基于这种技术等级的分类，以联合国国际贸易标准分类第三版本的机械和运输设备（SITC7，Rev.3）的零部件细分数据为基础，对东亚区域内部的零部件贸易进行统计分析，揭示了各国各个技术层级在1992年、2000年和2014年区域零部件贸易结构中的动态变化，见表4-4和表4-5。

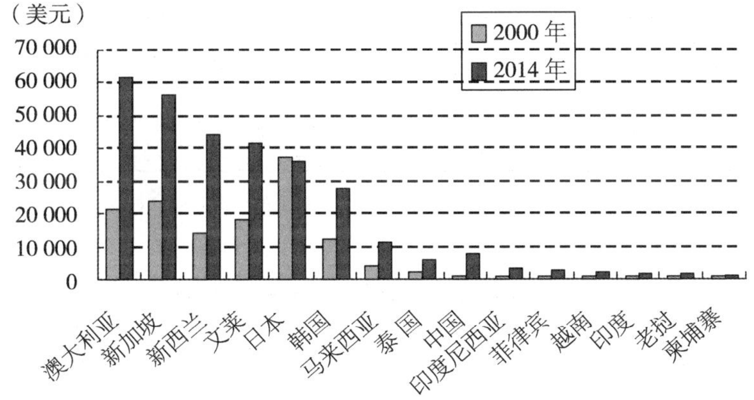


**图4-4　东亚国家不同年份人均GDP的直观比较**

1992—2014年，东亚区域内零部件贸易规模增长迅速，而且这种增长呈现出明显的加速性。以出口贸易为例，以1992年为基期，2000年东亚零部件出口总额增加了1倍左右，截止到2014年，则增加了4倍之多。同期内，区域内零部件的进口规模增加了5倍左右，东亚各经济体越来越深入地形成了紧密的生产网络体系。作为第一技术梯度，日本在东亚地区毫无疑问地拥有最高端的技术水平，因此，在核心部件的生产上拥有绝对的优势。这种优势是其他东亚国家（地区）所无法比拟的。根据表4-4所给出的数据，我们发现日本零部件的出口额在1992—2014年期间仅仅增加了0.6倍，远远小于其他国家和地区，而进口则增加了4倍以上。出口比重下降而进口比重上升说明了日本作为第一梯度

表 4-4 **东亚国家（地区）相关年份零部件贸易情况** 单位：亿美元

| 国家（地区） | 零部件出口额 | | | 零部件进口额 | | | 贸易顺差 | | |
|---|---|---|---|---|---|---|---|---|---|
| | 1992 | 2000 | 2014 | 1992 | 2000 | 2014 | 1992 | 2000 | 2014 |
| 第一梯度 | | | | | | | | | |
| 日本 | 2 431.14 | 3 296.80 | 4 001.27 | 376.79 | 1 060.81 | 1 947.06 | 2 054.35 | 2 235.99 | 2 054.21 |
| 新加坡 | 349.47 | 928.99 | 1 876.20 | 345.75 | 817.13 | 1 513.87 | 3.72 | 111.86 | 362.32 |
| 韩国 | 325.48 | 1 002.75 | 3 151.69 | 289.88 | 590.79 | 1 417.52 | 35.60 | 411.96 | 1 734.17 |
| 中国台湾 | 262.99 | 854.86 | 1 437.94 | 185.69 | 664.38 | 831.80 | 77.3 | 190.48 | 606.14 |
| 中国香港 | 326.98 | 777.39 | 7.06 | 396.66 | 908.42 | 3 318.58 | -69.68 | -131.03 | -3 311.52 |
| 第二梯度 | | | | | | | | | |
| 马来西亚 | 178.61 | 614.16 | 908.23 | 218.63 | 509.21 | 874.50 | -40.02 | 104.95 | 33.73 |
| 印度尼西亚 | 14.48 | 107.69 | 217.87 | 117.00 | 93.59 | 513.10 | -102.52 | 14.10 | -295.24 |
| 中国 | 132.03 | 826.00 | 10 718.41 | 307.59 | 962.80 | 8 418.79 | -175.56 | -136.80 | 2 299.62 |
| 泰国 | 85.91 | 299.97 | 980.00 | 170.45 | 282.99 | 807.69 | -84.55 | 16.98 | 172.31 |
| 第三梯度 | | | | | | | | | |
| 菲律宾 | 16.71 | 289.90 | 355.79 | 44.22 | 209.21 | 275.98 | -27.52 | 80.69 | 79.82 |
| 越南 | 0.00 | 12.53 | 486.24 | 0.00 | 46.93 | 550.14 | | -34.40 | -63.90 |
| 印度 | 14.59 | 30.96 | 485.79 | 34.58 | 77.89 | 747.77 | -19.98 | -46.93 | -261.98 |
| 资源禀赋梯度 | | | | | | | | | |
| 澳大利亚 | 53.67 | 72.21 | 132.38 | 173.89 | 330.21 | 852.91 | -120.22 | -258.00 | -720.54 |
| 新西兰 | 9.90 | 17.40 | 31.29 | 36.31 | 54.79 | 161.53 | -26.41 | -37.39 | -130.24 |

资料来源 根据 http：//comtrade.un.org/db/数据库和《中国台湾统计年鉴》（1993—2015）整理而得。

表 4-5 **东亚国家相关年份零部件贸易比重情况**

| 国家 | 零部件出口份额（%） | | | 零部件进口份额（%） | | | 贸易差额（%） | | |
|---|---|---|---|---|---|---|---|---|---|
| | 1992 | 2000 | 2014 | 1992 | 2000 | 2014 | 1992 | 2000 | 2014 |
| 第一梯度 | | | | | | | | | |
| 日本 | 41.18 | 27.28 | 13.31 | 8.40 | 9.94 | 7.08 | 144.96 | 158.84 | 79.62 |
| 新加坡 | 5.92 | 7.69 | 6.24 | 7.71 | 7.65 | 5.51 | 0.26 | 7.95 | 14.04 |
| 韩国 | 5.51 | 8.30 | 10.48 | 6.46 | 5.53 | 5.16 | 2.51 | 29.27 | 67.22 |
| 第二梯度 | | | | | | | | | |
| 马来西亚 | 3.03 | 5.08 | 3.02 | 4.87 | 4.77 | 3.18 | -2.82 | 7.46 | 1.31 |
| 印度尼西亚 | 0.25 | 0.89 | 0.72 | 2.61 | 0.88 | 1.87 | -7.23 | 1.00 | -11.44 |
| 中国 | 2.24 | 6.84 | 35.64 | 6.86 | 9.02 | 30.62 | -12.39 | -9.72 | 89.14 |
| 泰国 | 1.46 | 2.48 | 3.26 | 3.80 | 2.65 | 2.94 | -5.97 | 1.21 | 6.68 |
| 第三梯度 | | | | | | | | | |
| 菲律宾 | 0.28 | 2.40 | 1.18 | 0.99 | 1.96 | 1.00 | -1.94 | 5.73 | 3.09 |
| 越南 | | 0.10 | 1.62 | | 0.44 | 2.00 | 0.00 | -2.44 | -2.48 |
| 印度 | 0.25 | 0.26 | 1.62 | 0.77 | 0.73 | 2.72 | -1.41 | -3.33 | -10.15 |
| 资源禀赋梯度 | | | | | | | | | |
| 澳大利亚 | 0.91 | 0.60 | 0.44 | 3.88 | 3.09 | 3.10 | -8.48 | -18.33 | -27.93 |
| 新西兰 | 0.17 | 0.14 | 0.10 | 0.81 | 0.51 | 0.59 | -1.86 | -2.66 | -5.05 |
| 总和 | 100 | 100 | 100 | 100 | 100 | 100 | 100 | 100 | 100 |

资料来源 根据 http：//comtrade.un.org/db/数据库整理得到。

核心国家的作用在削弱。接下来我们来看作为第一梯度的新加坡和韩国的情形，新加坡零部件出口额在1992—2014年期间增加了4.4倍，韩国增加了将近9倍；新加坡零部件进口额在1992—2014年期间增加了3.4倍，韩国增加了将近4倍。另外，从份额上来看，两国的出口份额都有所上升，进口份额逐渐增加。由此可以看出，作为第一梯度的另外两个国家新加坡和韩国在东亚区域分工网络中的地位不断提升，开始具备了日本曾经具备的能力。中国台湾、中国香港在1992年的零部件出口额与韩国差不多，中国台湾比韩国少62.49亿美元，而中国香港则比韩国多1亿多美元。但是到了2014年，中国台湾的零部件出口额还不到韩国的一半，相差1 713.75亿美元，这说明中国台湾在东亚产业分工体系中地位的明显下降；中国香港的零部件出口从1992年的326.98亿美元下降到7.06亿美元，几乎可以忽略不计，进口则出现了大幅度上升，这可能更多源于转口贸易，中国香港在制造业领域基本上脱离了东亚的分工网络。

接下来看第二梯度的相关国家，马来西亚在1992—2014年期间出口增加了4.1倍，进口增加了3倍；印度尼西亚在1992—2014年期间出口增加了14倍，进口增加了3.4倍；泰国在1992—2014年期间出口增加了10.4倍，进口增加了3.7倍；中国在1992—2014年期间出口增加了80.2倍，进口增加了3.7倍。由此我们可以发现，第二梯度国家最大的特点在于出口迅速上升，而进口增长的幅度却比较小，这说明了第二梯度的国家已经充分融入到了区域分工网络中去了。这其中最典型的当属中国，我们发现，中国的出口份额从1992年的2.2%上升到了2014年的35.6%，进口份额从1992年的6.9%上升到了2014年的30.6%，这一方面说明了中国在区域分工网络中的重要性，另一方面也充分说明了这些年来我国在东亚生产网络体系中的技术水平跃升很快。

作为第三梯度的菲律宾、越南和印度的变化趋势与第二梯度的相仿，但是所占的份额却非常低。这说明了，第三梯度的国家正在不断地融入到东亚生产网络中去，但是或许才刚刚开始。另外，作为资源禀赋国的澳大利亚和新西兰，它们融入东亚零部件生产网络中去的比重非常低，甚至可以忽略。

从上面的分析可以看出在东亚生产网络技术体系中，日本起到了领头羊的作用，但是其作用自 2008 年世界金融危机之后开始明显下降。而中国、泰国、马来西亚、印度尼西亚等国紧随其后，在这之后的印度、菲律宾等国正在慢慢融入其中，而作为资源禀赋国的澳大利亚、新西兰和文莱等在东亚生产网络体系中的地位并不重要。中国自 2008 年世界金融危机之后，在东亚区域内产业分工网络中的地位明显提升，在一定程度上可以称之为“逆袭”。由于东亚国家技术水平整体的不断提升，在东亚地区并没有显示出后发国家在技术上“被俘获”的现象。

## 4.3 东亚技术多样性的形成与演变历程

### 4.3.1 日本崛起与产业转移

第二次世界大战后日本开始了崛起之路，具体说来，在 1945—1955 年这 10 年间，日本从原先的一切靠进口成功地向出口导向型转型。日本在经济上实施“贸易立国”战略，以劳动密集型产业为主导。从 20 世纪 50 年代后期开始，美国开始向后工业社会转型，制造业不断向外转移。这为日本利用自己的比较优势恢复和发展工业提供了良好的机会。日本由于资源的短缺而提出了贸易立国，从 1946 年开始重点发展和出口劳动密集型的纺织工业品。美国发动的朝鲜战争使得日本成为战时物资的供应国，从而为日本积累了大量的美元储备，使日本有能力购买先进的设备和技术等，加快了产业升级和日本经济的崛起。日本崛起之后就展开了产业不断向外转移的道路（如图 4-5 所示）。

第一次产业向外转移大概是从 1955—1972 年。这一次转移的根源在于“国民收入倍增计划”背景下的经济增长从出口拉动向消费主导转变，低端产品开始向外转移。1956—1969 年，日本把全部产业投资额的 76% 投向钢铁、机械、电力、家用电器、石油和化工这些重化工业，而向国外转移劳动密集型的轻纺工业和装配业。到 1970 年，包括化工、电气机械、运输机械和精密机械等的重化工业产值占制造业产值的比重达到 68.9%，日本经过不到 20 年的时间，又实现了重化工业化，轻工业占比已经很小。第二次产业向外转移基本是从 1973—1985 年，实施“技术立国”战略，从劳动、资本密集型向技术、知识密集型转型。但是自 1990 年之后，日本泡沫经济破灭之后，日本的技术进步和产业国际转移的速度逐步放缓，在东亚区域分工中的地位也随之逐步下降。

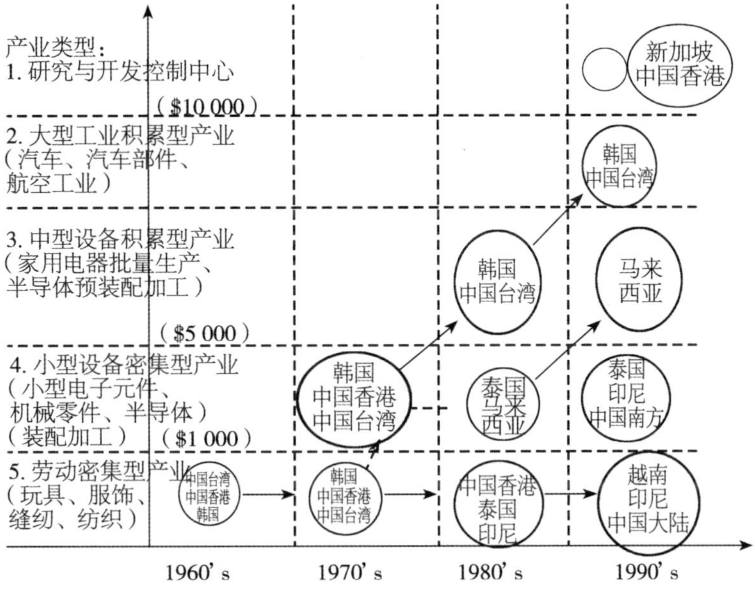


图 4-5　日本产业转移之路

## 4.3.2　雁阵型模式在东亚展开的典型国家：韩国

在 20 世纪东亚地区发展比较早、比较快的经济体就是后来被称作“亚洲四小龙”的韩国、新加坡、中国台湾和中国香港。一方面，它们采取以出口为导向的外向型经济发展战略；另一方面，仅仅抓住发达国家，特别是日本在 20 世纪七八十年代对外转移产业的机会，快速发展重化工业，从而实现工业化。劳动密集型产业、重化工业产业和技术密集型产业已分批次向这些新兴工业经济体（NIEs）转移，而 NIEs 也积极地向其他后发展经济体转移其失去竞争力的产业。

韩国从 1958 年起由进口替代转向出口导向型的发展道路，积极引进外资。韩国积极承接美国、日本和西欧等发达国家转移过来的劳动密集型产业，大力发展加工工业、出口工业，同时借助投资方积极拓展国际销售市场。韩国在经济重建和起飞阶段，大力发展轻工业，以纺织业和皮革加工业为主。它们占制造业的比重从1960年的25.2%上升到1965年的28.3%。在此期间主要依靠劳动密集型的纺织业和皮革加工业出口拉动经济的发展。在这里我们以纺织品为例来看一下日本产业转移与韩国承接之间的相关性。由图4-6可以发现，随着日本纺织品的向外转移和韩国对于纺织品的承接，日韩之间在纺织品竞争力方面发生了反转。当然，我们还可以发现，大概从1980年左右开始，韩国纺织品的竞争力系数也出现了下降，随着韩国技术水平的提升和成本的上升，纺织品产业从韩国开始向其他东亚国家开始转移，雁阵型模式进一步展开。随着轻工业等劳动密集型产业的发展，增加了发展重工业的重要性，韩国在重化工业阶段（1973—1979）由积极鼓励出口转向优先发展重化工业。积极发展钢铁、机械、石油化工等资本密集型产业，同时大力推进造船、电子、有色金属、电子机械、家用电器及汽车等资本密集型产业、技术密集型产业或高新技术产业的发展。经过几年努力，韩国的产业变成了以资本密集型产业为主的结构。到了20世纪80年代，重化工业受石油危机的冲击发展速度变缓，而资本和技术密集型的制造业部门出现了较快的增长。从80年代中期开始，韩国制定并执行了新的鼓励利用FDI的政策，使得投资韩国的FDI大幅增加。当然，在这个过程中，韩国积极开展对外投资，将一些劳动密集型产业、资本密集型向外转移，其中主要转移至包括中国在内的东亚地区。

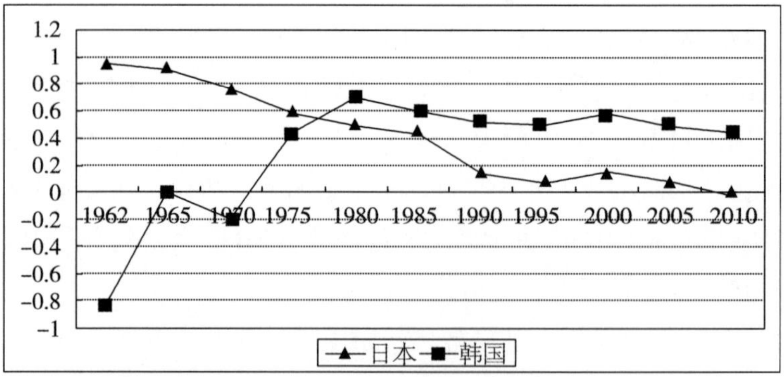


**图4-6 1962—2010年日韩纺织品竞争力系数（TC）对比**

资料来源 根据http：//comtrade.un.org/db/数据库计算而得。

### 4.3.3 雁阵型模式的进一步扩展——东南亚后发国家和中国的兴起

（1）马来西亚

马来西亚在 1957 年开始独立后，在经济层面上实施了进口替代战略。到 1965 年，造纸、印刷、初级化工等产业得到较快发展，但由于国内市场狭小以及进口替代战略的低效率，马来西亚于 1968 年开始实施出口导向战略，开始承接产业的国际转移，大力发展以橡胶、锡、棕榈油及木材等资源型初级产品为主的加工出口业，接下来又开始承接电子、电器零部件的生产等。1985 年后，马来西亚加快利用外资和引进先进的技术设备，继续发展劳动密集型产业并逐步提高产品的档次，加强对部分资本、技术密集型产业的投资。在 20 世纪 90 年代初期，机械、运输设备和电子产品等领域得到了相当大的发展。

（2）中国

在我国改革开放的初期，珠江三角洲凭借发达国家和地区，尤其是中国香港产业结构调整，我国改革开放优惠政策的给予以及良好的区位条件和侨乡等优势，吸引了大量的东亚产业向这里转移。20 世纪 90 年代以来，随着我国对外开放范围的逐步扩大，具有产业基础、科技实力、人才队伍、腹地范围优势的长三角经济圈和环渤海湾经济圈兴起，一些技术含量高的制造业开始向长三角地区转移，长三角和环渤海湾地区开始成为东亚地区经济发展的新的增长点和重要的推动力量。当然，在这个过程中，由于珠三角的先发优势，珠三角曾经承接的部分产业也开始向长三角和环渤海湾地区转移。进入 21 世纪以来，随着土地、劳动力、能源等方面成本的提高以及东部地区环境的恶化，劳动密集型产业和资源密集型产业大量转移到土地、劳动力成本较低，资源丰富的中西部地区（如图 4-7 所示）。中国开始了自主创新的道路，技术进步速度加快，在东亚区域产业分工网络中地位迅速提升。

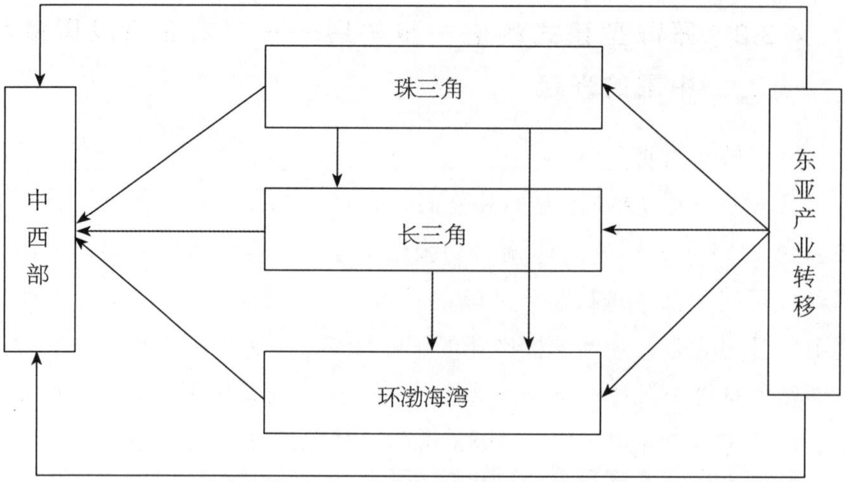


图 4-7　东亚对我国的产业转移趋势

### 4.3.4　雁阵型模式的演化——东亚生产网络的形成

实际上，在 20 世纪 80 年代以前，日本将边际产业转移出去时，通常是整个集团内的企业都在海外某地区进行投资，在海外复制原来的企业网络，这样把整个生产链转移出去。到了 20 世纪 80 年代，日本逐渐把各个生产环节布局在临近的各个经济体内，日本跨国企业将其整合、管理、组织成为国际生产网络，以实现资源配置效率的最大化。尤其是在 1998 年的亚洲金融危机之后，随着 NIEs 经济实力的增加和对外直接投资的增加，东亚后发展经济体生产能力的提高，东亚各经济体在产品内的垂直分工越来越深入。这些分工涉及电子、计算机、电机、运输机械和一般机械等产业，而雁阵型模式强调的是整个产业的转移。因此，东亚地区新的分工现象越来越背离雁阵型模式，总体上雁阵型模式有被新的分工模式取代的迹象。Ando 和 Kimura（2005）通过实证分析认为，东亚区域内的零部件、中间品贸易快速增长，大于最终产品贸易的增长速度，这充分证实了东亚区域内生产网络的演化和形成。

### 4.3.5　东亚技术多样性的获取途径

总体上看，东亚技术多样性的获取途径主要有以下两种：

（1）模仿和学习

首先，美日等跨国公司在东亚的持续投资加快了东亚技术多样性的步伐。20 世纪 90 年代，随着东亚各国和地区技术水平的逐步提高，美国企业在东亚生产网络不断扩大，从最初的简单组装环节逐步向增加零部件生产和最终系统集成的转变，向承担高附加值的全球供应商转变，进而带动了越来越多的本土供应商的崛起。本土供应商崛起之后，其学习能力和技术水平也随之加快。其次，我们还看到，随着雁阵型模式的不断展开，技术转移的受益者从韩国、中国台湾、中国香港、新加坡等国家和地区逐步向马来西亚、中国内地、泰国以及菲律宾等地转移，转出地之所以将产业转出是因为其技术水平已经获得提高，例如韩国就经历了从 CM 到 OEM，再到 ODM，最终向 OBM（自创品牌制造商）的动态演变，根据美国波士顿咨询公司（BCG）1995 年的评估，如果以日本为基准，韩国则在研究开发、设计和制造方面能力非常强，营销和销售能力方面居于中等；中国台湾拥有与韩国相似的能力（后者在设计和制造方面稍强），在研究开发、营销和销售能力方面居于中等。转入地随着产业的转入，技术水平也获得了提升，中国内地目前实际上也正在走韩国曾经走过的道路。进而，国际生产网络的形成和区域采购模式的变化共同促进了东亚地区研究、开发与生产网络的形成与发展。

（2）自主创新

东亚国家通过发展和扩大出口加工业赚取外汇，用赚取的外汇现金购买国外的装备和技术，促进自主经济发展道路的同时，技术进步也选择了由技术引进到模仿创新，再到自主创新的技术发展路径，不仅节约了大量的原始开发成本，而且还能够在高起点上实现赶超。

自主创新模式首先从东亚的领头羊日本开始，然后韩国、新加坡和中国台湾等国家和地区紧随其后，目前包括中国在内的其他东亚国家也逐渐开始了自主创新之路，东亚技术获取模式不断发生着新的转变，见表 4-6。伯利兹、克鲁格曼和兹东等（1993）[①]提出的“蛙跳理论”表明：历史既有连续性、累积性，又有跳跃性和更替性，先进与后进、发

① BREZIS, KRUGMAN, TSIDDON, Leapfrogging in International Competition: A Theory of Cycles in National Technological Leadership [J]. American Economic Review, 1993 (83): 1211-1219.

达与不发达并不是一成不变的，先发国家与后发国家之间是会不断进行着兴衰交替，东亚各国间的技术水平正日益变得多样性。

表 4-6　东亚的科学、技术和创新政策

| 政策 | 主要特点 | 未来趋势 |
| --- | --- | --- |
| 科学政策 | 科学教育 | 大学数目增加 |
| | 大学和政府实验室的研究 | 在大学和政府实验室管制政策上的改进 |
| | 基础研究 | 持续增长 |
| 技术政策 | 对战略或通用技术，如信息、技术和生物技术创造的支持 | 高目标政策，如半导体、航空、多媒体 |
| | 技术基础设施的开发，如一体化的服务数字网络 | 试图实现技术多样化对环境技术问题的管制，知识产权的保护 |
| 创新政策 | 企业是技术能力建造的核心 | 中间制度的发展 |

## 4.4 本章小结

通过上文的机理推导和案例分析，在东亚区域经济一体化进程中对于东亚的技术进步可以得出以下几点启示：

第一，东亚区域经济一体化是推进区域内成员技术进步和产业升级的主要因素之一，创造出了典型的雁阵型产业转移模式。对外开放是东亚后发经济体实现经济快速发展的主要动力，对于处于低度开放的国家，开放程度越高，发展越快。宣昌勇、张纪凤（2017）通过对东亚国家经济收敛效应的实证分析也证明，东亚区域经济一体化促进了东亚成员国的共同发展，缩小了成员国之间的发展差距，呈现出经济收敛的现象。因此，推进以 RCEP 为核心的东亚区域经济一体化进程应该是东亚国家的共同目标。柬埔寨、越南、老挝和缅甸最不发达四国仍处于对外开放的初期，应进一步加快对外开放步伐，尽快融入到东亚的产业分工体系中去。我国提出的“一带一路”倡议为这些国家更快更好地融入东亚分工体系创造了条件，提供了新的机遇。

第二，在东亚区域经济一体化进程中，由于不同的成员采取了不同的经济和产业政策，导致了在区域内产业分工地位的变化。虽然日本通过模仿创新和将产业梯度转移的方式在东亚长期保持领头雁的地位。但是到了20世纪90年代，日本在技术上的追赶期结束，创新必须要走原始创新的道路。日本自泡沫经济破灭之后，由于在技术创新上没有实现大的突破，特别是在原始创新上出现了方向上的误判，在电子、家用电器和IT等领域逐渐丧失了领头羊的地位，经济发展十分缓慢，在东亚产业分工体系中的相对地位逐步下降。Humphrey和Schmitz（2004）在研究“亚洲四小龙”的经济发展后发现，“亚洲四小龙”技术等级的提升主要是沿着装配加工OEM→ODM→OBM这一路径实现的。因为韩国和新加坡一直采取比较稳定的经济和产业政策，技术进步和产业升级较快。而20世纪90年代之后，由于中国台湾经济和产业政策摇摆不定，没有很好地抓住东亚区域经济一体化的机遇，从而未能实现在区域产业分工体系中的进位。中国香港自20世纪80年代初期之后，在产业向珠三角转移之后，并没有及时提升自身的技术创新能力，而是转向了贸易、金融以及房地产等领域，结果使得自身在产业层面上脱离了东亚产业分工体系，这也是中国香港目前经济陷入困境的一个重要因素所在。而中国大陆一直持续不断推进改革开放，继2001年加入WTO之后，迅即展开与东盟的自由贸易区谈判，并启动早期收割计划，之后强力推动以RCEP为核心的东亚区域经济一体化进程，逐渐深度融入东亚的产业分工体系之中，使得自身在东亚分工体系中快速进位。这在某种程度上引起了东亚雁阵型产业转移模式的背离。因此，进一步扩大对外开放领域，不断提升对外开放的水平仍然是我国今后相当长时期内的基本国策。

第三，东亚各个国家和地区若仅通过国际技术传递实现技术创新，效果会是有限度的。尽管区域一体化在短期内可以给各国带来福利，从长期来看却并没有必然性。后发国家的技术提升并不是简单的“干中学”或者直接引进国外已经具有的技术就可以的。贸易保护理论的鼻祖李斯特就曾经形象地指出，处于技术创新能力梯子高处的发达国家为了阻止后发国家对其的追赶总是能通过各种方法敲掉自己身后梯子的几段隔板。根据伯利兹、克鲁格曼、兹东等（1993）提出的“蛙跳理论”，后发国家的后发优势不仅体现于跟随性的模仿创新，而且体现于在技术发展到一定程度，在本国已有一定技术创新能力的前提下，后发国可以直接选择和采用某些处于技术生命周期成熟前阶段的技术实施技术赶超。我国的对外开放正处于从中低度开放到中高度开放的进程中，技术进步正处于“蛙跳”前的阶段，已经具备较雄厚的经济实力和一定的技术创新能力。但是我国经济发展已经进入了新常态，发展的动能要从要素驱动转向创新驱动。技术上的赶超不能过多地寄希望于完全的对外开放，通过国际技术传递来实现。因此，我国在进一步推进对外开放的同时，营造适合于国内技术创新的政策体系变得尤为重要。

因此，在东亚区域经济一体化进程中，后发国家要实现在区域产业分工体系中的进位必须实时地向外转移丧失竞争优势的产业，从而为承接更高层次的产业转移和自主创新创造条件。在我国经济发展进入新常态、供给过剩和供给不足同时并存的背景下，以“一带一路”建设为契机，推进丧失竞争优势的过剩产能向外转移应该成为实现我国技术进步和供给侧结构性改革的重要组成部分。

# 5 东亚贸易多样性与区域经济一体化

## 5.1 理论研究

全球几乎所有的区域经济一体化组织的形成与发展，都是从对外贸易领域的密切合作开始的。东亚的经济一体化对于东亚国家间贸易关系的影响是非常明显的。作为区域经济一体化程度最直接的表现，各国之间贸易关系的变化直接影响着一体化进程未来的发展趋势。当前在东亚地区，随着双边或多边贸易协定谈判的陆续展开，关税水平大幅度下调，不少产品分阶段性地实现了零关税。主要贸易产品，如机械类产品的平均关税基本下降到了6%左右。从统计数据上来看，近年来东亚地区不单单在贸易规模上有了显著增长，各国间贸易依存度越来越高，同时进出口商品结构也基本稳定在了以机电类产品为主的这种更加能够体现国际分工的产品上。区域内投资规模的不断扩大带动了东亚各国间贸易结合度的不断提高。区域内分工呈现出更加深化的趋势，原先典型的垂直型产业内贸易模式逐渐转变为与水平型分工并行的发展模式。东亚地区这一系列贸易关系的变化时刻影响着东亚区域经济一体化的进程。

基于这一背景，本章将从近年来东亚各国的进出口贸易规模与结构的变化出发，综合应用贸易紧密度指数、贸易专业化指数和产业内贸易指数等主要指标来系统地研究东亚地区各个经济体间的贸易关系，切实把握东亚地区贸易关系的变化趋势，为进一步推进东亚区域经济一体化提供可靠的实证分析依据。

所谓一国对另一国的贸易依存度，用两国的双边贸易额与一国对外贸易总额的比值乘以100%表示。这一指标可以在一定程度上反映一个国家在其他国家贸易中的作用和地位①。但是贸易依存度只是从贸易规模的总体变化来反映两国之间的贸易往来，真正的紧密程度还可以通过贸易密集度指数来做进一步的衡量。贸易密集度又称为贸易结合度，是反映一国对另一国贸易关系强弱的一个重要指标。它是以全世界的贸易额作为基准，来分析两国间的贸易关系与这个基准偏离多远的一个指标。如果计算值超过1，表明两国的贸易关系比较紧密，是其重要的贸易伙伴，如果贸易密集度小于1，则表明两国贸易关系还比较弱，甚至没有达到与所有贸易伙伴贸易关系的平均水平②。衡量一个国家某种产品的竞争力可以通过贸易专业化指数（TC），又称为贸易竞争优势指数来衡量。这是行业国际竞争力分析的一种有效工具，能够反映本国生产的某种产品与国际市场上其他国家生产的同种产品相比是否具有竞争优势。如果TC大于零，表示该国该种产品的生产效率高于国际平均水平，贸易竞争优势越大。反之，如果TC小于零，则表示该国是该产品的净进口国，该种产品的生产效率低于国际水平，处于竞争劣势③。

随着东亚区域经济一体化的逐步深入，东亚产业内贸易正日益受到关注，其中产业内贸易的测度及影响因素成为产业内贸易研究的重

① 张艳，顾国敏，付欣欣．从东亚贸易依存度看中国地位——东亚共同体研究［J］．中国外资，2012（3）：20-22.

② 尹翔硕，郎永峰．中国与FTA伙伴国/地区贸易密集度及互补性分析［J］．南开学报：哲学社会科学版，2011（4）：9-18.

③ 宣善文．基于RCA和TC指数分析的中国-东盟农产品贸易研究［J］．商业经济研究，2015（35）：19-21.

要内容。根据传统的赫克歇尔-俄林模型，国际贸易的发生是以国家间资源禀赋的差异为基础，主要体现为产业间贸易。Balassa（1965）最早提出了“产业内贸易”这一概念，并将产业内贸易定义为同一产业内的产品在各国家之间进行贸易的一种现象[①]。跨国公司的迅速发展使得国际贸易有相当一部分是在跨国公司的子公司和子公司、子公司和母公司之间进行的，即跨国公司利用其特殊优势所形成的内部化交易机制使得同一产业内的产品，主要是零部件在不同的国家或地区间进行双向或循环流动。产业内贸易活动不断活跃的主要原因：一是市场规模。东亚各国贸易伙伴的市场规模差异越大，两国产业间贸易的份额越低，则产业内贸易份额越高。二是人均收入水平。伴随着人均收入水平的提高，产业间贸易份额相应下降，而产业内贸易所占份额就会相应提高。三是地理距离因素。区域内部地理距离越近，运输成本就越低，各国可以充分利用对方的生产成本优势进行深化分工[②]。

## 5.2 东亚区域内贸易规模和结构的变化

自20世纪五六十年代开始，东亚地区就已经呈现出其独特的经济活力。日本、“亚洲四小龙”（韩国、新加坡、中国台湾、中国香港）、“亚洲四小虎”（泰国、马来西亚、菲律宾、印度尼西亚）以及中国等相继通过实行“出口导向型”贸易战略，实现了经济的飞速发展。在此期间，虽然东亚地区没有签订正式的双边和多边自由贸易协定，但是东亚地区一直在进行着实质上的经济一体化进程。自21世纪初开始，东亚的经济一体化进程迅速升温，展开了缔结贸易协定的热潮。中国2001年加入世贸组织之后，制造业与服务业的快速发展促进了对外贸易的快速增长，深深地影响了整个东亚地区的分工格局。东亚地区的贸易重点从原来基于传统比较优势和要素禀赋差异而产生的产业间贸易向基于区

---

① BALASSA.Tariff Reductions and Trade in Manufactures among the Industries Countries [J]. American Economic Review, 1966 (56): 46-79.

② 邹宗森，原磊，薄晓东．中国与东亚地区产业内贸易现状及影响因素分析［J］．亚太经济，2014（1）：22-25.

域内垂直型与水平型生产网络而进行的产业内贸易快速转变，从而导致东亚各国间贸易规模与贸易商品结构发生变化。

### 5.2.1 东亚地区区域内贸易规模的变化

东亚区域内的贸易规模自 2000 年以来一直保持着较为稳定的增加之势。东亚区域内的进口贸易额从 2000 年的 5 619 亿美元增加到 2013 年的 22 490 亿美元，出口贸易额从 2000 年的 5 299 亿美元增加到 2013 年的 21 512 亿美元，都比之前增加了 3 倍之多（如图 5-1 所示）。东亚各国区域内的进口贸易额占东亚各国世界进口贸易总额的比重从 2000 年的不到 23% 一跃在 2013 年超过了 40%，而出口贸易所占比重也同时超过了 40%。这表明东亚各国相互之间的贸易规模有了显著的增加。而从区域内贸易的依存度来看，大部分东亚国家都增加了对区域内部贸易的依存度（见表 5-1）。例如，澳大利亚、印度、印度尼西亚、柬埔寨 2000 年以来与区域内进口贸易的依存度都提高了 10% 以上，而韩国、日本、澳大利亚、新西兰、马来西亚、泰国、菲律宾、柬埔寨对区域内出口贸易的依存度也提高了 10% 以上，近八成以上的国家对区域内贸易的依存度都有所上升。

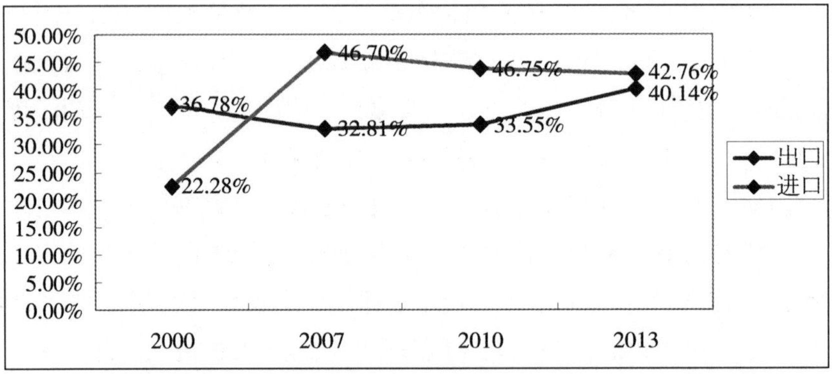


图 5-1 东亚地区进口、出口依存度的变化

表 5-1　　东亚地区区域内贸易进出口依存度

| 国别 | 2000年 | | 2007年 | | 2010年 | | 2013年 | |
|---|---|---|---|---|---|---|---|---|
| | 进口依存度 | 出口依存度 | 进口依存度 | 出口依存度 | 进口依存度 | 出口依存度 | 进口依存度 | 出口依存度 |
| 中国 | 41.72% | 30.37% | 40.60% | 24.38% | 39.79% | 25.28% | 34.31% | 26.05% |
| 韩国 | 43.90% | 36.73% | 48.04% | 42.83% | 48.75% | 46.57% | 43.60% | 50.92% |
| 日本 | 40.76% | 29.61% | 45.07% | 38.30% | 48.46% | 45.72% | 47.46% | 45.40% |
| 澳大利亚 | 43.56% | 54.75% | — | — | 54.51% | 73.14% | 53.43% | 68.86% |
| 新西兰 | 49.55% | 50.72% | 60.39% | 51.31% | 60.13% | 57.29% | 57.82% | 60.35% |
| 印度 | 3.13% | 14.45% | 11.61% | 20.74% | 12.11% | 22.99% | 11.37% | 20.44% |
| 印度尼西亚 | 55.00% | 56.60% | 63.37% | 63.00% | 67.91% | 64.62% | 66.65% | 65.52% |
| 马来西亚 | 57.18% | 50.81% | 59.04% | 54.51% | 61.44% | 59.66% | 61.92% | 64.36% |
| 泰国 | 53.46% | 43.34% | 58.54% | 50.86% | 59.84% | 53.45% | 55.52% | 56.92% |
| 新加坡 | 53.45% | 49.26% | 53.81% | 57.35% | 52.77% | 57.22% | 48.29% | 58.56% |
| 菲律宾 | 48.28% | 36.29% | 51.65% | 47.07% | 59.23% | 54.66% | 54.54% | 56.77% |
| 越南 | 66.75% | 58.13% | 68.21% | 47.65% | 69.48% | 44.97% | 72.20% | 44.01% |
| 柬埔寨 | 57.72% | 8.31% | 63.39% | 8.58% | 68.20% | 16.32% | 70.43% | 22.47% |

### 5.2.2　东亚地区区域内贸易结构的变化

从东亚各国所交易的商品类别来看，机械类产品的区域内贸易占比最高。根据 2013 年的统计数据可以看出，东亚区域内进出口贸易中，机械类产品的贸易比重均在 40% 以上（如图 5-2、图 5-3 所示）。再从机械类产品的内部情况来看，一般机械和电气设备区域内贸易份额最高。这其中一部分原因是得益于各国关税水平的逐步降低。

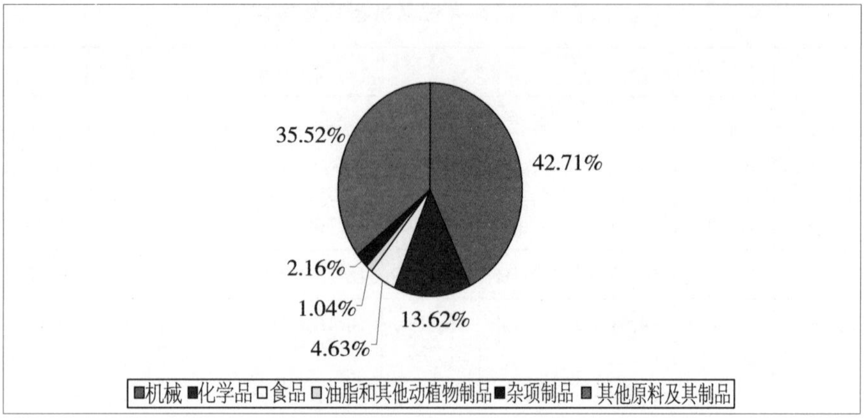


图 5-2 2013 年东亚地区区域进口贸易占比（按产品）

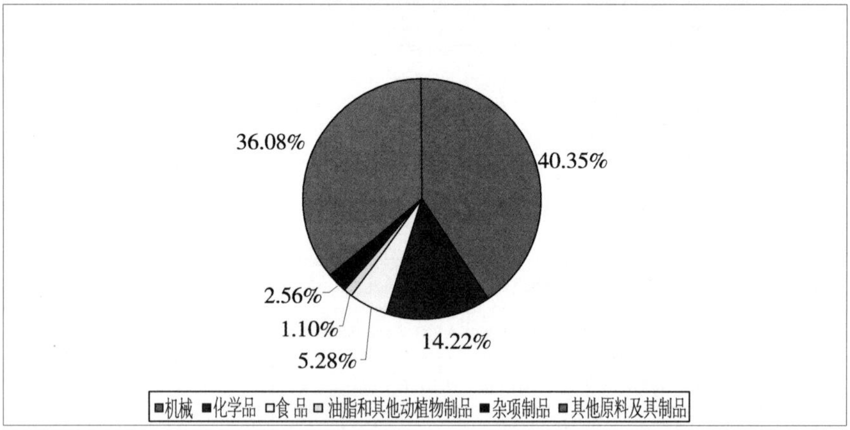


图 5-3 2013 年东亚地区区域出口贸易占比（按产品）

作为体现一国贸易自由化的程度，进口关税税率的降低是东亚各国顺应经济全球化和贸易自由化的大趋势。近年来，东亚不少国家都在致力于各类商品，尤其是机械类产品的进口关税减让。从表 5-2 的数据计算可得，一般机械近三年的平均关税从 5.3% 下降到了 4.4%，电气设备从 7.2% 降低到 6.4%。伴随着关税水平的逐步下降，这两种商品的贸易额也在发生变化。如图 5-4、图 5-5 所示，一般机械产品和电气设备的进口贸易在东亚区域内进口贸易总额中一直保持在 30% 以上，而出口比重更是超过了一半。这可以充分看出，东亚区域内贸易是以一般机械和电气设备的贸易为中心，说明东亚地区在这两个产业的分工协作关系密切。

表 5-2　　东亚地区一般机械与电气设备的关税水平

| 产品 | 年份 | 中国 | 韩国 | 日本 | 澳大利亚 | 新西兰 | 印度 | 马来西亚 | 泰国 | 新加坡 | 菲律宾 | 越南 | 柬埔寨 |
|---|---|---|---|---|---|---|---|---|---|---|---|---|---|
| 一般机械 | 2012 | 8.1 | 6.0 | 0.0 | 2.8 | 3.0 | 7.2 | 3.3 | 3.9 | 0.0 | 2.1 | 3.0 | 13.3 |
| | 2013 | 8.1 | 6.0 | 0.0 | 2.8 | 3.0 | 7.1 | 3.3 | 3.9 | 0.0 | 2.1 | 3.0 | 13.3 |
| | 2014 | 7.7 | 6.0 | 0.0 | 2.8 | 3.0 | 7.1 | 3.3 | 3.9 | 0.0 | 2.1 | 3.1 | 13.3 |
| 电气设备 | 2012 | 9.2 | 6.1 | 0.1 | 2.7 | 2.6 | 7.3 | 4.1 | 8.3 | 0.0 | 3.9 | | 16.9 |
| | 2013 | 9.1 | 6.1 | 0.1 | 2.7 | 2.6 | 7.3 | 4.1 | 8.3 | 0.0 | 3.9 | | 17.1 |
| | 2014 | 8.3 | 6.1 | 0.1 | 2.7 | 2.6 | 7.3 | 4.1 | 8.3 | 0.0 | 3.9 | | 17.1 |

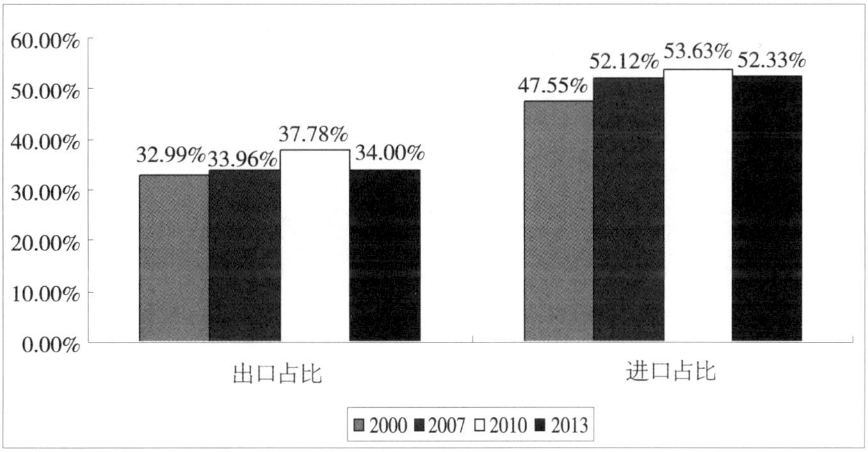


图 5-4　东亚区域内一般机械的贸易占比

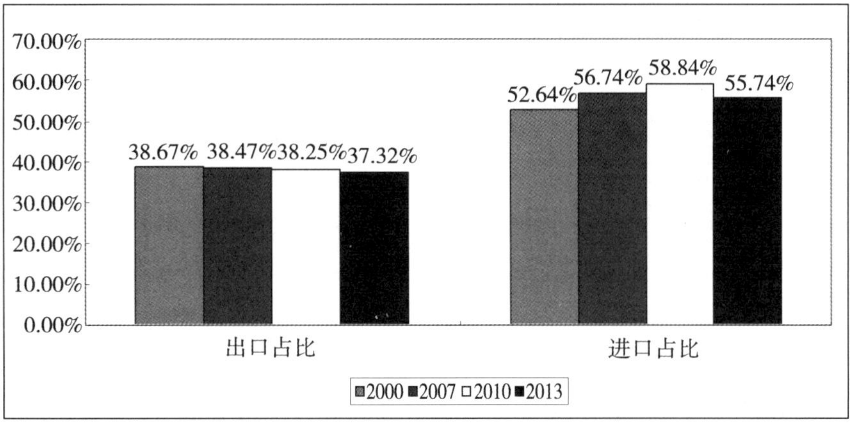


图 5-5　东亚区域内电气设备的贸易占比

这里特别值得一提的是东亚区域内的 IT 关联产品的贸易情况。随着信息经济的飞速发展，包括计算机和外围设备、通信设备、消费电子设备和电子配件在内的 IT 关联产品在东亚区域内贸易中的份额有了明显的提高（如图 5-6 所示）。2013 年与 2007 年相比，IT 关联产品在区域内进出口贸易比重均有所增加，其中进口贸易比重更是突破了 20%。

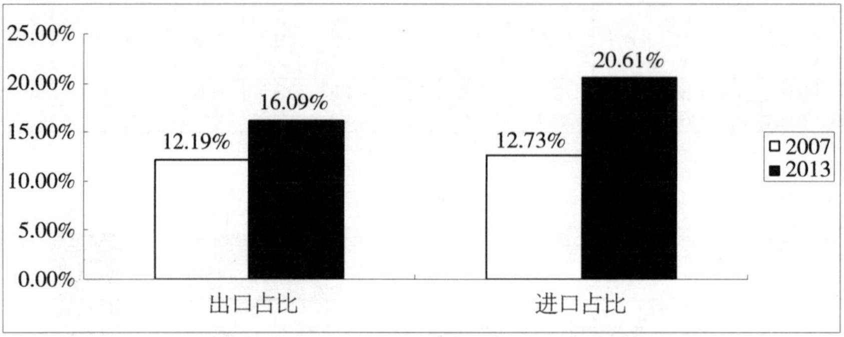


**图 5-6 东亚区域内 IT 关联产品的贸易占比**

从以上的分析可以看出，东亚区域内贸易在最近十多年间规模呈现稳定增长的趋势，同时区域内以机械类产品为主的贸易增长也说明了区域内制造业模块化分工的深入。包括中国、韩国、日本、新加坡等国在内的东亚主要国家一方面不断吸引外资，同时也把生产工序分散到不同的国家和地区，带动了产业内贸易的增长，从而带动了整个区域内贸易的扩大。

## 5.3 东亚区域内贸易结合度的变化

东亚区域内贸易规模的增长只能从表面上说明区域内各国之间贸易的增长，但是不能说明各国之间的相互依存关系，能说明东亚各国之间贸易依存关系的是贸易结合度。贸易结合度是当以全世界的贸易额作为基准时，表示两国间的贸易关系与这个基准偏离多远的一个指标，如果计算值超过 1，说明两国间的贸易关系紧密，反之紧密度则并不很高。东亚各国 2007 年和 2013 年总贸易结合度的计算结果见表 5-3。具体的计算公式如下：

$$\text{从A国看与B国的贸易结合度} = \left(\text{A国向B国的出口额} / \text{A国的总出口额}\right) / \left(\text{B国的进口总额} / \text{世界的进口总额}\right)$$

表 5-3

**东亚区域内贸易结合度的变化**

| 总贸易结合度 | 中国 | 韩国 | 日本 | 澳大利亚 | 新西兰 | 印度 | 印度尼西亚 | 马来西亚 | 泰国 | 新加坡 | 菲律宾 | 越南 | 柬埔寨 | 文莱 |
|---|---|---|---|---|---|---|---|---|---|---|---|---|---|---|
| 中国 | — | 1.0<br>1.4 | 1.8<br>1.5 | 1.1<br>1.3 | 0.8<br>0.9 | 1.2<br>0.9 | 1.9<br>1.6 | 1.4<br>1.8 | 0.9<br>1.1 | 1.3<br>1.0 | 1.5<br>2.5 | 2.1<br>3.0 | 2.8<br>3.0 | —<br>3.9 |
| 韩国 | 3.2<br>2.4 | — | 1.6<br>1.3 | 1.0<br>1.3 | 0.8<br>1.2 | 1.1<br>0.8 | 2.9<br>2.0 | 1.4<br>1.3 | 1.2<br>1.0 | 1.7<br>1.9 | 2.8<br>4.3 | 3.4<br>5.2 | 2.9<br>2.2 | —<br>0.9 |
| 日本 | 2.2<br>1.7 | 2.9<br>2.8 | — | 1.5<br>1.8 | 1.6<br>1.4 | 0.5<br>0.5 | 2.3<br>2.3 | 2.0<br>1.9 | 3.4<br>3.6 | 1.6<br>1.4 | 3.1<br>3.7 | 1.7<br>2.0 | 0.7<br>0.4 | —<br>1.5 |
| 澳大利亚 | 2.3<br>3.2 | 3.2<br>2.5 | 4.3<br>2.7 | — | 20.4<br>12.3 | 3.0<br>1.3 | 3.5<br>1.6 | 1.7<br>1.6 | 2.3<br>1.3 | 1.0<br>1.0 | 1.1<br>1.4 | 1.4<br>1.1 | 0.3<br>0.3 | —<br>1.0 |
| 新西兰 | 0.8<br>1.9 | 1.4<br>1.2 | 2.0<br>1.3 | 16.7<br>14.8 | — | 0.6<br>0.5 | 3.9<br>1.8 | 1.7<br>1.7 | 1.5<br>1.1 | 1.0<br>1.0 | 4.3<br>4.3 | 2.2<br>1.4 | 0.2<br>0.2 | —<br>0.7 |
| 印度 | 0.9<br>0.5 | 0.7<br>0.5 | 0.5<br>0.5 | 0.6<br>0.6 | 0.4<br>0.4 | — | 2.4<br>1.6 | 1.2<br>1.4 | 1.1<br>0.9 | 2.3<br>2.0 | 0.9<br>1.2 | 1.9<br>2.4 | 1.2<br>0.8 | —<br>0.6 |
| 印度尼西亚 | 1.2<br>1.1 | 2.6<br>2.2 | 4.6<br>3.2 | 2.3<br>1.9 | 1.4<br>1.2 | 2.7<br>2.8 | — | 4.2<br>5.1 | 2.6<br>2.4 | 6.7<br>4.4 | 3.9<br>5.8 | 2.6<br>1.8 | 4.1<br>3.4 | —<br>3.4 |
| 马来西亚 | 1.3<br>1.3 | 1.5<br>1.3 | 2.0<br>2.4 | 2.6<br>3.2 | 1.9<br>2.8 | 2.1<br>1.4 | 5.4<br>4.5 | — | 4.7<br>4.0 | 7.6<br>6.8 | 3.4<br>3.6 | 2.9<br>2.5 | 2.9<br>2.0 | —<br>18.0 |
| 泰国 | 1.4<br>1.1 | 0.8<br>0.7 | 2.6<br>2.1 | 2.9<br>3.5 | 1.8<br>2.3 | 1.2<br>0.9 | 5.8<br>4.6 | 4.8<br>5.0 | — | 3.3<br>2.4 | 4.5<br>6.1 | 5.7<br>4.3 | 34.2<br>36.5 | —<br>3.6 |
| 新加坡 | 1.4<br>1.1 | 1.4<br>1.4 | 1.1<br>0.9 | 2.8<br>3.0 | 2.3<br>2.1 | 2.1<br>1.1 | 18.2<br>9.6 | 12.1<br>5.5 | 4.0<br>2.7 | — | 4.9<br>4.5 | 4.8<br>3.6 | 5.7<br>5.3 | —<br>26.9 |
| 菲律宾 | 1.6<br>1.1 | 1.4<br>1.9 | 3.2<br>4.4 | 0.8<br>1.1 | 1.0<br>0.4 | 0.3<br>0.2 | 1.9<br>1.4 | 4.7<br>2.0 | 2.7<br>2.5 | 3.3<br>3.4 | — | 1.9<br>1.3 | 0.7<br>0.3 | —<br>0.8 |
| 越南 | 1.1<br>0.9 | 1.0<br>1.8 | 2.8<br>2.2 | 6.0<br>2.1 | 0.6<br>0.9 | 0.2<br>0.7 | 4.4<br>1.8 | 3.0<br>3.3 | 2.0<br>1.7 | 2.4<br>1.0 | 4.7<br>3.6 | — | 82.9<br>43.6 | —<br>0.7 |
| 柬埔寨 | 0.0<br>0.2 | 0.1<br>0.4 | 0.2<br>0.8 | 0.2<br>0.5 | 0.1<br>0.2 | 0.0<br>0.0 | 0.1<br>0.1 | 0.2<br>1.2 | 0.5<br>1.8 | 2.0<br>4.2 | 0.1<br>0.4 | 4.9<br>1.6 | — | —<br>0.1 |

注：从出口侧面计算出的东亚地区的贸易结合度，左侧国别为出口国，上侧国别为进口国，第一行数据为 2007 年，第二行数据为 2013 年。2007 年没有文莱的数据。

从总体上看，东亚各国间的贸易关系比较紧密。从绝对数值来看，除了柬埔寨之外，各国的贸易结合度总体上都超过 2。这可以说东亚地区作为一个经济区域，其在贸易领域已经基本实现了一体化。

从中国的角度来看，作为东亚地区最大的三个经济体，中日韩的数值虽然都在 1 以上，但都有所下降，尤其是中日之间下降更为明显。中国与东盟国家中的马来西亚、泰国、柬埔寨的贸易结合度相对较高，其中尤其是与菲律宾、越南、文莱的结合度均超过 2.5。中国与澳大利亚和新西兰的结合度也在稳步提升。日韩两国在以上两个方面与中国的特征有所相似。在东盟各国之间，尽管数据有所下降，但是各国与新加坡的贸易结合度都非常高，可见新加坡是东盟地区贸易的轮毂。东盟国家间的贸易结合度都在 2 以上，说明东盟各国间的贸易紧密度非常高。此外，东盟国家的贸易结合度也有一种明显的地域性，如泰国、越南与柬埔寨的结合度相当高。这一特征也体现在澳大利亚与新西兰这两个大洋洲国家之间。

再看看印度与东亚其他国家的贸易结合度，除了与马来西亚、菲律宾、越南的结合度有所上升之外，与其他国家均有所下降，而且大多是在 1 以下，其中与中日韩的结合度都只有 0.5 左右。可见，印度与区域内成员国之间的贸易关系有待进一步加深。

对于占东亚区域内贸易最多的机械类产品，见表 5-4，2013 年贸易结合度大多超过 1，并呈现出如下特点：第一，东盟各国与日本的贸易结合度比较高，而与韩国、中国的结合度相对较低。这说明在一般机械领域，东盟各国与日本一直是保持着紧密的贸易关系。第二，从东盟各国的出口来看，各国之间的结合度大多在 2 以上，其中泰国、越南与柬埔寨，新加坡与文莱的结合度超过了 10。新加坡在一般机械领域的贸易结合度与总贸易结合度在数值上一样，也呈现出是东盟地区轮毂的特征。第三，从印度出口角度看，其在一般机械上与各国的结合度比总的贸易结合度略高。这说明印度在一般机械贸易领域与东亚其他国家间的贸易关系紧密。第四，澳大利亚与新西兰之间一般机械的贸易结合度与总贸易结合度一样，相当高，而与东亚其他国家间的贸易结合度维持在低位水平。

表 5-4　　**东亚区域内一般机械产品的贸易结合度**

| 贸易结合度 | 中国 | 韩国 | 日本 | 澳大利亚 | 新西兰 | 印度 | 印度尼西亚 | 马来西亚 | 泰国 | 新加坡 | 菲律宾 | 越南 | 柬埔寨 | 文莱 |
|---|---|---|---|---|---|---|---|---|---|---|---|---|---|---|
| 中国 | — | 1.0 | 2.1 | 1.1 | 0.6 | 1.7 | 1.3 | 1.2 | 1.0 | 1.1 | 1.7 | 2.1 | 3.4 | 0.7 |
| 韩国 | 2.8 | — | 1.6 | 0.5 | 0.7 | 1.7 | 1.3 | 1.2 | 1.2 | 0.8 | 3.7 | 4.4 | 1.8 | 0.3 |
| 日本 | 1.9 | 2.5 | — | 0.7 | 0.7 | 1.0 | 2.2 | 1.1 | 3.7 | 0.9 | 3.0 | 1.7 | 0.9 | 0.3 |
| 澳大利亚 | 0.8 | 1.1 | 0.6 | — | 65.2 | 0.6 | 3.1 | 2.1 | 1.7 | 2.3 | 3.3 | 0.7 | 1.0 | 1.1 |
| 新西兰 | 0.4 | 0.3 | 0.3 | 22.1 | — | 0.5 | 0.5 | 1.1 | 0.9 | 1.0 | 1.9 | 0.8 | 2.8 | 0.4 |
| 印度 | 0.5 | 0.4 | 0.6 | 0.4 | 0.6 | — | 1.7 | 2.3 | 1.5 | 1.5 | 1.7 | 1.5 | 2.4 | 0.5 |
| 印度尼西亚 | 0.2 | 0.7 | 4.1 | 3.3 | 0.4 | 0.8 | — | 5.0 | 7.8 | 7.9 | 12.7 | 3.4 | 2.0 | 2.4 |
| 马来西亚 | 1.4 | 0.7 | 1.3 | 2.1 | 1.4 | 1.4 | 3.1 | — | 7.8 | 5.4 | 3.2 | 2.6 | 2.9 | 21.3 |
| 泰国 | 1.0 | 0.4 | 2.7 | 1.9 | 1.4 | 2.0 | 3.7 | 5.0 | — | 1.6 | 4.3 | 4.0 | 29.4 | 1.2 |
| 新加坡 | 1.1 | 1.4 | 1.5 | 2.3 | 2.2 | 2.6 | 9.6 | 8.9 | 3.7 | — | 6.2 | 3.0 | 7.7 | 18.0 |
| 菲律宾 | 3.2 | 0.7 | 3.3 | 0.4 | 0.1 | 0.6 | 1.1 | 1.3 | 2.6 | 2.4 | — | 0.4 | 0.2 | 0.1 |
| 越南 | 1.0 | 0.6 | 2.1 | 1.2 | 1.2 | 1.3 | 1.1 | 1.2 | 1.3 | 1.6 | 1.8 | — | 21.0 | 0.4 |
| 柬埔寨 | 0.8 | 3.8 | 0.3 | 0.0 | 0.0 | 0.03 | 0.1 | 2.8 | 23.3 | 5.1 | 0.2 | 8.9 | — | 0.0 |

在电气设备产品上，见表 5-5，与总贸易结合度相比要低得多，并呈现出以下特点：第一，从东盟各国的出口看，与日本和韩国的紧密度相对较高。这说明日韩两国在该电气设备产品上与东盟各国间的分工协作程度较深。第二，东盟各国之间，除了柬埔寨之外，与新加坡间保持着较高的结合度，均值在 2 以上。第三，印度除了与韩国、印度尼西亚、文莱之外，与其他国家的结合度都在 1 以下。这说明在电气设备产品领域，印度与东亚各国间不存在紧密的贸易关系。第四，澳大利亚与新西兰间依然保持着非常高的结合度。这也说明了两国与东亚其他各国间的产业融合有待进一步提升。

表 5-5　　　东亚区域内电气设备产品的贸易结合度

| 贸易结合度 | 中国 | 韩国 | 日本 | 澳大利亚 | 新西兰 | 印度 | 印度尼西亚 | 马来西亚 | 泰国 | 新加坡 | 菲律宾 | 越南 | 柬埔寨 | 文莱 |
|---|---|---|---|---|---|---|---|---|---|---|---|---|---|---|
| 中国 | — | 2.0 | 1.5 | 1.0 | 0.7 | 1.4 | 1.3 | 0.7 | 0.7 | 0.5 | 0.8 | 1.3 | 2.6 | 1.7 |
| 韩国 | 1.9 | — | 1.1 | 0.5 | 0.4 | 1.0 | 0.7 | 0.5 | 0.5 | 1.1 | 3.4 | 4.7 | 1.5 | 0.8 |
| 日本 | 1.3 | 2.4 | — | 0.6 | 0.2 | 0.7 | 2.1 | 1.4 | 3.1 | 0.9 | 4.4 | 1.5 | 1.0 | 0.3 |
| 澳大利亚 | 0.3 | 0.5 | 0.3 | — | 130.8 | 0.7 | 2.7 | 1.0 | 0.7 | 1.6 | 0.7 | 0.3 | 0.7 | 5.4 |
| 新西兰 | 0.2 | 1.1 | 0.5 | 36.7 | — | 0.5 | 0.2 | 0.3 | 0.9 | 0.6 | 0.7 | 0.1 | 0.5 | 1.5 |
| 印度 | 0.1 | 5.3 | 0.3 | 0.9 | 0.4 | — | 2.0 | 0.6 | 0.7 | 0.5 | 0.9 | 0.3 | 0.3 | 1.3 |
| 印度尼西亚 | 0.2 | 1.2 | 3.1 | 2.6 | 3.1 | 1.4 | — | 1.7 | 2.5 | 5.5 | 2.9 | 1.1 | 0.5 | 6.6 |
| 马来西亚 | 0.9 | 0.6 | 1.7 | 1.5 | 1.5 | 1.5 | 1.5 | — | 2.7 | 4.1 | 1.8 | 1.1 | 0.3 | 2.7 |
| 泰国 | 0.5 | 1.0 | 3.1 | 1.0 | 2.1 | 1.3 | 2.7 | 2.7 | — | 1.2 | 4.0 | 1.4 | 44.5 | 2.0 |
| 新加坡 | 0.9 | 2.1 | 1.5 | 0.8 | 0.9 | 1.5 | 6.4 | 4.6 | 2.5 | — | 2.6 | 1.8 | 4.5 | 9.7 |
| 菲律宾 | 0.5 | 1.5 | 4.0 | 0.7 | 0.2 | 0.3 | 0.6 | 0.9 | 1.8 | 3.2 | — | 0.7 | 0.6 | 0.4 |
| 越南 | 0.4 | 0.8 | 1.8 | 1.8 | 2.4 | 3.0 | 3.1 | 2.6 | 1.9 | 0.5 | 1.9 | — | 14.7 | 0.2 |
| 柬埔寨 | 0.1 | 1.3 | 3.6 | 0.2 | 0.2 | 0.0 | 0.0 | 0.0 | 40.2 | 0.6 | 0.0 | 0.7 | — | 0.0 |
| 文莱 | 0.0 | 0.9 | 0.1 | 0.5 | 0.1 | 0.0 | 1.4 | 2.9 | 0.7 | 19.2 | 0.8 | 0.0 | 0.0 | — |

最后，再来看看在 IT 关联产品的贸易结合度（见表 5-6）。与前面的两种产品相比较，东亚各国在 IT 关联产品上的贸易结合度都不是很高，并呈现出如下特点：第一，中日韩 3 国在 IT 关联产品领域的贸易结合度明显高于与东盟间的贸易结合度，也比一般机械与电气设备的结合度要高。第二，从东盟地区的出口来看，越南与其他国家的结合度非常高，而一直担任东盟轮毂角色的新加坡在 IT 关联产品上的作用不太明显。第三，澳大利亚和新西兰与东盟国家间的贸易结合度有所提升，其中与印度尼西亚、马来西亚、泰国、越南间的结合度更高。第四，印度与东盟国家中的印度尼西亚、泰国、越南在 IT 关联产品上的结合度相对高一些，说明作为 IT 领域较为领先的印度开始重视与东盟国家间的产业合作。

从贸易结合度这一指标来看，东亚地区成员国间的贸易紧密度逐步提高。从三种产品来看，机械类产品的结合度高，其中一般机械产品的

表 5-6 **东亚区域内 IT 关联产品的贸易结合度**

| 贸易结合度 | 中国 | 韩国 | 日本 | 澳大利亚 | 新西兰 | 印度 | 印度尼西亚 | 马来西亚 | 泰国 | 新加坡 | 菲律宾 | 越南 | 柬埔寨 | 文莱 |
|---|---|---|---|---|---|---|---|---|---|---|---|---|---|---|
| 中国 | — | 2.1 | 1.3 | 1.2 | 0.6 | 1.2 | 1.0 | 0.5 | 0.7 | 0.5 | 0.5 | 1.0 | 2.6 | 1.1 |
| 韩国 | 1.6 | — | 1.1 | 0.4 | 0.2 | 0.7 | 0.7 | 0.5 | 0.5 | 1.3 | 3.3 | 4.4 | 3.5 | 0.02 |
| 日本 | 1.3 | 2.6 | — | 0.4 | 0.3 | 0.3 | 1.2 | 1.7 | 3.1 | 1.0 | 3.4 | 1.3 | 2.1 | 0.2 |
| 澳大利亚 | 0.2 | 0.1 | 0.3 | — | 186.4 | 0.5 | 0.5 | 0.7 | 0.6 | 1.9 | 0.5 | 0.1 | 8.4 | 3.9 |
| 新西兰 | 0.2 | 0.2 | 0.1 | 28.9 | — | 0.3 | 0.2 | 0.3 | 0.8 | 1.0 | 0.4 | 0.1 | 0.2 | 0.5 |
| 印度 | 0.2 | 0.2 | 0.2 | 0.2 | 0.1 | — | 3.1 | 0.5 | 1.1 | 0.7 | 0.3 | 0.1 | 0.4 | 1.8 |
| 印度尼西亚 | 0.2 | 1.8 | 2.2 | 2.4 | 2.1 | 1.9 | — | 1.1 | 1.4 | 4.7 | 2.4 | 1.3 | 0.0 | 1.9 |
| 马来西亚 | 1.0 | 0.7 | 1.5 | 1.9 | 1.8 | 0.2 | 1.4 | — | 4.2 | 3.4 | 1.4 | 1.1 | 1.7 | 4.4 |
| 泰国 | 5.6 | 8.3 | 17.6 | 8.0 | 10.0 | 8.9 | 7.8 | 24.5 | — | 11.1 | 25.9 | 2.7 | 494.0 | 0.5 |
| 新加坡 | 0.9 | 2.6 | 1.5 | 1.0 | 1.0 | 1.7 | 0.0 | 4.2 | 3.0 | — | 2.2 | 1.7 | 17.5 | 9.0 |
| 菲律宾 | 0.7 | 1.5 | 3.2 | 0.4 | 0.5 | 0.5 | 0.8 | 1.0 | 2.2 | 3.8 | — | 0.8 | 1.8 | 0.5 |
| 越南 | 4.2 | 7.2 | 3.1 | 20.2 | 25.2 | 28.2 | 35.7 | 25.7 | 19.2 | 5.0 | 10.4 | — | 2.2 | 108.1 |
| 柬埔寨 | 0.1 | 1.3 | 0.0 | 0.4 | 0.4 | 0.0 | 0.0 | 0.0 | 67.2 | 0.0 | 0.0 | 0.3 | — | 0.0 |
| 文莱 | 0.0 | 0.0 | 0.1 | 1.0 | 0.1 | 0.1 | 0.0 | 2.6 | 0.3 | 17.6 | 0.8 | 0.0 | 0.0 | — |

结合度最高。这说明东亚地区在一般机械领域存在着紧密的合作关系。从中国的角度来看，中国与东盟各国间的贸易结合度均不太高，说明中国与东盟之间在这两个领域存在着一定程度的竞争关系。从东盟各国的出口来看，与日本的贸易结合度很高，说明在机械类产业上，日本是带动整个东亚地区机械类产业发展的火车头。印度与东亚各国在机械类产业的贸易结合度，除与新加坡比较高之外，其他的都比较低，说明印度与东亚各国间的贸易关系有待进一步深化。

## 5.4 东亚区域内贸易专业化程度的变化

一般而言，一个国家越大，经济发展水平越高，贸易政策的开放度越高，那么该国可贸易商品的范围就越大，出口商品的种类也越多。但是对一国而言，不可能在所有贸易商品上都具备明显的竞争优势，一国应该发展自己具备竞争优势的产业并努力扩大出口。因此，明确一个国家的贸易竞争力和主要产业的贸易竞争力十分重要。衡量贸易竞争力通常采用贸易竞争力指数，即 TC 指数。该指数计算所得到的数值在-1 与 1 之间，具体的公式如下：

贸易专业化指数=（出口额-进口额）/（出口额+进口额）

运用国际产业关联表 2007 年和 2013 年的数据进行计算得到这两个时点东亚各国的贸易专业化水平（如图 5-7 所示）。

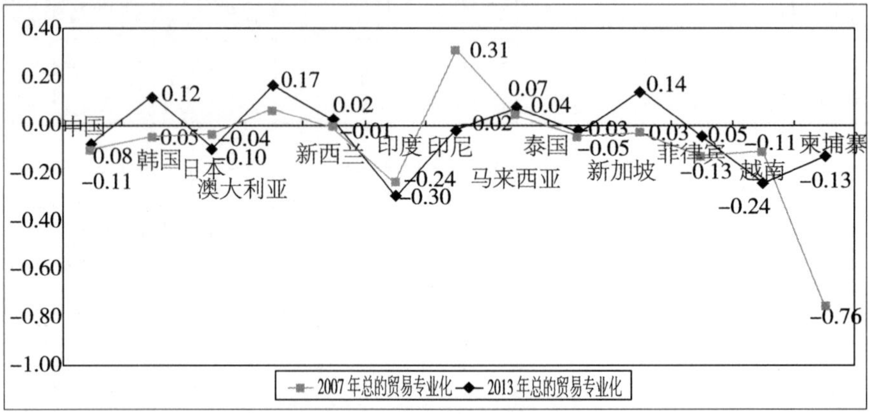


**图 5-7 东亚地区区域内贸易专业化**

从图 5-7 可以看出，东亚区域内总贸易专业化具有三个特点：第一，总体而言，东亚各国的贸易专业化程度都比较接近于 0。如果该指数接近 0，则说明在东亚区域内水平的产业化分工程度比较高。第二，相比较而言，韩国、澳大利亚、新西兰、马来西亚和新加坡具有一定的出口专业化倾向，尤其是韩国与新加坡的倾向度更强。第三，日本、印度、越南和柬埔寨的进口专业化程度有所提高，尤其是越南的进口专业化程度变化最大。这在一定程度上说明了这几个国家是东亚其他国家产品的主要出口目的地。

接下来，再对国际产业关联表中的六大类产品的贸易专业化指数进行计算。按国别计算的六大类产品的贸易专业化指数如图 5-8 所示，主要有如下特点：

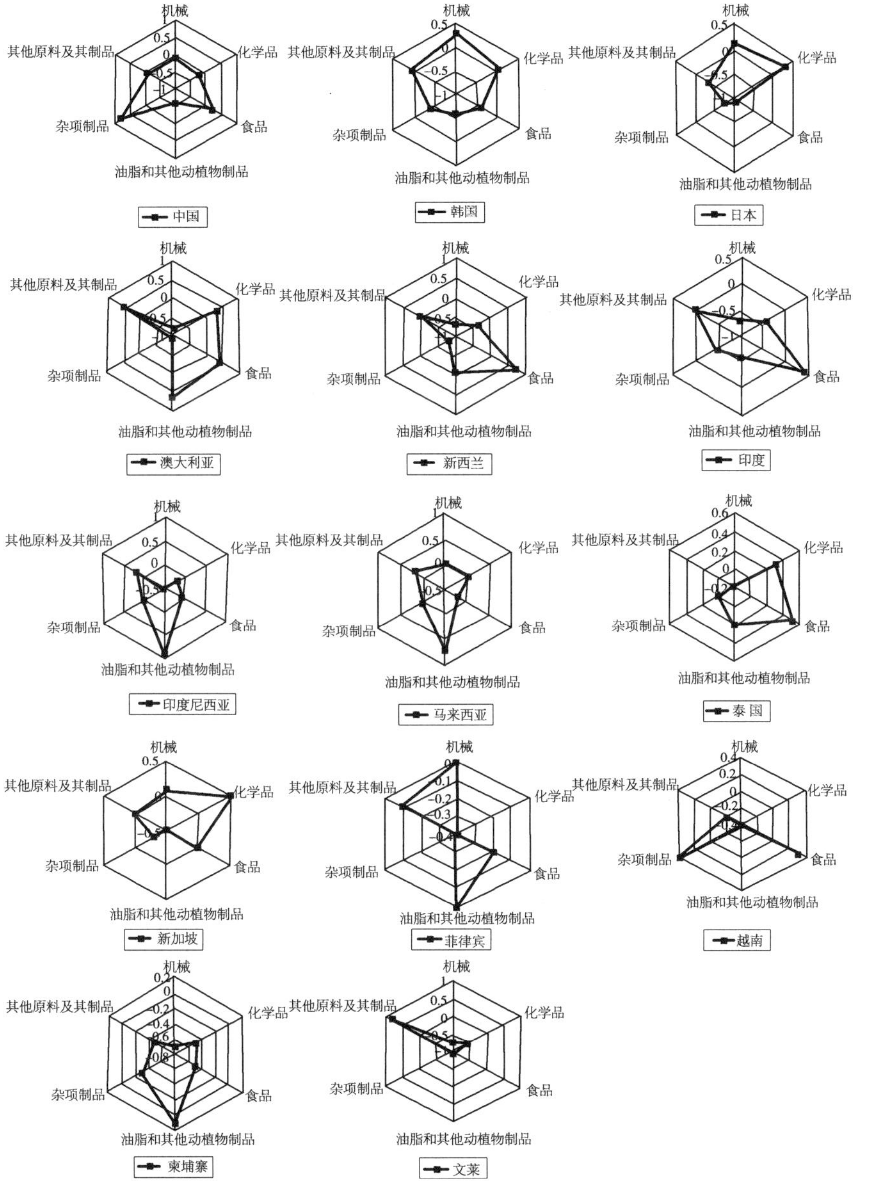


**图 5-8　东亚区域内主要产品的贸易专业化水平**

第一，在机械产品方面，韩国、日本、新加坡是出口专业化型，这也充分凸显三国在机械制造领域处于东亚领先地位。澳大利亚、新西兰、印度、文莱、柬埔寨的进口专业化程度较高，说明这几个国家在机械制造领域相对落后。中国和剩下的几个东盟国家的贸易专业化指数均接近于 0。

第二，在化学品方面，新加坡的出口专业化指数最高，其次是日本、澳大利亚、泰国。其他东盟国家和中国的进口专业化指数相对大一些。

第三，在食品方面，新西兰是出口专业化程度最高的国家，其次是泰国、澳大利亚、印度、越南等国。这也体现出澳大利亚和新西兰两个国家在农业方面的竞争优势，也凸显一些东盟发展中国家在农业上的传统竞争优势。

第四，在油脂和其他动植物制品方面，印度尼西亚是出口专业化程度最高的国家，其次是澳大利亚、马来西亚。大多数东亚国家在这些产品上都是进口专业型，尤其是中日韩 3 国。

第五，在杂项制品方面，中国在此产品上的竞争优势尤为突出，是全东亚地区唯一一个数值在 0 以上的国家，反映出中国的杂项制品在东亚地区强大的出口竞争优势。澳大利亚、文莱、日本、韩国的进口专业化指数很高，说明这些国家是主要的进口国。

第六，在其他原料及其制品方面，文莱和澳大利亚的出口专业化指数最高，其他东亚国家在该种产品方面的专业化指数大多接近于 0。

根据各国六大产业的贸易专业化指数可以得出东亚各国在这六大类产品上总体的竞争优势（见表 5-7）。

东亚地区国家间在资源禀赋、经济发展阶段、技术水平和劳动力素质等方面差异性大，这些巨大的差异形成了东亚各国在不同产品或产业上的竞争优势。这种不同的竞争优势在经济一体化过程中又能使它们发挥各自的优势，形成专业化的分工，使东亚各国间的贸易依存度逐步提高，形成相互分工协作的有机整体。值得注意的一点是，中国作为全球第一大贸易国，在东亚地区的贸易专业化并不显著，说明中国在所有产品或产业上不具有特别明显的竞争优势，与东亚绝大部分国家的产业基本处于相似的水平。因此，中国需要借助东亚区域经济一体化进程，推进“一带一路”倡议，通过“走出去”和“引进来”，积极参与到东亚产业分工合作的体系之中，在深化东亚区域经济合作的过程中实现中国产业的转型升级。

表 5-7　　　　**东亚区域内主要产品的竞争力一览表**

| 产品 | (−1，−0.6) 极大的竞争劣势 | (−0.6，−0.3) 较大竞争劣势 | (−0.3，0) 微弱竞争劣势 | (0，0.3) 微弱竞争优势 | (0.3，0.6) 较强竞争优势 | (0.6，1) 极强竞争优势 |
|---|---|---|---|---|---|---|
| 机械 | 新西兰、柬埔寨、文莱、印度、澳大利亚 | 印度尼西亚、越南 | 中国、泰国 | 马来西亚、韩国、新加坡、日本、菲律宾 | | |
| 化学品 | 印度 | 新西兰、菲律宾、越南、文莱、柬埔寨 | 中国、日本、印度尼西亚 | 韩国、澳大利亚、马来西亚、泰国 | 新加坡 | |
| 食品 | 日本、文莱 | 韩国、泰国、柬埔寨 | 印度尼西亚、马来西亚、菲律宾 | 中国、新加坡 | 澳大利亚、印度、越南 | 新西兰 |
| 油脂和其他动植物制品 | 中国、韩国、日本、印度、文莱 | 新加坡、越南 | 新西兰、菲律宾 | 泰国、柬埔寨 | | 澳大利亚、印度尼西亚、马来西亚 |
| 杂项制品 | 日本、澳大利亚、新西兰、文莱 | 韩国、印度、柬埔寨、菲律宾 | 新加坡 | 马来西亚、印度尼西亚、泰国 | 越南 | 中国 |
| 其他原料及其制品 | | 日本、柬埔寨 | 中国、印度、泰国、菲律宾、越南 | 韩国、新西兰、印度尼西亚、马来西亚、新加坡 | 澳大利亚 | 文莱 |

## 5.5　东亚区域内贸易类型的变化

产业内贸易是在 20 世纪五六十年代之后出现的一种新兴的贸易类型。20 世纪 90 年代以来，东亚区域内的贸易往来越来越紧密，各国间经济发展水平明显的阶梯差异以及紧密相邻的区位特征，使东亚区域内各国间竞争性和互补性共存，形成了产业间贸易与产业内贸易两种贸易类型并存的局面。用来测度产业内贸易最常用的方法是 G-L 指数。该指数是由 Grubel 和 Lloyd 在 1975 年提出的。该指数的取值范围为 0~1 之间。当 T=0 时，表示没有发生产业内贸易，T 值越大说明产业内贸易程度越高。

表 5-8 反映的是 2013 年东亚区域内各国六大类产品的产业内贸易现状。可以看出，在机械产业和其他原料及其制品这两类产品的指数值最高。这说明东亚国家在这两类产品上的双向贸易比较活跃。食品和化学品的产业内贸易指数值均达到了 0.5。前两类产品在 2013 年占到区域内贸易总额近八成，而后两种产品加起来占到区域内贸易总额约 18%。

这意味着整个东亚地区的产业内贸易十分活跃。

表 5-8　　　　**东亚区域内主要产品的产业内贸易指数**

| 产业 | 机械 | 食品 | 化学品 | 油脂和其他动植物制品 | 杂项制品 | 其他原料及其制品 |
|---|---|---|---|---|---|---|
| 产业内贸易指数 | 0.6 | 0.5 | 0.5 | 0.3 | 0.3 | 0.6 |

图 5-9 反映的是 2013 年东亚各国主要产品的产业内贸易指数，从中可以看出其具有以下特点：

第一，在包括一般机械、电气设备、运输机械和精密器械在内的机械类产品上，在所有六类产品当中，机械类产品的产业内贸易水平最高。

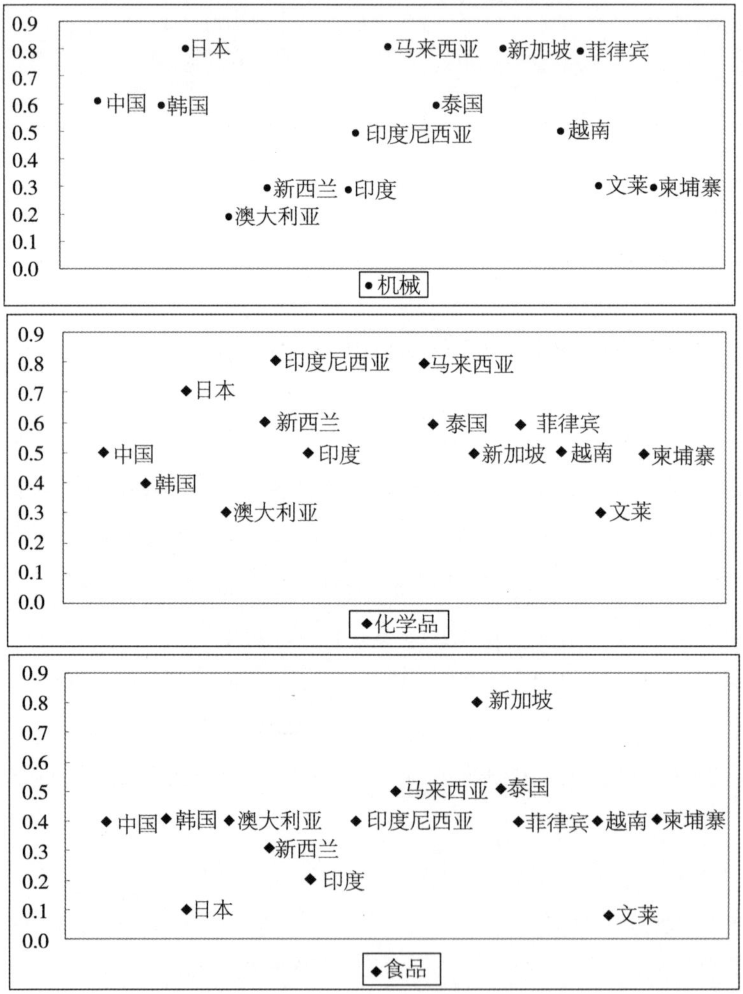

续图

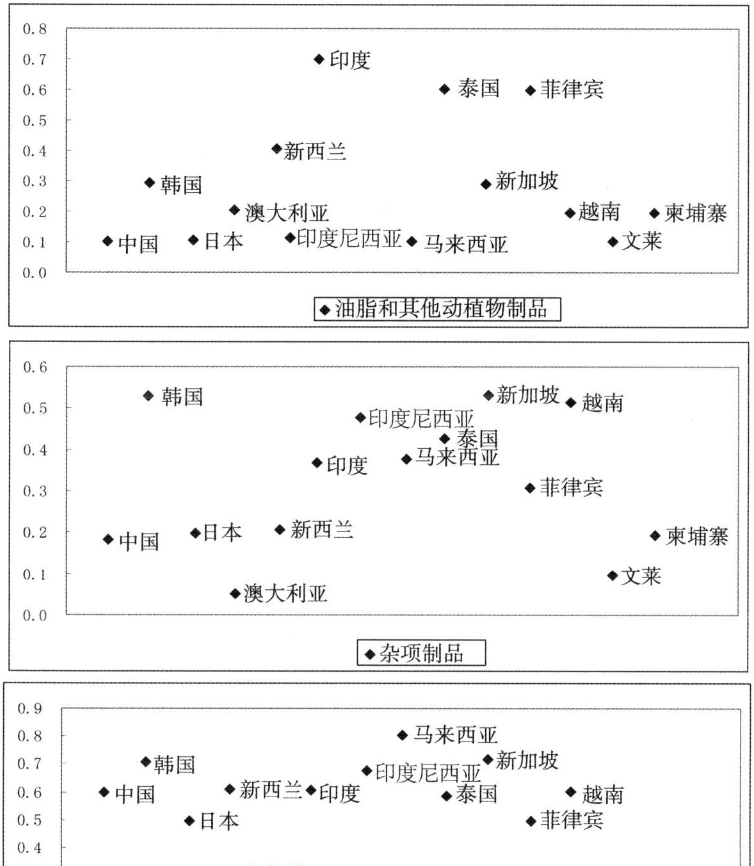


**图 5-9 东亚区域内主要产品的产业内贸易指数**

东亚国家中有一半国家的数值在总值之上或与其持平，其中以日本、新加坡、菲律宾、马来西亚的数值最高，约 0.8，占机械贸易份额较大的中国和韩国为 0.6。可见，随着区域生产网络化的不断延伸，机械类产品在东亚区域内贸易将会越来越活跃。

第二，在化学品方面，也表现出了与机械产品相似的特征，全区域有近五成的国家指标值在总值之上，其中印度尼西亚和马来西亚以 0.8

高居首位，日本以 0.7 位居次席。新西兰、泰国、菲律宾为 0.6。化学品主要包括了工业化学品、塑料和橡胶等。在区域内双向贸易的活跃一方面是由于不少东盟国家在此类产业上拥有传统优势，同时也是由于跨国公司全球网络化生产模式把更多的东亚国家拉入到了产业内贸易中。

第三，在包括肉、蔬菜、鱼、水果、谷物、咖啡和加工食品在内的食品贸易中，新加坡的指标值到达最高的 0.8，也是全区域内唯一一个超过总值的国家。马来西亚和泰国以 0.5 与总值持平。其他东亚国家中的日本和文莱的指标值最低，只有 0.1。这充分说明了这两国农产品的匮乏。

第四，在油脂和其他动植物制品方面，只有印度的 0.7，泰国和菲律宾的 0.6 高于总值，而其他东亚国家基本都在 0.1~0.3 之间，说明此类产品在区域内产业内贸易不活跃，而主要表现为产业间贸易。

第五，在包括鞋子、帽子、伞、羽毛制品和家具等杂项制品的贸易中，与油脂和其他动植物制品呈现出来的特征相似。只有韩国、印度尼西亚、新加坡和越南这几个国家的指标值在总值之上，其他国家的指标在 0.1~0.3 之间，说明此类产品在区域内产业内贸易不活跃，而主要表现为产业间贸易。

第六，在包含盐、矿石、矿物性燃料、木材、纤维及纤维制品和钢铁的其他原料及其制品的贸易中，近七成的国家指标值在总值之上或与之持平，文莱和柬埔寨的指标值最低，为 0.2，说明此类产品的产业内贸易比较活跃。

综上所述，从产业内贸易指数的计算结果来看，东盟大部分国家与周边国家的双向贸易规模越来越大，相互间的贸易往来日益密切。中日韩 3 国在东亚地区中的贸易地位相对稳定。澳大利亚与新西兰这两个大洋洲国家与东亚其他国家间的合作有待进一步加强。文莱和柬埔寨这样的资源稀缺或产业单一的国家与区域内国家间产业内贸易的程度比较低。

## 5.6 本章小结

本章以 2000—2013 年的贸易统计数据为依据，对东亚各国在贸易规模、贸易结合度、贸易专业化与产业内贸易指数等指标进行了计算分析。通过分析可以发现，在东亚经济一体化过程中，东亚国家间的贸易关系也随之发生变化，呈现出如下特征：

第一，随着东亚经济一体化进程的推进，东亚各国间贸易紧密度逐步提高，尤其在机械、化学品和其他原料及其制品等产品方面的贸易紧密度更高，各国间以一般机械、电气设备产品为代表的中间产品贸易规模不断扩大，成为东亚区域内贸易结构的主体。这说明在一般机械、电气设备、化学工业制品领域在东亚地区已经逐步形成了分工协作的产业体系。东亚国家丰富的自然资源和自然资源分布的不均衡使东亚国家间在其他原料及其制品领域的相互依存度和分工协作程度较高。

第二，东亚区域内的产业分工由原先的垂直分工为主逐渐转向以垂直分工与水平分工相互交融的产业分工网络。随着东亚各国经济开放度的不断提高，东亚各国间存在收入的差异性，技术的多样性、产业的多样性以及东亚各国所具有的传统比较优势，进一步推进并促使了东亚地区的产业分工日益深化，实现了优势互补。与此同时，伴随生产网络在全球范围内的延伸，各国经贸联系日益紧密，区域贸易协定的内涵也在不断扩展和丰富，呈现深度一体化趋势。

第三，东亚区域内贸易关系的日益密切与深化，为区域经济一体化的进程打下了坚实的物质基础。通过贸易领域实实在在的互利互惠，来摈除一些由于制度、文化、技术等方面的差异而带来的一些固有的分歧，为今后东亚区域经济一体化进程的进一步推进扫除一些人为障碍。

# 6 东亚产品多样性与区域经济一体化

## 6.1 理论研究

产品多样性，顾名思义，可以简单地理解为产品品种、质量、数量的差异性，由于数据的可得性，通常用出口多样性来衡量产品多样性。国内外很多专家学者对出口多样化和贸易发展之间的关系进行了研究。例如维农（1966）在他提出的“产品生命周期理论”中指出，在生长期，发达国家企业的创新活动促进了高新技术产品的多样性，在成熟期，发展中国家企业的模仿生产活动则导致低工资地区生产出口产品的不断多样化。同样，发达国家之间所发生的大量产业内贸易现象也可以用生产出口产品的差别性（多样性）来解释。Markusen（1986）①提出了一个“东-西-南”三方贸易模型，指出发展中国家企业基于比较优势出口差异性小的产品，而发达国家企业则基于技术知识优势出口差异性大的产品。因此，可以假定一些发展中国家在其出口导向型经济发展

① MARKUSEN. Explaining the Volume of Trade［J］. AER，1986，76（5）：1002-1011.

过程中能够观察到其出口产品结构朝着多样化的方向变迁，即发展中国家经济发展的程度、出口结构的变迁与不断提高的出口多样性有着密切关系。

产品多样性也被认为是国际贸易外延性增长的重要因素。克鲁格曼（1979）①最早把产品的多样性这一因素引入到国际贸易研究的模型中。在传统的国际贸易分析模型中，假设市场是完全竞争的，各国生产的同类产品是没有差异的，产品之间的替代效应无穷大。但是，在垄断竞争模型的框架下，厂商生产的产品不是同质的，而是具有差异性的。消费者对产品品种具有不同的偏好，品种的数量是由市场决定的。克鲁格曼（1981）②在垄断竞争模型中引入了内生的产品种类数目，他认为从产品种类的增长获得贸易利益有两个渠道：一个是使市场规模变大，从而降低贸易成本，而贸易成本的下降会惠及各国的消费者；另一个渠道是通过贸易可以传播知识、技术，推动各国经济的内生增长，从而生产更多种类的商品，各国会从产品品种的增加上获益。他还认为，一国所能生产产品的种类和其经济规模是成正比的。在他们的模型中，虽然认为出口的绩效与很多因素有关，如一些传统的经济规模因素、距离因素等，但是同时他加入了影响出口绩效新的因素：产品的多样性。

随着把出口多样性引入贸易分析模型，关于出口多样性对出口绩效影响的实证文献也大量涌现。克鲁格曼（1989）认为，出口对收入弹性的影响说明经济体可以通过生产和出口更多种类的产品来推动经济增长。Feenstra（1994）③认为国际贸易的指数必须包含新产品的多样性，他通过计算1964—1987年美国运动鞋、钢片、电视接收器等6类制造业产品的进口价格弹性和收入弹性，发现进口多样性的增长具有更高的收入弹性。Feenstra等（1999）以韩国、中国台湾和日本为例研究多样性与贸易之间的关系，发现中国台湾对美国的出口多样性大于韩国，而日本对美国的出口多样性超过中国台湾和韩国。Funke和Ruhwedel

① KRUGMAN. Increasing Returns, Monopolistic Competition and International Trade [J]. Journal of International Economics, 1979 (9): 469-479.

② KRUGMAN. Intra-industry Specialization and the Gains from Trade [J]. Journal of Political Economy, 1981 (89): 959-973.

③ FEENSTRA. New Product Varieties and the Measurement of International Prices [J]. American Economic Review, 1994 (84): 157-177.

(2001[①], 2002[②]) 以 OECD 和东亚国家为样本研究出口多样性对出口实绩的影响，结果表明出口多样性对出口实绩有积极影响。Broda 和 Weinstein (2004) [③]实证检验了进口多样性对美国福利增长的影响程度，结果显示美国福利收益的 3% 来自于进口外延边际的增加。Feenstra 等 (2004) [④]通过利用发达国家和发展中国家对美国出口的跨产业数据来计算其对美国出口的多样性指数，并实证研究了多样性指数与全要素生产率之间的关系。测算的数据结果显示，出口产品多样性和生产率之间存在相关性，出口多样性丰富的国家具有更高的劳动生产率。Feenstra 等 (2008) [⑤]以 48 个国家为样本的研究得出了同样的结论，这些国家对美国的出口多样性指数在 1980—2000 年间每年平均增长 3.3%，其劳动生产率也每年平均增长了 3.3%。

我国的学者也研究了产品多样性与出口绩效之间的关系，卢姗 (2009) [⑥]以中国、印度、巴西、俄罗斯等 21 个国家及地区 1995—2004 年的面板数据为样本，研究了出口多样性对新兴经济体出口绩效的影响，结果发现出口的快速增长和出口多样性快速增长密切相关，且出口多样性对出口绩效的影响显著为正。鲁晓东 (2013) [⑦]将贸易流量数据分解为数量、质量和多样性等维度来分析东亚各国各地区出口竞争模式，研究表明东亚各经济体的出口竞争在数量、质量和多样性等多个层面上展开，并且出口产品多样性和质量与经济发展水平密切相关。

本章将基于多样性与出口贸易的理论框架来研究东亚区域经济一体化过程中产品多样性与贸易之间的关系，并利用联合国贸发会议数据库中的东亚各国的进出口数据来实证检验产品多样性与区域经济一体化之

---

① FUNKE, RUHWEDEL. Product Variety and Economic Growth-Empirical Evidence for the OECD Countries [J]. IMF Staff Papers, 2001, 48 (2): 225-242.

② FUNKE, RUHWEDEL.Export Variety and Export Performance-Empirical Evidence for the OECD Countries [J]. Weltwirtschaftliches Archiv, 2002, 138 (1): 97-114.

③ BRODA, WEINSTEIN. Globalization and the Gains from Variety [R]. NBER Working Paper, 2004 (2) :386-423.

④ FEENSTRA, ROBERT, HIAU L. On the measurement of Product Variety in Trade [J]. American Economic Review, 2004, 94 (2): 145-149.

⑤ FEENSTRA, ROBERT, HIAU. Export Variety and Country Productivity: Estimating the Monopolistic Competition Model with Endogenous Productivity [J]. Journal of International Economics, 2008, 74 (2): 500-518.

⑥ 卢姗 . 出口多样性对新兴经济体出口绩效的影响 [J]. 世界经济研究，2009 (7): 45-49.

⑦ 鲁晓东 . 中国与东亚其他经济体出口竞争模式：数量、质量还是多样性竞争 [J]. 财贸经济，2013 (5): 85-96.

间的关系。

产品多样性的理论模型最早来自克鲁格曼（1979，1981）的新贸易理论下对垄断竞争模型下国际贸易模式的探讨①。垄断竞争市场是各种类型的不完全竞争市场中最接近于完全竞争市场的。和完全竞争市场一样，垄断竞争市场上存在许多企业，它们可以自由地进入和退出。和完全竞争市场不同的是，垄断竞争市场的产品不是同质的，而是存在差异性的。消费者对产品的种类具有不同的消费偏好，品种和数量是由市场来决定的。克鲁格曼模型的基本框架是由两个国家、一个行业、一种生产要素组成。首先，讨论一下封闭经济下生产者与消费者共同达到均衡的情况。在该模型中，一个国家的消费者效用函数如下：

$$U=\left[\frac{1}{\theta}\sum_{i=0}^{\infty}c_i^{\theta}\right]^{1/\theta} \tag{6-1}$$

其中，$c_i$ 是种类 i 的消费量，且 $0<\theta<1$。每个国家仅有一种生产要素，这一生产要素可被视为多种要素的集合。该国家生产 i 种类的产品，实际生产的产品种类用 n 来表示。在差异性产品行业，生产者们有相同的规模收益递增的生产技术，从而品种 i 的资源投入为：

$$R_i=\beta+\gamma x_i\beta,\ \gamma>0;\ i=1,\ \cdots,\ n \tag{6-2}$$

其中，$R_i$ 是用于生产品种 i 所需投入的资源，β 是固定成本，γ 是每类产品的边际成本，$x_i$ 是品种 i 的产量。也就是说，在生产中，平均成本随着生产规模的扩大而下降，而边际成本是不变的。厂商利润最大化的一阶条件说明价格的增加是由边际成本和需求弹性决定的。

$$\frac{P_i}{q}=\frac{\gamma}{\theta} \tag{6-3}$$

其中，$p_i$ 是种类 i 的价格，q 是稳定的资源价格。在垄断竞争市场上，市场的进入和退出是自由的，厂商的经济利润为零的条件下，在本国生产达到均衡状态的产量 n 为：

$$n=\frac{R(1-\theta)}{\beta} \tag{6-4}$$

其中，$R=\sum R_i$ 是充分就业的条件。上述分析是针对其中一个国

① FUNKE，RUHWEDEL.Export Variety and Export Performance-Empirical Evidence for the OECD Countries [J]. Weltwirtschaftliches Archiv，2002，138（1）：97-114.

家的分析，然而，当存在两个或两个以上此种类型的国家时，每个国家生产一种商品，消费者们共同消费这些产品，从而国际贸易将会发生。国际贸易不仅使消费者享受低价的好处，也能使其享受到更多品种的选择。假设所有商品都是可以贸易的，世界的总商品种类是 $n_w = n + n_1$，而世界的总资源为 $R_w = R + R_1$，此时，模型中的两国之间的贸易源自于两国消费者对所有商品的共同需求，本国出口在世界贸易中所占的比重可以表示为：

$$\frac{n}{n_w} = \frac{R(1-\theta)}{\beta n_w} \tag{6-5}$$

从式（6-5）可以简单地推出一个逻辑，如果本国相对于世界而言可用资源增加，那么本国会生产更多种类的商品，两国消费者都会消费这些商品，从而两国贸易量会增长。换而言之，模型表示出口量和出口产品种类的决定过程是相同的。

同样，假定国内产品和国外商品同时在一国市场中销售，我们定义国内生产者的市场份额如下：

$$V = \frac{\sum_{i=1}^{n} p_{n_i} x_{n_i}}{\sum_{i=1}^{n^*} p_{n_i^*} x_{n_i^*}} \sqrt{a^2 + b^2} \tag{6-6}$$

其中，n 和 $n^*$ 分别为在国内和国外生产的差异化产品数量，再次假设消费都具有 CES 特点，在这一条件和预算约束下，市场份额为

$$V = c\left(\frac{n}{n^*}\right)\left(\frac{p}{p^*}\right)^{1-\sigma} \tag{6-7}$$

其中，$\sigma>1$ 是国内产品和国外产品的替代弹性，c 是 CES 效用函数的参数，式（6-7）中由差异化产品的相对价格和相对数量所决定。最后，我们得出如下等式：

$$\sum_{i=1}^{n} p_{n_i} x_{n_i} = c\sum_{i=1}^{n^*} p_{n_i^*} x_{n_i^*}\left(\frac{n}{n^*}\right)\left(\frac{p}{p^*}\right)^{1-\sigma} \tag{6-8}$$

综合其他影响出口的因素，再将多样性指数纳入到传统的出口等式中，一国的出口等式如下：

$$EXP_{it} = f(Y_t^w, PV_{it}, REER_{it}) \tag{6-9}$$

其中，$EXP_{it}$ 代表 i 国在 t 时期的出口，$REER_{it}$ 代表在 t 时期的世界经济规模，$PV_{it}$ 代表 i 产品在 t 时期的多样性指标。

## 6.2 东亚出口多样性指数的衡量方法

### 6.2.1 出口多样性的衡量方法

对衡量产品多样性的指标选取问题一直是实证研究的一个难点。Hufbauer（1970）最早采用指数 $\sigma_{ij}/\mu_{ij}$ 来衡量多样性，其中 $\sigma_{ij}$ 代表产品 i 运输到 j 国的出口单位价值的标准差，$\mu_{ij}$ 代表出口单位价值的平均值。这一指数建立在假设了产品标准化程度和价格离差的负相关关系的基础上，但由于产品单位价值对贸易结构和贸易量的变化很敏感，这就会造成产品多样性虚高的情况。也有学者用产量、利润率、R&D 支出、专利数等作为产品多样性的指标。

（1）出口产品的种类

最简单的衡量出口多样性的方法就是用一国出口的商品种类来表示，比如说可以采用联合国的国际贸易标准分类（Standard International Trade Classification，SITC）将产品分为 10 大类，或者采用世界海关组织编写的协调制度（Harmonized System，HS）的商品分类体系，将产品分为 21 大类。这种衡量多样性的方法简单易行，但是，商品的出口类别并不完全与数量等同，它简单地把出口数量小的商品类别和出口数量大的商品类别等同对待了，从而忽略了不同出口数量商品类别中可能存在的差异。

（2）产业内贸易

产业内贸易（Intra-Industry Trade）是与产业间贸易相对的一个概念，是指一个国家或地区，在给定的时间范围内，同一产业部门进口又出口同类产品的现象。比如说日本向美国出口汽车，同时日本又从美国进口汽车的现象。产业内贸易又可以分为水平型产业内贸易和垂直型产业内贸易，水平型产业内贸易是指质量相同或相似的产品之间的贸易，而垂直型产业内贸易主要是指存在质量差异的产品之间的贸易。在全球产业内分工日益深化的背景下，产业内贸易更多表现为中间产品的贸易，即是某项产品的半制成品、零部件在两国间的贸易。所以，有些学者采用水平产业内贸易水平来代表产品多样性，然而这一指标无法精确衡量产品种类上存在的质量差异。

（3）HK 指数

Hummels 和 Klenow（2002）①构建了出口多样性的计算公式，认为各国的出口由深度出口边际（Intensive Export Margin，IEM）和广度出口边际（Extensive Export Margin，EEM）共同组成，前者指出口具有更高价值的产品，后者指出口更多的市场。

出口多样性=IEM×EEM

$$IEM_{jt} = \frac{x_j}{\sum_{i \neq j} \sum_{s \in X_{jis}} x_{wis}} \tag{6-10}$$

其中，$x_{wis}$ 是世界各国出口到 i 国 s 产品的数量，$x_{jis}$ 是 j 国出口到 i 国的产品总数量，且 $x_{jis} > 0$，$x_{jis}$ 是 j 国出口到 i 国的 s 产品的数量。IEM 衡量了 A 国能够出口的商品种类中 A 国出口在世界总出口中所占的比重。如果一个国家的出口集中在很少种类的商品中，该国的 IEM 会比较高，即出口多样性比较高。反之，如果一国出口的商品种类比较丰富，该国的 IEM 会比较低，即出口多样性较低。

$$EEM_{jt} = \frac{\sum_{i \neq j} \sum_{s \in X_{jis}} x_{wis}}{x_w} \tag{6-11}$$

其中，$x_w$ 是 t 时期世界的总出口额。EEM 衡量了 A 国能够出口的商品种类 $x_{wis}$ 在世界总出口中所占的份额。如果一个国家的出口集中在少数的商品种类中，该国的 EEM 会很低，即出口多样性比较低。反之，如果一国出口分布在比较多的商品种类中，该国的 EEM 会比较高，出口多样性较高。

在其他前提相同的情况下，一国出口如果集中在少量商品种类中，

① HUMMELS，KLENOW. The Variety and Quality of a Nation's Trade [R]. NBER Working Paper，2002（7）：12-87.

它将会有一个较高的 IEM 指数和一个较低的 EEM 指数，如果它出口种类比较丰富的话，它将会有一个较低的 IEM 指数和一个较高的 EEM 指数。因此，相对于以往没有考虑到出口国别分布的做法，这种方法中将出口的地理分布也考虑到指数的计算中，并衡量了出口国别的集中度和分散度。但是，由于它认为每一个商品类别出口的增长都是种类的增加，所以这种方法可能会高估产品多样化的程度。

（4）FR 指数

Funke 和 Ruhwedel（2002）[①]以 OECD 国家为例考察了出口多样性与出口绩效间的关系，得出商品多样化程度的提高推动了各国出口的结论。Funke 和 Ruhwedel（2002）计算产品多样性的方法是建立在 CES 生产函数之上的。A 国从 s 期到 t 期产品多样性的变化如式（6-12）所示：

$$\triangle PV_{st}=\frac{\sum_{i\in I_t}p_{it}x_{it}/\sum_{i\in I}p_{it}x_{it}}{\sum_{i\in I_s}p_{it}x_{it}/\sum_{i\in I}p_{is}x_{is}} \tag{6-12}$$

其中，$I_s=\{1,\cdots,N_s\}$，表示 s 期的生产投入，$I_t=\{1,\cdots,N_t\}$，表示 t 期的生产投入，$N_t>N_s$。如果 $I=I_s$，则分母等于 1，分子大于 1，从而多样性指数上升。当然，s 和 t 既可以表示时间，也可以表示国家。当 s 和 t 表示时间的时候，该公式指某个国家在一段时间内多样性指数的变化，当 s 和 t 表示国家的时候，该公式指在某一时间内各个国家多样性指数的变化。这种方法的缺点在于：当没有高度细分的贸易数据时，两个考察期间增长的贸易量都被减去了，因此就被假想为同一种商品数量的增长，可能会低估产品种类的增长。

以上 4 种计算出口多样性的方法各有利弊，考虑到东亚贸易的复杂性和多元性，本章拟将生物多样性的概念引入到出口多样性的测算中，将东亚的贸易圈比作一个庞大的生物圈，并用测算生物多样性的指标来测算东亚的出口多样性，从而将影响多样性的产品种类和出口国别都纳入到指数的计算中。

① FUNKE，RUHWEDEL.Export Variety and Export Performance-Empirical Evidence for the OECD Countries [J]. Weltwirtschaftliches Archiv，2002，138（1）：97-114.

### 6.2.2 生物多样性与东亚出口多样化指数

(1) 生物多样性与出口多样性指数的测定

生物多样性指数能够定量地反映生物群落内物种多样性的程度，是用来判断生物群落结构变化或生态系统稳定性的指标，其在生物·生态学的概念中包含有“种的丰富性”和“种构成的均等性”两层意思。本章认为东亚区域经济一体化类似于一个庞大的贸易生物圈，各出口商品类似于生物圈内的各种生物，其种类和数量的变化完全可以借鉴“种的丰富性”和“种构成的均等性”这两种尺度的多样性指数来分析，因此，本章借用生物多样性指标来研究东亚的出口多样性问题。在生物学中有多种多样性指数，如 Shannon-Wiener 多样化指数、Simpson 多样化指数、种间相遇机率多样化指数（PIE）、多样性奇数测度指数等。本章中较多地使用 Shannon-Wiener 的 H′ 指数来描述产品多样性，其计算公式如下所示：

$$H' = -\sum_{i=1}^{s} p_i \ln p_i$$

其中，S 为生物群中的生物总种类数，$p_i$ 表示的是群当中全体总数中第 i 种数与总个体数（N）的比值。更进一步，利用 Shannon-Wiener 的 H′ 指数可以求得种构成的均等性。首先计算假设在种群内每一种的数量均等条件下理论上的最大多样性指数（$H'_{max}$），令

$$H'_{max} = -S(1/S\ln[1/S]) = \ln S$$

然后，再计算实际的多样性指数与最大多样性指数的比率，从而获得均等性指数（Krebs，1999），具体公式如下：

$$J' = H'/H'_{max}$$

如果将这样的多样性指数和均等性指数运用到东亚区域内贸易的分析中，那么 $p_i$ 则可以表示为：①在国际贸易中一国的总出口额中向某国出口所占的份额；②在各国的总出口额中各个产业所占的份额，从而可以用来描述贸易中的多样性。

对进出口贸易种类的分类，本章采用世界海关组织主持制定的商品分类编码体系，即 HS 编码。HS 编码全部的国际贸易商品分为 22 类、

98 章。各大“类”基本上都是按产业部门划分的，比如说第一类是活动物和动物产品，第二类是植物产品。大类中各“章”的划分一方面按商品原材料的属性划分，另一方面则是按商品的用途或性能来划分。

（2）东亚各国出口多样性指数的总体比较

本章采用联合国贸发会议 COMTRADE 数据库的 HS 数据（HS 的产品分类见表 6-1），运用上述生物多样性的计算公式对东亚各国多样性指数进行计算，结果见表 6-2。从 2013 年的数据可以看出，东亚各国中，印度、中国、越南多样性指数最高，都在 0.7 以上，说明这些国家出口商品种类比较丰富，出口量也较平均。文莱的多样性指数最低，仅为 0.05，说明其经济过度依赖于石油和天然气开采业，出口结构过于单一。另外，柬埔寨、老挝的多样性指数也较低，主要原因在于其经济发展水平偏低，能够出口的商品数量和质量都不高。

表 6-1　　**HS 的产品分类表**

| HS分类 | 类名 | HS分类 | 类名 |
|---|---|---|---|
| 第一类（第 1~5 章） | 活动物；动物产品 | 第十二类（第 64~67 章） | 鞋、帽、伞、杖、鞭及其零件；已加工的羽毛及其制品；人造花；人发制品 |
| 第二类（第 6~14 章） | 植物产品 | 第十三类（第 68~70 章） | 石料、石膏、水泥、石棉、云母及类似材料的制品；陶瓷产品；玻璃及其制品 |
| 第三类（第 15 章） | 动、植物油、脂及其分解产品；精制的食用油脂；动、植物蜡 | 第十四类（第 71 章） | 天然或养殖珍珠、宝石或半宝石、贵金属、包金属及其制品；仿手饰；硬币 |
| 第四类（第 16~24 章） | 食品；饮料、酒及醋；烟草及烟草代用品的制品 | 第十五类（第 72~83 章） | 贱金属及其制品 |
| 第五类（第 25~27 章） | 矿产品 | 第十六类（第 84~85 章） | 机器、机械器具、电气设备及其零件；录音机及放声机、电视图像、声音的录制和重放设备及其零件、附件 |
| 第六类（第 28~38 章） | 化学工业及其相关工业的产品 | 第十七类（第 86~89 章） | 车辆、航空器、船舶及有关运输设备 |

续表

| HS分类 | 类名 | HS分类 | 类名 |
|---|---|---|---|
| 第七类（第39~40章） | 塑料及其制品；橡胶及其制品 | 第十八类（第90~92章） | 光学、照相、电影、计量、检验、医疗或外科用仪器及设备、精密仪器及设备；钟表、乐器；上述物品的零件、附件 |
| 第八类（第41~43章） | 生皮、皮革、毛皮及其制品；鞍具及挽具；旅行用品、手提包及类似容器；动物肠线（蚕胶丝除外）制品 | 第十九类（第93章） | 武器、弹药及其零件、附件 |
| 第九类（第44~46章） | 木及木制品；木炭；软木及软木制品；稻草、秸秆、针茅或其他编结材料制品；篮筐及柳条编结品 | 第二十类（第94~96章） | 杂项制品 |
| 第十类（第47~49章） | 木浆及其他纤维状纤维素浆；回收（废碎）纸或纸板；纸、纸板及其制品 | 第二十一类（第97章） | 艺术品、收藏品及古物 |
| 第十一类（第50~63章） | 纺织原料及纺织制品 | 第二十二类（第98章） | 特殊交易品及未分类 |

下面来看一看东亚各国指数在2000—2013年间所发生的变化，见表6-2。从总体上看，2000—2013年间，东亚地区各国的多样化指数有升有降，其中越南、菲律宾、老挝、马来西亚的增加幅度较大，分别是0.19、0.19、0.14和0.06，这说明随着东盟贸易与投资一体化程度的加深，东盟内部落后成员国通过积极参与区域内专业化分工，工业化水平得到提升，从而促进了进出口贸易的增长，并伴随着出口多样性指数的上升。澳大利亚、新西兰、韩国多样化指数有所下降，分别是-0.23、-0.08、-0.05，这说明澳大利亚、新西兰出口的商品主要以资源性矿产品和农产品为主，出口集中度相对偏高，从而导致多样性指数下降。而韩国则是因为专业化分工水平提升后，专注于电子类产品的生产与出口，出口集中度上升，导致整体多样性下降。

表 6-2 **东亚地区各国家的出口多样性指数**

| 国家（地区） \ 年份 | 2000 | 2002 | 2004 | 2006 | 2008 | 2010 | 2012 | 2013 | 变化率 |
|---|---|---|---|---|---|---|---|---|---|
| 澳大利亚 | 0.71 | 0.69 | 0.66 | 0.60 | 0.51 | 0.49 | 0.48 | 0.47 | -0.23 |
| 菲律宾 | 0.40 | 0.38 | 0.37 | 0.37 | 0.42 | 0.43 | 0.48 | 0.59 | 0.19 |
| 韩国 | 0.63 | 0.62 | 0.58 | 0.57 | 0.58 | 0.58 | 0.57 | 0.58 | -0.05 |
| 柬埔寨 | 0.49 | 0.46 | 0.47 | 0.51 | 0.51 | 0.52 | 0.53 | 0.45 | -0.04 |
| 老挝 | 0.33 | 0.29 | 0.33 | 0.38 | 0.41 | 0.48 | 0.50 | 0.47 | 0.14 |
| 马来西亚 | 0.50 | 0.51 | 0.51 | 0.51 | 0.53 | 0.52 | 0.52 | 0.57 | 0.06 |
| 日本 | 0.56 | 0.57 | 0.56 | 0.58 | 0.59 | 0.59 | 0.59 | 0.61 | 0.05 |
| 泰国 | 0.67 | 0.68 | 0.66 | 0.65 | 0.66 | 0.66 | 0.68 | 0.70 | 0.03 |
| 文莱 | 0.06 | 0.06 | 0.05 | 0.03 | 0.02 | 0.04 | 0.04 | 0.05 | -0.01 |
| 新加坡 | 0.49 | 0.50 | 0.51 | 0.51 | 0.51 | 0.54 | 0.55 | 0.54 | 0.05 |
| 新西兰 | 0.73 | 0.75 | 0.75 | 0.73 | 0.69 | 0.68 | 0.67 | 0.65 | -0.08 |
| 印度 | 0.73 | 0.74 | 0.67 | 0.64 | 0.60 | 0.62 | 0.67 | 0.71 | -0.01 |
| 印度尼西亚 | 0.57 | 0.61 | 0.62 | 0.62 | 0.60 | 0.61 | 0.56 | 0.58 | 0.02 |
| 越南 | 0.52 | 0.56 | 0.55 | 0.56 | 0.61 | 0.69 | 0.67 | 0.71 | 0.19 |
| 中国 | 0.75 | 0.73 | 0.71 | 0.71 | 0.69 | 0.70 | 0.71 | 0.71 | -0.04 |

（3）东亚各国主要产品出口多样性指数的比较

本章根据产业特征和产业密集度选择了七类产品比较分析东亚各国的贸易多样性。这七类产品分别是机械类、纺织原料及纺织制品类、化学工业类、食品类产品、油脂和其他动植物制品类产品、其他原料及其制品类产品、杂项制品类产品。根据 HS 编码，纺织原料及纺织制品类指第 50～63 章的商品，机械类指第 84～91 章的商品，化学工业类指第 28～40 章的商品，食品类指第 1～11、16～24 章的商品，油脂和其他动植物制品类指第 12～15 章的商品，其他原料及其制品类指第 25～27、41～63、68～83 章的商品，杂项制品类指第 64～67、92～97 章的商品。

2013 年东亚各国七大类产品的出口多样性指数见表 6-3。可以看出，东亚各国各类产品的多样性指数差异较大，说明了各国具有竞争力的出口优势产业各不相同。纺织原料及纺织制品类的多样性指数马来西亚、泰国、中国最高，机械类的多样性指数泰国、越南、中国最高，化学工业类的多样性指数中国、印度、澳大利亚最高；食品类产品新加坡、印度尼西亚、澳大利亚最高；油脂和其他动植物制品类产品菲律宾、新加坡、越南最高；其他原料及其制品类产品泰国、中国、越南最高；杂项制品类产品中国、马来西亚、泰国最高。总体而言，中国、泰国、马来西亚七类产品的多样性指数都非常高，各个产业指数基本上都在 0.8 以上，说明各类产品均具有一定的出口竞争力、出口质量较高、出口国别也较多。

表 6-3　　2013 年东亚各国七类产业的出口多样性指数

| 国家 | 纺织原料及纺织制品类 | 机械类 | 化学工业类 | 食品类 | 油脂和其他动植物制品类 | 其他原料及其制品类 | 杂项制品类 |
|---|---|---|---|---|---|---|---|
| 澳大利亚 | 0.443 | 0.770 | 0.860 | 0.875 | 0.667 | 0.570 | 0.588 |
| 菲律宾 | 0.580 | 0.720 | 0.784 | 0.793 | 0.898 | 0.648 | 0.630 |
| 韩国 | 0.717 | 0.587 | 0.567 | 0.670 | 0.682 | 0.848 | 0.669 |
| 柬埔寨 | 0.711 | 0.496 | 0.547 | 0.737 | 0.329 | 0.230 | 0.537 |
| 老挝 | 0.306 | 0.412 | 0.488 | 0.687 | 0.572 | 0.522 | 0.316 |
| 马来西亚 | 0.935 | 0.774 | 0.822 | 0.857 | 0.697 | 0.831 | 0.842 |
| 日本 | 0.611 | 0.762 | 0.651 | 0.824 | 0.727 | 0.809 | 0.730 |
| 泰国 | 0.901 | 0.934 | 0.801 | 0.866 | 0.832 | 0.944 | 0.817 |
| 新加坡 | 0.761 | 0.854 | 0.851 | 0.923 | 0.893 | 0.814 | 0.809 |
| 新西兰 | 0.422 | 0.505 | 0.635 | 0.713 | 0.753 | 0.678 | 0.220 |
| 印度 | 0.571 | 0.820 | 0.885 | 0.786 | 0.805 | 0.774 | 0.730 |
| 印度尼西亚 | 0.786 | 0.788 | 0.843 | 0.919 | 0.556 | 0.810 | 0.779 |
| 越南 | 0.651 | 0.900 | 0.828 | 0.790 | 0.808 | 0.895 | 0.765 |
| 中国 | 0.831 | 0.864 | 0.890 | 0.775 | 0.754 | 0.911 | 0.856 |

资料来源　根据 http：//comtrade.un.org/db/数据库计算得出。

## 6.3 东亚多样性指数与出口额的面板数据分析

### 6.3.1 基本模型

本章实证分析用的基本模型是常用的贸易引力模型。在国际经济学中，贸易引力模型通常基于贸易双方的经济规模和距离来预测双方间的贸易量。标准的理论模型如下：

$$EXP_{ij} = A\frac{Y_iY_j}{D_{ij}}$$

其中，$EXP_{ij}$ 表示 i 国对 j 国间的出口贸易规模，$Y_i$、$Y_j$ 分别表示 i 国和 j 国的经济规模，这里用 GDP 来表示。$D_{ij}$ 表示 i 国和 j 国间的距离，这里用两国首都间的直线距离来表示，A 为常量。为了计量分析的需要，要将该式变换成如下的线性公式：

$$\ln(EXP_{ij}) = \alpha + \beta_1\ln(Y_i) + \beta_2\ln(Y_j) + \beta_3\ln(D_{ij}) + \varepsilon_{ij}$$

为了进行实证分析，在本章分析中将被认为是产业内贸易扩大主要因素的多样性代理变量——多样性指数加入到上述公式中。扩展后的公式如下：

$$\ln(EXP_{ij}) = \alpha + \beta_1\ln(Y_i) + \beta_2\ln(Y_j) + \beta_3\ln(D_{ij}) + \beta_4PV_i + \beta_5PV_j + \varepsilon_{ij}$$

上式中 $PV_i$ 和 $PV_j$ 分别代表 i 国和 j 国的多样性指数。

变量说明与数据来源见表 6-4。

表 6-4 **变量说明与数据来源**

| 变量名 | 变量含义 | 数据来源 | 预期 |
|---|---|---|---|
| IEXP | i国对j国的出口（美元） | UNcomtrade数据库 | |
| IGDP | j国GDP（美元） | 世界银行数据库 | + |
| JGDP | j国GDP（美元） | 世界银行数据库 | + |
| D | i国与j国首都之间的距离（公里） | CEPII数据库 | - |
| IPV | i国的出口多样性指数 | UNcomtrade数据库计算所得 | + |
| JPV | j国的出口多样性指数 | UNcomtrade数据库计算所得 | |

被解释变量：IEXP，表示 i 国对 j 国间的出口贸易规模。

关注变量：①IPV，表示 i 国的出口多样性指数；②JPV，表示 j 国的出口多样性指数。

控制变量：①IGDP，表示 i 国的经济规模，用 i 国的 GDP 来表示；②JGDP，表示 j 国的经济规模，用 j 国的 GDP 来表示；③D，表示 i 国与 j 国的空间地理距离，用 i 国与 j 国首都之间的距离来表示。

样本选择上，由于缅甸、老挝、文莱数据的缺乏，本节实证研究的样本为东亚区域一体化中的其余 13 个国家，时间跨度为 2000—2013 年，共 14 年，合计 14×13×13 = 2 366 个观测值。为了减小数据波动对模型的影响，将 IEXP、IGDP、JGDP、D 等 4 个变量做对数处理，分别记为 LnIEXP、LnIGDP、LnJGDP 和 LnD。

### 6.3.2 实证结果分析

为了将引力模型的传统因素和多样性因素进行对比分析，本节的回归分析分为模型（1）和模型（2），模型（1）是基于传统的引力模型的研究，对出口的影响因素仅考虑 i 国和 j 国的 GDP 变量和地理距离变量，而模型（2）中加入了 i 国和 j 国的多样化指数，重点考察两国的多样化指数对 i 国出口的影响。

（1）东亚各国总出口与多样性指数的面板数据模型分析

在对东亚区域经济一体化的多样性与出口关系实证研究之前，先对多样性与出口之间的相关性作初步观察。初步的统计分析包括东亚 13 个国家的相关数据。图 6-1 为东亚 13 国的出口额[①]与多样性指数的散点图，横轴为各国的出口额，纵轴为本国的多样性指数。从中可以看出，本国的出口与本国的多样性指数呈现正相关的关系，表明随着各国多样性指数的上升，出口额呈现增长的趋势。

① 这里的出口额不是指其对世界其他各国或地区的出口额，而是指该国向东亚其他国家或地区的出口额，从而更有效衡量其参与东亚分工与贸易的程度。

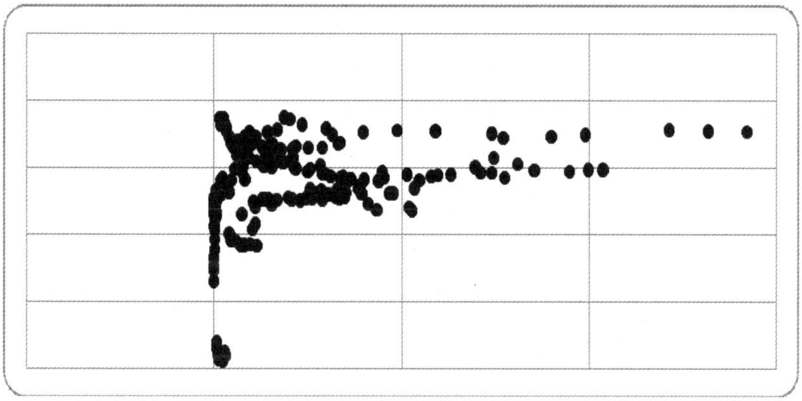

**图 6-1　2000—2013 年东亚 13 国多样性指数与出口额的散点图**

接着，对面板数据进行回归分析。面板数据回归模型有混合效应回归模型、固定效应回归模型和随机效应回归模型之分。固定效应回归模型主要检验的是随时间变化的变量所产生的影响，由于各国间的地理距离不随时间而产生变化，故不易采用固定效应回归模型分析；随机效应回归模型主要是用样本来进行推测总体，而这里对样本即对总体，无须外推预测，故也不采用随机效应回归模型分析。由于研究的是东亚各国贸易间的多样性问题，我们主要采用面板回归模型的混合效应估计方法进行分析。下面本章将运用 2000—2013 年东亚 13 国的面板数据，采用上述扩展后的贸易引力模型进行回归分析。混合效应回归结果见表 6-5。

表 6-5　　**东亚各国多样性指数与总出口面板数据模型结果**

| 变量 | 模型（1） | 模型（2） |
|---|---|---|
| LnIGDP | 1.140*** (63.635) | 1.052*** (1041.503) |
| LnJGDP | 0.913*** (51.437) | 0.867*** (960.588) |
| LnD | −1.157*** (−25.288) | −1.257*** (−561.092) |
| IPV | | 3.472*** (179.096) |
| JPV | | 2.065*** (111.708) |
| C | −23.883*** (−36.428) | −22.746*** (−601.254) |
| N | 2521 | 2521 |
| A-$R^2$ | 0.710 | 0.999 |

注：（1）***、**、*分别表示在 1%、5% 和 10% 水平上通过显著性检验；（2）括号中的数值为 t 统计量的值。

从东亚各国多样性指数（对产品不进行分类）与总出口额的实证结果来看，本国 GDP 与对象国 GDP 对出口额都有正向影响，贸易双方的距离对贸易额具有负面的影响，且都通过了 1% 显著性检验，这符合贸易引力模型的推断，说明传统的经济规模变量和距离变量在东亚区域贸易中依然发挥着作用。其中，本国的经济规模对出口影响的系数更大。在模型（2）中，引入了本国的多样性指数和对象国的多样性指数两个变量，本国的多样性指数对出口具有正向影响，贸易对方国的多样性指数也对出口同样具有正向影响，其中，本国的出口多样性指数对出口的影响系数更大。也就是说，从东亚各国总出口的角度分析，本国出口的多样性越大，对出口的促进作用就越大；而贸易对方国家的多样性越大，对出口的促进作用也越大，这说明在东亚渐进式的一体化过程中，各国之间已经形成了密切的产业关联、产业合作和产业融合。

（2）东亚各国分产业出口与多样性指数的面板数据模型分析

接下来，分产业对上述统计表中多样性指数与出口的关系进行实证检验，以考察不同产业内多样性指数对出口的不同影响，见表 6-6、表 6-7 和表 6-8。根据产业的要素密集度，选取了机械类、纺织原料及纺织制品类、化学工业类、食品类产品、油脂和其他动植物制品类产品、其他原料及其制品类产品、杂项制品类七大类产品进行研究。

表 6-6 **东亚各国分类产品多样性指数与出口面板数据模型结果（一）**

| 变量 | 机械类 | | 纺织原料及纺织制品类 | | 化学工业类 | |
|---|---|---|---|---|---|---|
| | 模型（1） | 模型（2） | 模型（1） | 模型（2） | 模型（1） | 模型（2） |
| LnIGDP | 1.536***<br>(63.334) | 1.387***<br>(762.289) | 1.064***<br>(53.723) | 1.016***<br>(1558.654) | 1.307***<br>(56.285) | 1.129***<br>(2546.390) |
| LnJGDP | 0.860***<br>(37.095) | 0.749***<br>(546.365) | 0.7808***<br>(39.699) | 0.770***<br>(850.803) | 0.976***<br>(46.485) | 0.872***<br>(2093.875) |
| LnD | −1.539***<br>(−25.702) | −1.378***<br>(−338.573) | −1.160***<br>(−23.323) | −1.018***<br>(−400.225) | −1.321***<br>(−24.125) | −1.184***<br>(−723.253) |
| IPV | | 3.032***<br>(117.806) | | 3.893***<br>(356.494) | | 5.5380***<br>(314.675) |
| JPV | | 1.973***<br>(138.402) | | −0.022***<br>(−3.019) | | 3.125***<br>(319.235) |
| C | −31.539***<br>(−36.295) | −29.487***<br>(−646.271) | −21.897***<br>(−29.838) | −24.118***<br>(−525.309) | −31.152***<br>(−38.889) | −31.196***<br>(−1303.78) |
| N | 2477 | 2477 | 2457 | 2457 | 2421 | 2421 |
| A-$R^2$ | 0.668 | 0.999 | 0.620 | 0.999 | 0.669 | 0.999 |

注：（1）***、**、*分别表示在 1%、5% 和 10% 水平上通过显著性检验；（2）括号中的数值为 t 统计量的值。

表 6-7 东亚各国分类产品多样性指数与出口面板数据模型结果（二）

| 变量 | 食品类 | | 油脂和其他动植物制品类 | |
|---|---|---|---|---|
| | 模型（1） | 模型（2） | 模型（1） | 模型（2） |
| LnIGDP | 0.761*** (29.360) | 0.664*** (1278.210) | 0.676*** (24.810) | 0.652*** (738.887) |
| LnJGDP | 0.776*** (31.251) | 0.731*** (1322.185) | 0.859*** (33.151) | 0.832*** (876.531) |
| LnD | -0.932*** (-14.619) | -0.975*** (-577.623) | -1.103*** (-17.746) | -1.027*** (-411.457) |
| IPV | | 5.101*** (795.018) | | 1.781*** (119.269) |
| JPV | | 1.121*** (224.425) | | 1.730*** (89.538) |
| C | -15.270*** (-16.406) | -15.741*** (-1559.292) | -15.990*** (-16.450) | -17.680*** (-321.286) |
| N | 2438 | 2438 | 2237 | 2237 |
| A-$R^2$ | 0.407 | 0.999 | 0.412 | 0.999 |

注：（1）***、**、*分别表示在 1%、5% 和 10% 水平上通过显著性检验；（2）括号中的数值为 t 统计量的值。

表 6-8 东亚各国分类产品多样性指数与出口面板数据模型结果（三）

| 变量 | 其他原料及其制品类 | | 杂项制品类 | |
|---|---|---|---|---|
| | 模型（1） | 模型（2） | 模型（1） | 模型（2） |
| LnIGDP | 1.147*** (44.695) | 0.842*** (1127.793) | 1.080*** (49.509) | 0.892*** (922.995) |
| LnJGDP | 1.034*** (41.681) | 0.795*** (1664.993) | 0.852*** (40.765) | 0.951*** (857.821) |
| LnD | -1.213*** (-19.028) | -0.802*** (-591.605) | -1.249*** (-23.623) | -1.191*** (-570.194) |
| IPV | | 8.490*** (639.726) | | 2.974*** (214.041) |
| JPV | | 6.148*** (506.984) | | -1.838*** (-147.785) |
| C | -28.568*** (-30.762) | -28.231*** (-943.001) | -24.667** (-31.265) | -23.435*** (-592.648) |
| N | 2473 | 2473 | 2408 | 2408 |
| A-$R^2$ | 0.578 | 0.999 | 0.607 | 0.999 |

注：（1）***、**、*分别表示在 1%、5% 和 10% 水平上通过显著性检验；（2）括号中的数值为 t 统计量的值。

表 6-6、表 6-7、表 6-8 分别列出了机械类、纺织原料及纺织制品类、化学工业类、食品类产品、油脂和其他动植物制品类产品、其他原料及其制品类产品、杂项制品类的实证结果。从三张表中可以看出，经济规模变量和距离变量的回归结果与总样本类似，本国的经济规模和贸易对象国的经济规模与出口存在正相关关系，双边距离与出口存在负相关关系，而本国的多样性指数与贸易对象国的多样性指数的回归结果则与总样本略有不同，各产业间存在一定的差异性，具体可以划分为以下两类：

第一类：本国和贸易对象国的多样性指数对本国出口都具有正面的影响，也就是说，本国和贸易对象国的多样性越大对出口的刺激作用就越大。如表 6-6、表 6-7、表 6-8 所示，机械类、化学工业类、食品类产品、油脂和其他动植物制品类产品、其他原料及其制品类产品都属于这一类。从本国的多样性指数来看，随着东亚区域内垂直产业内分工的深化，双边产业的合作程度加深。本国的多样性越大，意味着本国产品的出口竞争力和出口市场的多元化越高，本国的比较优势越显著，从而对于出口具有明显的促进作用。从贸易对象国的多样性指数来看，贸易对象国的多样性对本国出口的影响也是正面的，即贸易对象国的多样性越高，意味着其产品的多样化和出口市场的多元化越高，双方产业合作或者市场需求具有一定的重合性，从而对本国的出口就越有利。

第二类：本国的多样性指数对本国出口具有正面影响而贸易对象国的多样性对本国出口具有负面影响。如表 6-6 所示，纺织原料及纺织制品类、杂项制品类产品就归入这一类。纺织原料及纺织制品类、杂项制品类产品都属于劳动密集型产业，也就是说，本国的多样性越强，意味着本国产品的出口竞争力和出口市场的多元化越高，本国的比较优势更显著，从而对于出口具有明显的促进作用。而贸易对象国的多样性对本国出口的影响是负面的，即贸易对象国的多样性越高，意味着其产品的出口竞争力越强，出口市场的多元化程度越高，从而对本国而言是一个强有力的竞争对手，对本国的出口就越不利。

## 6.4 本章小结

产品的多样性是国际贸易外延性增长的重要因素。在东亚包容性、渐进式的一体化进程中，为了弄清不同种类产品的多样性对本国出口绩效的影响，本章以克鲁格曼（1989）差异性贸易理论为框架，借鉴生物多样性的概念来计算东亚各国出口的多样性指数，并通过构建引力模型来研究东亚各国（13 国）出口多样性对出口贸易的影响。根据实证分析的结果，在进行东亚经济一体化协定谈判时，可以根据不同类的产品特征和要素特征分别制定不同的贸易政策，如关税减让、非关税壁垒的消减等措施，以渐进的方式推进一体化进程。

（1）从对总样本（对产品不进行分类）的分析来看，传统的经济规模变量和距离变量在东亚区域贸易中符合引力模型的推断，发挥着正向作用。本国的多样性指数和对象国的多样性指数对出口都具有正向影响，说明在东亚渐进式的一体化过程中，各国之间已经形成了密切的产业关联、产业合作和产业融合。可以说，东亚区域内的产品差异性应该是东亚地区推进经济一体化的有利因素。这在一定程度上修正了以往学术界由于东亚地区差异性大而不利于经济一体化的观点。事实上，产品差异性大更有利于地区垂直化分工体系的构建、技术的梯度转移和区域经济的阶梯性发展。因此，尽快推动中日韩 3 国、10+3（东盟 10 国+中日韩）和 10+6（东盟 10 国+中国、日本、韩国、印度、澳大利亚、新西兰）或者包括更多东亚国家和地区的 FTA 谈判与签订应该是东亚各国（地区）共同努力的方向。

（2）对于机械类、化学工业类、食品类产品、油脂和其他动植物制品类产品、其他原料及其制品类产品而言，本国的多样性和贸易对象国的多样性对于本国的出口都具有正向的影响，原因是这些产业（产品）本国与贸易对象国之间的产业互补性大于竞争性，这些产业也是东亚国际分工中逐步细化的重点产业，是东亚产业链中垂直化专业性分工的主要产业。在东亚一体化协定的谈判中，对于这一类产业，应当进一步放开贸易管制，降低关税和非关税壁垒，促进贸易自由化，从而更好地增加区域福利，加强区域合作、推进一体化的进程。

（3）对于像纺织品和服装行业类、杂项制品类的劳动密集型产业而言，本国的多样性指数对本国出口具有正向影响，而贸易对象国的多样性对本国出口具有负向影响。这些产业都属于劳动密集型产业，产品差异化不大，竞争比较激烈，由于本国贸易的多样性主要包括产品的多样性和出口市场的多元化，从而对出口有促进作用。而贸易对象国的多样性越高，意味着其产业的国际竞争力越高，对本国出口竞争性大于互补性。这些产业往往都是低附加值产业，竞争主要体现在低价和低成本上。在东亚一体化协定的谈判中，对于这一类产业的谈判比较敏感，应考虑各国的实际情况，采取逐步放开的原则。我国也应当提高产品的档次和附加值，增加技术含量，推进出口市场的多元化。

# 7 区域经济一体化背景下产品差异与市场规模、关税保护

## 7.1 引言

第 6 章采用产品多样性指数和改进的引力模型实证分析了东亚地区不同类产品多样性与出口绩效的关系，主要是从贸易的角度来讨论东亚区域经济一体化对不同产业的影响，以及各成员国应采取的对策。虽然模型中考虑了成员国的经济规模和物理距离，但是没有涉及影响贸易的另一个重要因素——关税。因此，上述分析仍然具有一定的局限性和片面性。随着区域经济一体化的不断深入，直接投资将成为成员国间主要的合作内容，而企业的立地选择将是每一个成员国在一体化协议谈判时十分重视的一个因素。成员国在缔结一体化协议的谈判过程中，往往会陷入对本国竞争力较弱的产业实施保护的拉锯战之中。而大多数国家在选择需要保护的敏感产业时大多采用贸易竞争度或产业竞争度的方法，以此来判断实行贸易自由化之后将会对该产业造成的冲击，或者在谈判

中通过运用正确的谈判策略来最大限度地达到保护本国弱势产业的目的。众多学者在这些方面都做了深入的研究。如尹翔硕等（2011）对我国与主要FTA贸易伙伴国的贸易密集度及互补性进行了分析[①]。还有一些学者对FTA和FDI的影响，也就是对成员国间的产业转移的影响进行了分析。如佟家栋等（2010）运用回归分析的方法对全球24个自由贸易区对FDI流入的影响进行了分析[②]。还有一些学者对FTA谈判中贸易策略的选择进行了研究，如谈茜（2010）不仅对双边FTA谈判的策略进行模型化，而且还进行了实证分析[③]。但是上述的这些分析方式存在如下缺陷：一是敏感产业主要是通过与成员国间的贸易竞争度或产业竞争度的计算来确定；二是对敏感产业的保护主要是采用维持高关税的方式，而没有考虑通过投资和产业转移绕过贸易壁垒的情况；三是没有考虑成员国之间的市场规模差异所造成的影响；四是没有考虑这些产品的特性，特别是消费者对产品差异化的偏好程度。因此，这些高关税的产业保护政策能否发挥有效的作用不能确定，其对本国的整体福利所产生的影响也不能进行正确和全面的评估。

区域经济一体化虽然是成员国间制度层面的经济整合，但是它必然会通过影响企业的活动而达到实体经济整合的效果。产业的转移和重组是企业根据外部环境的变化对其发展战略的影响而进行相应调整的结果。区域经济一体化措施在成员国间形成了新的市场格局，企业作为利润最大化的追求者具有选择最佳立地的动机，从而使得成员国有本国企业迁出的危险。因此，研究区域经济一体化对产业转移的效应对于成员国来说十分重要。

空间经济学模型采用现代产业所具有的收入递增特性的垄断竞争和由于运输技术的改进、关税的削减和贸易规制的缓和而导致的“运送费”的下降来分析现代经济活动的集聚规律。因此，要对签订区域经济一体化协议是否会引起本国产业的流出进行模型化分析，采用空间经济

① 尹翔硕，郎永峰．中国与FTA伙伴国/地区贸易密集度及互补性分析［J］．南开学报：哲学社会科学版，2011（4）：9-18．

② 佟家栋，张焦伟，曹青云．FTA外商直接投资效应的实证研究［J］．南开学报：哲学社会科学版，2010（3）：86-91．

③ 谈茜．双边FTA谈判的策略选择模型与实证分析［J］．世界经济研究，2010（11）：72-78．

学模型是有效的分析方法之一。

对于垄断竞争的企业而言，两区域之间由于高关税的保护而相互之间不能产生贸易，但是企业是可以自由移动的。因此，在本章中我们采用 Ottaviano、Tabuchi 和 Thisse（2002）[①]的模型，也就是 OTT 模型来进行分析。Behrens（2004）[②]运用 OTT 模型研究得出，当运送费十分高时，一个国家的经济就变成了商品无法贸易的自给自足经济，当运送费逐渐下降并达到一定程度后自给自足经济开始崩溃，贸易就会随之发生。在运用两区域 OTT 模型的研究中，既有通过变动传统产业劳动力在区域间的分布比例来说明市场规模与产业集聚之间关系的研究，又有分析产品差异化程度与产业集聚之间关系的研究。如 Behrens（2005）[③]研究指出，产品的差异化程度与产业的聚集之间存在着很强的关系。Behrens 和 Murata（2005）研究指出，OTT 模型中由于企业数量的增加会产生竞争促进效果。Ago 等[④]采用一个中心区域和两个周边区域的三个面积相等的三区域模型进行分析，得出了竞争促进效果的两个特殊现象。一个特殊现象是：当产品进行贸易时，该产业的收益和本区域居民的效用水平会下降。从这个逻辑来看，为了防止过度竞争，采用临时性的提高关税措施可以提高本区域的福利水平。另一个特殊现象是：当产品的差别化不大时，企业不向中心区域集聚，而逃向周边地区，结果是周边地区的经济活跃起来。因为当产品没有差异化或差异化不大时，中心区域的价格竞争激烈，企业的收益会下降。因此，企业就会从价格竞争激烈的区域逃向价格竞争缓和的区域。

在本章中，运用空间经济学模型在讨论产品差异化程度与市场规模、产业流出关系的基础上，再考察高关税保护政策能否阻止本国产业的流出，从而为在区域经济一体化协议谈判时确定是否需要对本国竞争力弱的产业进行关税保护提供理论依据。

---

① OTTAVIANO, TABUCHI , THISSE. Integration, Agglomeration and the Political Economics of the Factor Mobility [J]. International Economic Review, 2002 (43): 409-436.

② BEHRENS. Agglomeration without Trade: How A Non-Traded Goods Shape the Space Economy [J]. Journal of Urban Economics, 2004 (55): 68-92.

③ BEHRENS. Market Size and Industry Location: Traded vs Non-traded Goods [J]. Journal of Urban Economics, 2005 (58): 42-44.

④ AGO, ISONO, TABUCHI. Locational Disadvantage of the Hub [J]. Annals of Regional Science, 2006 (40): 819-848.

## 7.2 模型的设定

本章将设定一个关税、市场规模和贸易开始的简单的两区域空间经济学模型。将区域 1 设定为中国，区域 2 设定为与中国缔结自由贸易协议的其他国家或地区，并统称为区域。模型的基本设定遵循 OTT 模型。产业分为劳动力不可以在两区域间移动的传统产业部门 A 和劳动力可以在两区域间移动的部门 L。

假定可以移动部门 L 的劳动力有比例 $\lambda_1 \in [0,1]$ 分布在区域 1，有比例 $\lambda_2 = 1 - \lambda_1$ 分布在区域 2。假定两个区域的全部劳动力为 1，其中部门 L 的份额为 $\mu$。把部门 A 设定为除 L 部门之外的所有产业。假定区域 1 内分布有 $\eta_1 A$，区域 2 内分布有 $\eta_2 A$ 的劳动力（当然 $\eta_1 > 0, \eta_2 > 0, \eta_1 + \eta_2 = 1$）。因为部门 A 代表除部门 L 之外的所有部门，其劳动力占人口的比例大，部门 A 劳动力的多寡可以说明市场规模的大小。因此，在这里用 A 部门劳动力在两个区域分布比例的大小来定义两个区域市场规模的差异。例如，如果 $\eta_1 > \eta_2$，表示的是区域 1 的市场规模大于区域 2。一开始，讨论 A 部门的劳动力在两个区域均等分布（也就是 $\eta_1 = \eta_2 = 1/2$）的情况（也就是两个区域市场规模相同的情况），然后再讨论部门 A 的劳动力在两区域间分布不均的情况（也就是两个区域市场规模不同的情况）。

现在设定生产的情况。假定部门 L 的产品是差异化产品，只用部门 L 的劳动力这一种要素进行生产。再假定部门 L 是收益递增和垄断竞争的产业。面临垄断竞争的企业，生产 q 单位的产品需要 L 部门 l 单位的劳动力。

$$l=F+cq$$

其中，F 和 c 分别表示固定费用和边际费用。为了简化，假设 c=0。因为企业需要 l 单位的劳动力，两区域总体的企业数上限为 n=L/l，两区域各自的企业数分别为 $\lambda_1 n$ 和 $(1 - \lambda_1) n$。

A 部门为了生产 1 单位的同质产品需要 1 单位部门 A 的劳动力。

在这里，遵循大多数空间经济学的模型，将运送费设定在能够使两区域产生贸易的水平。这样的话，部门 A 产品的价格在两区域相等。在这里我们把部门 A 产品设定为计价单位。

下面再来设定消费的情况。在这里，无论是部门 A 的劳动力还是部门 L 的劳动力都是消费者。$r \in \{1,2\}$ 区域各自消费者的效用函数为：

$$U_r = \alpha \sum_{i=1}^{n_r} q_i - \frac{\beta - \gamma}{2} \sum_{i=1}^{n_r} q_i^{\,2} - \frac{\gamma}{2}\left[\sum_{i=1}^{n_r} q_i\right]^2 + q_A \tag{7-1}$$

假设，$p_i$ 表示产品 i 的价格，w 是劳动所得的工资，部门 L 的工资为 $w_r$，我们把部门 A 的工资设定为 $w_A=1$。

进行一阶偏导得出：

$$\alpha - (\beta - \gamma) q_i - \gamma \sum_{j=1}^{n_r} q_j = q_A = p_i$$

这样就可以得出线性需求函数：

$$q_i = \frac{\sigma(\sigma n + \sigma \sum_{j=1}^{n_r} p_j)}{\gamma n (n + \sigma n_r)} - \frac{\sigma}{\gamma_n} p_i$$

其中，$\sigma \equiv \gamma n/(\beta - \gamma)$。将上述需求函数和预算约束式代入式（7-1）可以得出如下的间接需求函数：

$$V_r = \frac{\alpha^2 \sigma n_r}{2\gamma(n + \sigma n_r)} - \frac{\alpha \sigma \sum_{j=1}^{n_r} p_j}{\gamma(n + \sigma n_r)} + \frac{\sigma \sum_{j=1}^{n_r} p_j^{\,2}}{2\gamma n} - \frac{\sigma\left[\sum_{j=1}^{n_r} p_j\right]^2}{2\gamma n(n + \sigma n_r)} + w_r + \overline{q_A}$$

下面再设定企业的行动。假定每个企业对于市场来说影响力很小，单个企业行动的变化对于市场整体不会产生影响。为了表述简单化，在后文的公式中省略关于产品种类的描述。

部门 L 的产品在本区域销售运送费为 0，而要在另一个区域销售，每个单位假定需要 t 单位的运送费。在这里 t 虽然表示的是运送费，但是它不仅表示的是物理上的运送费，而且还包括关税和非关税贸易壁垒。

我们假定企业可以在不同的区域制定不同的价格。这样，在 r 区域企业的利润最大化可以用下式来表示：

$$\max_{p_{r1},p_{r2}} \pi_r = \sum_{s=1}^{2}(p_{rs} - t_{rs})\max\{q_{rs}(p_{rs}),0\}(\mu\lambda_s + (1-\mu)\eta_s) - w_r l$$

其中，$t_{rs} = 0$，$p_{rs}$ 是指 r 区域的企业在 s 区域确定的价格，$q_{rs}$ 是指 r 区域的企业在 s 区域销售时的需求量。工资是按利润被所有劳动者平均分配时所确定的水准。

## 7.3 自给自足经济和贸易的开始

当采取高关税而使运送费十分高时，部门 L 不会产生贸易。因为 OTT 模型采用的是线性需求函数，所取的是非负利润的价格，当运送费十分高时，需求量就变成了 0。这里将这种经济状态称作自给自足经济。但是在自给自足经济下，部门 A 仍然会发生贸易。另外，部门 L 的劳动力可以移动，也就是说企业是可以移动的。

每个企业在各地都会面临其他企业的价格竞争，当 $\eta = 1/2$ 时，两区域间产生贸易的均衡价格为：

$$p_{11} = \frac{\sigma t(1-\lambda_1) + 2\alpha}{2\sigma + 4}$$

$$p_{22} = \frac{\sigma t\lambda_1 + 2\alpha}{2\sigma + 4}$$

$$p_{12} = p_{22} + \frac{t}{2}$$

$$p_{21} = p_{11}\frac{t}{2}$$

自给自足经济下代表性的均衡价格为：

$$p_{11} = \frac{\alpha}{2 + \sigma\lambda_1}$$

$$p_{22} = \frac{\alpha}{2 + \sigma(1-\lambda_1)}$$

$$p_{12} = 2p_{22}$$

$$p_{21} = 2p_{11}$$

$p_{12}$ 和 $p_{21}$ 在运送费十分高时，当超过上述价格时，需求量变为 0，结果是跨区域贸易就不可能发生。

下面对 $\lambda_1$，也就是部门 L 的劳动力均衡分布进行描述：

$$\Delta V(\lambda_1) = \lambda_1(1-\lambda_1)[V_1\lambda_1 - V_2\lambda_1] = 0$$

调整过程中假定

$$\dot{\lambda} = \Delta V(\lambda_1)$$

因为 $\lambda_1$ 是均衡分布，当发生很小的波动时，能回到均衡状态是保证稳定性的条件。

当部门 A 的劳动力在两个区域均等分布（$\eta_1 = 1/2$）时，自给自足经济的均衡分布 $\lambda_1 = 1/2$ 在 $\mu$ 很小而 t 十分高时才能保持稳定。这个条件的表达为以下 2 个式子：

$$\begin{aligned} \mu < \mu_s &\equiv \frac{4\sigma}{5\sigma + 12} \\ t < t_{trade} &\equiv \frac{4\sigma}{\sigma + 4} \end{aligned} \tag{7-2}$$

在自给自足经济的均衡分布 $\lambda_1 = 1/2$ 处于稳定状态时，在运送费缓慢下降到 $t = t_{trade}$ 时，贸易就开始发生。

然后，假定区域的一方单方面提高关税而使得运送费形成非对称的状态。假定区域 2 提高关税，且假定区域 2 到区域 1 的运送费为 $\tau$，区域 1 到区域 2 的运送费为 $2\tau$。当运送费相当高时，无论哪一个区域的企业都不能到对方的区域销售自己的产品，那么运送费的差异对企业的行动就不会产生任何影响。因此，在式（7-2）条件成立的前提下，自给自足经济的均衡条件 $\lambda_1 = 1/2$ 是稳定的。

当运送费下降到 $\tau = t_{trade}$ 时，从区域 2 到区域 1 的销售就成为可能。但是，从区域 1 到区域 2 由于运送费高，销售还是不可能发生。也就是说，这种贸易是区域 2 到区域 1 的单方向贸易。

在模型中，企业生产什么品质的产品是一个外生变量。但是，如果假定每个企业自己决定所生产产品的品质，之后再进行定价的二次博弈。在自给自足经济下，企业仅仅需要根据本区域企业的竞争关系来确定本企业产品的品质，但是当区域 2 开始向区域 1 输出产品时，区域 2 的企业为了能够在区域 1 内销售就要对本企业产品的品质进行调整。

每一个企业可以在不同的区域进行不同的定价。对于区域 2 的企业来说，在区域 2 市场所面对的企业数没有发生变化，不仅能够按照自给自足经济来进行定价，而且还能够在区域 1 内进行销售。区域 2 的企业由于出口而能获得利益，并且部门 L 的劳动力由于工资的上升，福利水平也得到了提高。

对于区域 1 的企业来说，由于区域 2 企业的加入，面临竞争的企业数量增加，不得不卷入价格竞争，导致的结果是销售额的下降。部门 L 的劳动者，虽然由于能消费到区域 1 和区域 2 两个区域的产品而能获得利益，但是这种利益由于企业销售额的下降引起工资的下降而被抵消，与自给自足经济相比，福利水平有可能下降。

这样，当区域 2 向区域 1 开始出口产品时，区域 1 和区域 2 劳动者的福利水平就会产生差异，结果就会引起区域 1 的劳动者向区域 2 移动。达成稳定的均衡条件为：

$$\lim_{\varepsilon \to +0} V_1 - V_2|_{\tau = t_{trade}, \lambda_1 = \frac{1}{2} + \varepsilon} < 0$$

经过转换成为：

$$\mu < \mu_d \equiv \frac{6\sigma^2 + 16\sigma}{9\sigma^2 + 44\sigma + 48} \tag{7-3}$$

在式（7-3）条件满足的情况下，当运送费不断下降时，渐渐地劳动力就开始移动。在式（7-3）条件不满足的情况下，在贸易开始的同时，区域 1 内 L 部门的劳动力就全部移动到区域 2。

在 $\tau = t_{trade}$ 时，对 $V_1 - V_2 = 0$ 采用隐函数定理，在满足式（7-3）时可以得出：

$$\frac{d\lambda_1}{d\tau}|_{V_1 - V_2 = 0} > 0$$

这个式子意味着当劳动力慢慢地移动时，在运送费下降的同时区域 1 内的劳动力减少。

区域 2 由于实行高关税，成功地从区域 1 吸引了部门 L 的劳动力和企业。这说明在两个区域市场规模相同的情况下，对最终产品征收高关税的产业保护政策是有效的。

## 7.4 产品差异程度与市场规模、关税保护

下面对部门 A 的劳动力在两个区域的比例进行变化（也就是对两个区域的市场规模进行调整），用两个不同的参数案例进行模拟计算来

看劳动力的移动会发生怎样的变化。

案例一：假定 $\mu=\frac{1}{10},\sigma=2,\gamma=1,\alpha=1$ (7-4)

此时，市场规模、自给自足经济下部门 L 的均衡分布以及两区域的价格见表 7-1。

表 7-1 **案例一：消费者对产品多样性有偏好时劳动力移动与价格的变化**

| $\eta_1$ | $\lambda_1$ | $p_{11}$ | $p_{22}$ |
|---|---|---|---|
| 0.50 | 0.500 | 0.333 | 0.333 |
| 0.55 | 0.580 | 0.317 | 0.352 |
| 0.60 | 0.661 | 0.301 | 0.373 |
| 0.65 | 0.746 | 0.286 | 0.399 |
| 0.70 | 0.837 | 0.272 | 0.430 |
| 0.75 | 0.937 | 0.258 | 0.471 |
| 0.80 | 1.055 | 0.243 | 0.529 |

$\sigma$ 值小，说明消费者对产品的多样性有偏好。当区域 1 内部门 A 的劳动力比例从 0.5 上升到 0.8 时，均衡分布的 L 部门劳动力比例的上升速度比 A 部门的还要快。当 A 部门的比例为 0.8 时，计算出来的 L 部门的比例超过了 1，我们就把它定为 1。对于部门 L 的劳动力而言，不仅有部门 A 的劳动力，而且同是消费者的自己越来越多地聚集居住在区域 1，那么所产生的效益会很大（本地市场效应）。也就是说产生了很强的本地市场效应。

关于价格，随着区域 1 劳动力比例的提高，企业数量大大增加，价格会产生下跌。而与此相反，区域 2 内 L 部门的价格会上升。

由于劳动力在两区域间均衡分布，部门 L 劳动力的福利水平相同。部门 A 劳动力的福利水平由于部门 L 产品价格的下跌，企业数量增多的缘故而变高。

案例二：假定 $\mu=\frac{1}{10},\sigma=8,\gamma=1,\alpha=1$ (7-5)

此时，市场规模、自给自足经济下部门 L 的均衡分布以及两区域的价格见表 7-2。

表 7-2 **案例二：消费者对产品多样性不敏感时劳动力移动与价格的变化**

| $\eta_1$ | $\lambda_1$ | $p_{11}$ | $p_{22}$ |
|---|---|---|---|
| 0.50 | 0.500 | 0.167 | 0.167 |
| 0.55 | 0.537 | 0.159 | 0.175 |
| 0.60 | 0.574 | 0.152 | 0.185 |
| 0.65 | 0.612 | 0.145 | 0.196 |
| 0.70 | 0.652 | 0.139 | 0.209 |
| 0.75 | 0.696 | 0.132 | 0.226 |
| 0.80 | 0.744 | 0.126 | 0.247 |

与式（7-4）相比，σ 值大，说明消费者对产品的差异化不敏感，比较而言，价格竞争就比较激烈。虽然随着部门 A 劳动力比例的增加，部门 L 的劳动力比例也增加，但是没有 A 部门增加得那么快。这意味着由于价格竞争激烈，在区域 1 内集聚的利益就变得比较少，见表 7-3。

表 7-3 **两区域间贸易开始时的运送费（左表案例一，右表案例二）**

| $\eta_1$ | $\tau_{trade,1}$ | $\tau_{trade,2}$ |
|---|---|---|
| 0.50 | 0.167 | 0.333 |
| 0.55 | 0.175 | 0.318 |
| 0.60 | 0.185 | 0.303 |
| 0.65 | 0.196 | 0.290 |
| 0.70 | 0.209 | 0.277 |
| 0.75 | 0.226 | 0.264 |
| 0.80 | 0.247 | 0.251 |

| $\eta_1$ | $\tau_{trade,1}$ | $\tau_{trade,2}$ |
|---|---|---|
| 0.50 | 0.333 | 0.667 |
| 0.55 | 0.352 | 0.633 |
| 0.60 | 0.373 | 0.602 |
| 0.65 | 0.399 | 0.573 |
| 0.70 | 0.430 | 0.544 |
| 0.75 | 0.471 | 0.516 |
| 0.80 | 0.529 | 0.487 |

关于价格，与案例一相比，区域 1 和区域 2 两个区域都下跌。虽然存在着价格差异，但是没有案例一中的差异那么大。

对于上面的两个案例，假定部门 A 和部门 L 的分布仍然与自给自足经济的均衡分布相同，再假定区域 1 到区域 2 的运送费为 2τ，区域 2 到区域 1 的运送费为 τ，把贸易开始时的运送费计算出来，见表 7-3。区域 1 与区域 2 相比具有市场规模优势，而区域 2 与区域 1 相比，由于实行高关税，具有易于向区域 1 出口的优势。

$\tau_{trade,1}$ 表示的是能够开始从区域 1 向区域 2 出口的运送费水平，$\tau_{trade,2}$ 表示的是能够开始使区域 2 向区域 1 出口的运送费水平。假定运送费慢慢地下降，对于每一个 $\eta_1$ 值，$\tau_{trade,1}$ 和 $\tau_{trade,2}$ 两个值中当降到其中一个高值时，单方向的贸易就开始，这样对有可能向对方区域出口的企业有利。例如，在案例一中，当 $\eta_1$=0.60 时，只有当运送费下降到 0.602 时，区域 2 才开始有可能向区域 1 单方向出口；当 $\eta_1$=0.80 时，只有当运送费下降到 0.529 时，区域 1 才有可能向区域 2 单方向出口。

在案例一中，当部门 A 的劳动力是均等分布时，高关税对于区域 2 有利，但是随着区域 1 内部门 A 劳动力的增加，其差距越来越小，在 0.75 与 0.80 之间，在案例二中 0.8 之后出现逆转。

从上面的分析中可以看出，高关税的产业保护政策虽然有效，但是对于市场规模小的区域来说效果是有限的，这在消费者对产品的差异化偏好强烈时更为明显。对于消费者有差异化偏好的产品，也就是在价格竞争比较缓和的情况下，运送费比较高时才会有贸易开始。为了防止本国产业的流出，市场规模小的区域 2 不得不制定较高的关税。但是正如在表 7-1 中看到的那样，市场规模小的区域 2，由于价格高和企业数量少，所以该产业以外的 A 部门劳动力的福利水平就低。部门 A 的劳动力在贸易开始之后，由于从区域 1 进口了产品，福利水平才开始增加。从这个意义上来说，高关税产业保护政策仅仅对防止该产业流出有效果。

通过模型和数值的模拟计算可以得出以下结论：

一是 OTT 模型是一个垄断竞争和企业在两个区域内可以自由确定价格，存在市场扭曲的模型，该模型得出的结论是高关税产业保护政策是有效的。但是对于市场规模小的国家来说，效果是有限的。如果小国一直保持高关税政策会抑制本国国民福利水平的上升。

二是对于消费者对产品差异化有偏好的产品，如乘用车、电子产品和家用电器等，比较易于向市场规模较大的国家集聚。对于市场规模小的国家，如果不制定高关税，将不可能阻止本国产业的流出。另外，即使市场规模小的国家通过高关税防止了本国产业的流出，但是由于价格高，产品种类少，那些未受保护产业的产品的消费者的福利就会下降。因此，仅仅从防止产业流出的角度来讲，高关税政策是可以容忍的。

三是对于消费者对产品差异化不敏感、价格竞争激烈的产品，如日常生活用品等，产业集聚不太容易出现。因此，对于市场规模小的小国来说，也可以采取低关税的政策。因为即使贸易开始了，由于价格竞争激烈，产业向市场规模大的大国急速集中的情况也难以发生。本模型虽然只探讨了最终产品，而没有考虑中间产品的情况，但是一般而言，与最终产品相比，中间产品的需求对价格的反应更敏感。因此，中间产品的生产更具有分散的特性，即使开始了贸易，产业集聚也较难发生。

## 7.5 本章小结

根据上述理论和模拟分析得出的结论，不同类的产品，不同市场规模的国家，关税保护的作用不同，即对企业流入流出的影响力不同。东亚国家在进行区域经济一体化协议的谈判时确定各国需要保护的敏感产业时，可以考虑以下几点：

一是要摒弃以往在进行自由贸易协定谈判时只从贸易竞争度或产业竞争度的角度来确定本国需要保护的敏感产业的思维。并不是本国竞争力较弱的产业都需要保护，而是在确定敏感产业时还需要考虑双方市场规模的差异和产品的差异化程度等。这样既能对本国的产业保护更具有针对性，又有利于与对方达成更有利于本方的协议，提高谈判效率。

二是要明确谈判的对方是大国还是小国。如在我国已经成为世界第二大经济体时，我国与对方相比往往是大国的角色，但是当与日本、韩国谈判时情形就发生变化。因此，我国就必须针对谈判对象国经济规模的不同采取不同的产业保护政策。与小国谈判时我国可以放低敏感产业的关税保护水平，与大国谈判时就必须要坚持对我国的敏感产业实施关税保护政策。

三是在谈判时要区别所要保护产品的差异化程度。即使是敏感产品，但是如果该产品的差异化程度不大，不易形成产业集聚，那么就没有多大必要采取关税保护措施，特别是在与对方相比本国是大国的情形时更是如此。

# 8　东亚制度多样性与区域经济一体化

## 8.1　理论研究

制度是社会科学里面的概念，用从社会科学的角度来理解，制度泛指规则或运作模式，规范个体行动的一种社会约束，一般指在一定的群体范围内要求大家共同遵守的办事规程或行动准则，也指国家机关颁布的法令和在一定历史条件下形成的礼俗等特定的规范。在本章中所讨论的制度主要是指经济制度。经济制度是人类社会发展到一定阶段占主要地位的生产关系的总和，一定社会的经济制度是这个社会的政治制度、法律制度和人们的社会意识形态等上层建筑存在着相互作用的产物。因此，在谈到一个经济制度时不可避免地会涉及这个社会的政治制度、历史、文化、宗教和社会意识形态等方面。经济制度会随着社会的发展发生变迁，即使在同一经济发展阶段，不同的国家，特别是政治制度不同的国家会有不同的经济制度选择，不同的经济制度选择反过来也会对社会发展产生不同的影响。

大多数经济学家都支持在经济发展和技术进步上制度发挥着重要的作用。大多数经济学家认为，一个国家的经济增长率不仅仅取决于资本和劳动力的增加以及技术的进步，而且一个国家所采用的制度对一个国家经济增长具有重要影响。现代制度经济学涉及的领域很多，主要有产权理论，交易费用理论，企业理论，制度变迁理论，公共选择理论，集体行动的逻辑理论，宪政经济学和法与经济学等诸多领域。主要代表人物有科斯、诺思、布坎南、奥尔森、阿尔奇安、德姆塞兹、威廉姆森、张五常等。制度经济学中对制度与经济增长之间关系的论述很多，如外生制度与经济增长之间、内生制度与经济增长之间，制度变迁与经济增长之间的关系等，不胜枚举。现代制度经济学主要研究的是利用寡占地位获得的规模经济性、从从事关联活动中获得的范围经济性、从从事相似活动的企业那里获得的网络外部性、所有权制度的特性，另外还有研究制度在经济成长和技术进步中的作用等。到目前为止，我们可以把这些制度方面的研究成果归纳为三类。一类是分析资本主义的多样性，试图从制度方面进行解析的霍尔、比特和索斯吉斯[①]比较制度分析理论和VOC方法，另一类是同样分析资本主义多样性的调节制度学派理论。还有一类就是以青木昌彦[②]为代表的新比较制度分析理论。在本章中，我们在对比较制度分析理论进行介绍的同时，来看一看东亚地区制度多样性对东亚地区各国技术创新能力和创新模式的影响。因为各国技术创新的能力和创新模式的不同会导致东亚各国间技术上的差异性，这种技术上的差异性会随着东亚区域内贸易和投资等途径有可能促进技术在东亚区域内进行转移，从而会推动东亚各国技术的整体进步。因此，本章中主要探讨制度多样性对东亚国家创新能力的影响。当然，在这里，我们认为东亚制度的多样性对东亚地区的经济成长发挥着应有的作用。

东亚地区无论从政治、历史、文化、宗教，还是从经济制度上来看，都存在着巨大的差异性。这种差异性在东亚区域经济一体化的过程中又会对东亚地区整体的技术进步产生什么样的影响呢？按照传统的区

---

① HALL, PETER, SOSKICE. Varieties of Capitalism: The Institutional Foundations of Comparative Advantages [M]. Oxford: Oxford University Press, 2001: 341-422.

② 青木昌彦．東アジアの経済発展と政府の役割．比較制度分析のアプローチ [M]．東京：日本経済新聞社，1997：68-145.

域经济一体化理论，制度上的差异性是阻碍区域经济一体化进程的最主要因素，因为区域经济一体化说到底是通过对成员国之间的制度协调实现贸易和投资的自由化，而成员国间制度上的差异性会给制度的协调造成极大的难度。因此，本章将不仅讨论东亚国家不同的制度对技术创新的影响（因为这种创新能力的不同会对东亚技术转移的路径和模式以及产业分工产生影响），而且还要重点讨论东亚制度的多样性对东亚区域经济一体化的不利和有利影响。

## 8.2 东亚制度的多样性

东亚制度的多样性中，虽然经济制度和政治制度、历史、文化、宗教和社会意识形态之间的关系密切，但是其中经济制度受政治制度的影响最大，可以说，一个国家的政治制度决定了一个国家所实行的经济制度。因此，本章中虽然主要讨论经济制度对东亚区域经济一体化的影响，但是不可避免地首先要介绍各国的政治制度。

### 8.2.1 从政治维度看东亚制度的多样性

从东亚国家获得独立以来，东亚国家的政治制度发生了深刻的变迁，此种变迁形成了新的多样性的制度，无论发展理念还是发展模式都有异于西欧和美国的制度模式，但通过探索和不断的转型，目前都形成了适合自己发展需要的新经验和新模式。不同的国家在不同的发展时期，其发展趋向程度各有所不同。

（1）人民代表制国家

实行此种制度典型的国家除中国外，还有越南和老挝。

该制度下，一切权力归于人民，人民代表大会集中了立法、行政、检察等权力，是人民行使权力的最高权力机关。政府负责行政管理工作，最高人民法院负责审判工作，最高人民检察院负责检查法律的执行工作；国会/人民代表大会选举国家主席；国家主席是国家的代表。越南的执政党为越南共产党，老挝为人民革命党。此种政治制度下多以公有制为基础，政府调节或干预的程度比较高。

（2）议会共和制国家

实行此种制度典型的国家是新加坡、东帝汶和印度。

其中最有代表性的是新加坡。新加坡为典型的城市国家，实行多党制，但人民行动党力量最大，党员以工商界、知识分子的优秀人士为主体，长期执政。新加坡实行三权分立制度，国会采取一院制。新加坡虽然奉行三权分立，但权力较为集中，长期实行严格法治，使得新加坡拥有高效廉洁的政府机构。东帝汶的国家权力机关由总统、国民议会、政府和法院组成。其他与新加坡大同小异。实行此种制度的国家虽然在经济上较为自由，但是政府管理经济，特别是间接管理经济的作用仍然较大。

（3）总统共和制国家

实行此种制度典型的国家是印度尼西亚和菲律宾。

此种制度下，总统既是国家元首，又是政府首脑，并兼武装部队最高统帅。总统及其领导下的内阁向议会负责。印度尼西亚和菲律宾虽然实行总统共和制，但是在国家政治中家族制的色彩浓厚，这种政党政治导致政府的治理能力偏低，经济发展迟滞，社会秩序动荡不安。

（4）君主制国家

实行此种制度国家的代表是日本、泰国、柬埔寨、马来西亚和文莱，其中除文莱为绝对君主制外，皆为君主立宪制。澳大利亚和新西兰从这种意义上来说也是一种君主立宪制的国家。君主立宪制国家虽然表面上国王是国家的象征，但是真正干预国家经济活动的成分不多，在经济活动上自由度比较高。绝对君主制国家国王既为国家元首，又是政府首脑，国王为世袭制。实行此种制度国家的经济自由度要比君主立宪制国家低得多。

（5）军政府国家

实行此种制度国家的经济自由度与实行转型经济的人民代表大会制度国家经济自由度相比要低得多。缅甸曾一度是军政府国家，但是缅甸自 2016 年初实行议会自由选举之后，军政府在选举中失利，军人统治政府在缅甸宣告暂时结束。

### 8.2.2 从经济维度看东亚制度的多样性

从经济的维度考察东亚制度的多样性主要考虑人均收入、经济结构、与世界经济的联系程度和经济发展的实绩四方面因素。按照此四方面因素，东亚国家的经济类型大致可以划分为以下几类：

（1）出口导向型经济国家

一般而言，“亚洲四小龙”都属于这种类型的国家或地区（本章中只讨论韩国和新加坡两国）。韩国和新加坡通过高储蓄、高投资和高出口增长的带动，人均收入得到极大的提升，达到高收入国家和地区水平，产业结构反映了第一产业低、第二和第三产业高的特点，在对外经济关系上具有较强的外部平衡能力，反映社会经济发展的指标接近甚至部分超过发达国家的水平。后来虽然中国等其他东亚国家也能加入出口导向型经济的行列，但是由于国民经济基础和构成的不同，没有将其纳入出口导向型经济国家。例如中国，虽然出口是拉动我国经济增长的主要动力之一，但是投资、消费和出口在一起才构成了拉动中国经济发展的三驾马车。

（2）综合型经济国家

一般而言，东盟的印度尼西亚、马来西亚和泰国三国的经济增长保持了良性状态：农业虽然占国民收入的比重显著下降，但由于平衡发展思想的指导，农业仍占重要的地位；工业则从传统资源型产业向非传统制造业发展；服务业发展也比较快速；在对外经济关系上存在着不同程度的外部不平衡；反映经济增长与社会发展的指标有较大改善，但分配不均现象较为严重。

（3）二元经济国家

菲律宾是一个中低收入水平的国家，国内储蓄率和生产率较低导致投资率较低，各经济部门发展很不平衡，农业发展长期停滞，公共基础设施、金融服务发展明显滞后，工业发展相对较快，贸易与经常项目长期处于逆差，社会两极分化较为严重。

（4）转型经济国家

中国和越南通过持续的投资与出口规模的扩大，经济保持了快速的增长，中国的经济结构从以工业为中心的结构向有重点协调发展转型，越南则进一步发展了重工业和基础工业，两国对外依存度都有大幅上升，反映社会发展的指标改善很大。

## 8.3 东亚制度的多样性与东亚国家的技术进步

### 8.3.1 比较制度分析理论和 VOC 方法

从上面所描述东亚地区不同政治制度和经济制度来看，不同的政治制度在很大程度上决定了一个国家的经济制度。从制度经济学上来讲，一个国家的经济制度决定了一个国家的经济成长和技术进步。但是从东亚区域产业分工促进区域经济一体化的角度来讲，由于技术水平和创新能力的差异才能在区域内形成优势互补、相互促进和共同进步的梯度技术转移路径和产业分工协作模式。因此，分析制度因素对技术进步的影响要比对经济发展的影响更有针对性，更有意义。那么东亚这些不同的制度对经济发展和技术进步的影响有什么不同呢？本章中运用比较制度分析理论及 VOC 方法来对此进行分析。虽然该分析理论和划分方法是用于分析资本主义制度的，但是在东亚不仅绝大部分国家是资本主义国家，而且中国、越南、老挝已纷纷走上了经济转型的道路，缅甸也刚刚结束了军人政府的执政。因此，这一理论和划分方法仍然适用于对东亚地区的分析。

霍尔和索斯吉斯在 2001 年编写出版了《资本主义的多样性——比较优势制度的基础》一书，他们认为，资本主义制度的多样性包含在各个系统的内部（制度的补充性），探究了各国间所存在的比较优势的制度基础，提出了比较制度优势这个独特的概念，还提出了分析资本主义多样性的 VOC 方法。VOC 方法不将“政府的作用”和“工会”作为资本主义的比较基准，而将“企业”作为比较基准。将企业放到制度分析的中心，将原来割裂开来的企业研究与比较政治经济分析结合起来，因为正是企业直面技术进步和国际竞争而选择合适的应对策略，因而企业是社会进步中决定性的因素。企业的劳资关系、职业教育、资金运营、公司治理、企业间关系等因素之间形成各种各样的相互依存的关系从而形成“关系的企业”。

霍尔等将企业的行动置于政治经济模型的中心，并且重视各种各样的制度关系对企业行为所产生的影响。他们特别重视以下5种制度关系：①企业金融的长期性=“资金的忍耐力”以及金融系统中风险的波及性；②与工会等组织和团体交涉相关的劳资关系系统；③与技能提升与知识普及相关的职业培训系统；④与顾客、供货商、竞争者之间的关系；⑤企业的内部组织。在霍尔等的讨论中，将这些关系作为形成市场经济体系核心的关系，国家的政治结构和经济体制都是基于对这些制度关系所产生的影响而进行设计。对这些关系如何进行协调对于企业来说是一个重要的课题，依企业处置这些关系的方法形成了资本主义的不同类型。

霍尔和索斯吉斯的VOC方法不是简单地将资本主义市场经济划分为自由的市场经济和有调节的市场经济。他们还运用比较制度优势这个概念，试图解析市场经济体制与创新之间的关系。他们认为，“为什么特定的国家和国民对某一（某些）特定类型的产业和产品具有专业化的倾向呢?”对于这一问题的回答，规模经济的收益递增论、正外部性和集聚理论等都无法给予充分说明，为此他们提出了“比较制度优势理论”。其基本的观点是特殊的政治经济制度结构对于企业来说，是给它们特有的行为类型提供优势的东西。总之，制度结构的不同会带来各国创新模式的不同，它们又会进一步带来各国产业专业化和出口竞争力的不同。霍尔和索斯吉斯在将企业的创新划分为激进式创新和渐进式创新的基础上，指出正是制度构成的不同导致这两种不同的创新模式。他们认为激进式的技术创新是适应于自由市场经济制度的产物，而渐进式的技术创新是适应于有调节的市场经济制度的产物。总之，对于企业来说，自由市场经济制度的框架能够更好地为企业提供进行激进式技术创新的能力。然而，有调节的市场经济制度框架能够为企业进行渐进式的技术创新提供具有优势的能力。他们还主张，产业的集聚与其说是由于随机的地理位置的积聚，还不如说是对所采用的制度框架进行合理反应的产物。因此，在产业和产品上存在着一国国民专业化的特征。另外，他们分别对美国和德国的技术按照领域划分，用专利数作为代理变量对他们的创新能力进行了实证分析，对两个国家的技术创新和制度之间进行了对比。

### 8.3.2 调节学派的制度划分方法

VOC 方法将现在资本主义经济体制划分为自由的市场经济体制和有调节的市场经济体制两大类，但是这种划分能充分反映现实吗？比如说，日本和德国是两个完全一样的经济体制吗？法国、意大利和北欧国家等应该放在什么位置呢？以这些疑问为出发点进行分析产生了调节学派。这个调节学派是由 Amable（2003）①所提出的，其主要观点如下：

①对资本主义的比较不能仅仅从宏观指标上进行比较，而是要以从制度上进行比较作为根本。

②各种制度之间具有互补性，不能仅从一种或两种制度进行比较，而是要从相互补充的制度总体进行比较。

③因为现在争论的焦点是美国型资本主义的“效率性”以及向美国型“收敛”的程度。因此，比较的焦点是各国各个模型的产业竞争力(创新能力)。

④进行比较的各种制度，依次以与创新能力直接相关的劳资关系-金融-教育为核心，再加上产品市场和社会福利而成为 5 个领域。

⑤在进行分类时，在进行理论分析（定性分析）的基础上，再辅之以多变量的定量分析。

以上述理论为依据而进行分析的结果，Amable 最终将资本主义市场体制划分为“市场基础型”、“亚洲型”、“欧洲大陆型”、“社会民主主义型”和“地中海型”5 种类型。各种资本主义类型的体制特征见表 8-1②。

① AMABLE.The Diversity of Modern Capitalism ［M］． Oxford :Oxford University Press , 2003:78-129.

② 山田鋭夫．資本主義経済における多様性［J］．比較経済研究，2007，1（44）：15-28.

表 8-1 现代资本主义的 5 种类型

| 资本主义的类型 | 制度领域 | | | | | 比较优势产业 | 代表国家 |
|---|---|---|---|---|---|---|---|
| | 产品市场 | 劳动市场 | 金融 | 福利 | 教育 | | |
| 市场基础型 | 规制宽松 | 灵活的 | 市场基础 | 自由福利国家型 | 竞争型的教育体制 | 生物、信息、航天、航空 | 美国英国 |
| 亚洲型 | 被统治的产品市场 | 被规制的劳动市场 | 银行基础 | 社会保障低水准 | 私立高等教育制度 | 电子机械 | 日本韩国 |
| 欧洲大陆型 | 无竞争的、规制宽松的产品市场 | 有协调的劳动市场 | 金融机构基础 | 社团主义型 | 公立教育制度 | 无特殊优势产业 | 德国法国 |
| 社会民主主义型 | 被规制的产品市场 | 被规制的劳动市场 | 银行基础 | 普遍主义型 | 公立教育制度 | 健康关联型产业、木材 | 瑞典芬兰 |
| 地中海型 | 被规制的产品市场 | 被规制的劳动市场 | 银行基础 | 有限制的福利国家 | 教育制度弱 | 纤维、服装、皮革 | 意大利西班牙 |

### 8.3.3 东亚不同制度类型国家的技术创新模式

上述介绍的比较制度分析方法的共同目标是努力从制度方面对各国的经济体制的形成和变化进行解析。但是具体到对东亚地区各国制度的多样性分析，到目前为止总体上来讲还是不充分的。VOC 方法不用说，调节学派的划分方法将东亚各国归结到了“亚洲型”这一个类型之中。那么日本和韩国的经济体制是不是完全一样的呢？中国的经济体制能不能与“亚洲型”的完全吻合呢？这些都是问题。在本章中，运用霍尔和索斯吉斯的“比较制度优势论”概念，采用同样的方法对东亚各国的制度多样性进行考察并试图解释东亚国家间的创新能力为什么不同。

霍尔和索斯吉斯的“比较制度优势论”基本的观点是某一特定经济社会所持有的制度结构，对于企业来说，在从事某种或某些类型的活动时这种制度能够为其提供某种优势。总之，一国的制度框架对于各国来说是为特殊的活动和产品提供比较优势的东西。从贸易方面来说，这种比较优势带来了各国贸易的专业化。霍尔和索斯吉斯将制度框架对创新所产生的影响作为焦点进行分析，又将创新划分为激进式创新和渐进式创新。激进式创新包括对产品线的大规模变更、完全不同的新产品的开发和生产过程的大幅度改造等，如生物技术、半导体和软件开发等，这些技术的开发需要以研究作为基础进行创新性设计或是进行快速的产品开发。快速的行动或反应对于这些开发部门来说至关重要。渐进式的创新是以对现有的产品线或生产过程进行持续的小规模的改造为特征，如对生产装备、机器设备、动力设备和特殊运输设备等生产资料进行逐步的改造。他们主张自由的市场经济体制有利于激进式的创新，而有调节的市场经济体制有利于渐进式的创新。

前面介绍的现代社会中比较制度分析方法的共同目的是努力从制度方面对各国的经济体制的形成和变化进行解析。但是具体到对东亚地区各国制度的多样性分析，到目前为止总体上来讲还是不充分的。VOC方法不用说，就是调节学派的划分方法也不能将东亚各国完全归结到“亚洲型”这一个类型之中，但是借鉴他们的思考方法对东亚国家不同的经济制度所产生的效应进行分析还是有意义的。在本章中，根据霍尔和索斯吉斯的思考方法，来对东亚各国的“比较制度优势”以及各国在不同技术等级创新中的专业化水平进行分析。根据世界知识产权组织公布的数据，中国、日本和韩国的专业化领域各不相同。虽然不能像美国和德国那样能清楚地分成激进式创新和渐进式创新，但是它们还是各有特点的。也就是说，这三个国家的制度是以自由的市场经济体制和有调节的市场经济体制融合在一起的亚洲特有的一种市场经济体制制度框架。

根据世界知识产权组织公布的数据，日本在电能、视听技术、信息基础技术、半导体、光学、有机化学和高分子化学方面具有激进式创新的特点，算是一个积极的创新者。在热处理、工程机械、工作母机、环保技术、表面加工和加工工艺等方面具有渐进式创新的特点，算是一个比较积极的创新者。从这里可以看出，日本的制度结构给企业带来的制度比较优势与美国和德国都不同，具有独特性，是一个兼容并蓄的制度结构，应该位于美国和德国之间。

韩国在各技术等级的专利专业化情况如人们所想象的那样，韩国和日本一样，具备既有激进式创新技术又有渐进式创新技术的特点。当然与美国和德国有不同之处，和日本一样，在于技术专业化的种类不同。具体来说，在电能、视听技术、电气通信、数字通信、计算机技术、半导体和光学等领域具有激进式创新的特点，是积极的创新者。在土木工程、耐用消费品、家具、游戏和热处理等方面具有渐进式创新的特点，也算是一个比较积极的创新者。虽然与日本有重合的部分，但是不同的地方也不少。也就是说，韩国政治经济的制度结构给韩国企业带来的制度比较优势与这些国家都不同。虽然也可以认为与日本一样，位于美国的自由市场经济制度和德国的有调节的市场经济制度之间，但是与日本之间存在技术专业化领域的不同，说明与日本之间存在着企业制度比较优势的差异。

中国从专利技术方面的专业化情况来看几乎看不出什么明显的特征，但值得一提的是在电子通信和数字信讯方面具有优势。从这一点来看，中国不仅与日本和韩国都不同，而且中国正在向社会主义市场经济体制方向迈进。从这个意义上来说，中国特色的社会主义市场经济体制确实具有独特性。

本章虽然运用霍尔和索斯吉斯的比较制度优势理论只分析了中国、日本和韩国之间在技术创新上的不同，由于篇幅关系没有对东亚其他国家制度与技术创新的关系进行分析，但是从中国、日本和韩国的情况就可以推断出东亚各国制度上的差异对各国的企业带来不同的制度比较优势，从而又会形成各国技术创新优势的不同和技术创新模式的不同，在东亚形成优势互补的技术梯度结构。这种优势互补的技术梯度结构在东亚区域经济一体化过程中，通过贸易和投资等途径，在东亚地区会形成梯度转移的技术转移路径，带动区域内各国技术的阶梯式进步，在东亚地区形成优势互补的垂直分工和水平分工交融的产业分工网络，从而带动区域内各国的经济发展，特别是不发达国家的经济发展。这几点在前述几章中已经进行了详尽的论述，在本章中不作赘述。

## 8.4 东亚制度多样性与东亚经济一体化的路径选择

通过上文的分析可以看出，东亚地区在制度、文化、历史、宗教等方面与欧盟和北美自由贸易区等世界其他主要区域经济一体化组织相比，存在着巨大的差异性。这种差异性决定了东亚区域经济一体化需要走与其他区域经济一体化组织不同的路径。按照传统的区域经济一体化理论，制度的差异性是阻碍区域经济一体化进程的最主要因素，因为区域经济一体化的实质是通过成员国制度上的协调以达到贸易和投资自由化，最终实现市场一体化的目的。通过前述几章的分析，东亚地区的收入多样性、技术多样性、贸易结构和模式的多样性、产品多样性和制度的多样性在东亚地区包容性和渐进式的一体化路径下对区域内成员国的经济增长、技术进步、技术创新、区域内贸易结构的优化和区域内的产业分工都具有促进作用。

由于区域经济一体化是成员国之间的双边和多边的制度安排，通过双边和多边的制度安排来促使成员国国内的制度变迁，再通过成员国国内的制度变迁进一步促进区域经济一体化组织整体的制度变迁。因此，本章分别从制度变迁和制度安排的角度来讨论东亚区域经济一体化的路径选择，并结合生物生态学的多样性促进共进化的理论来进行论证分析。在论述制度变迁和制度安排与东亚区域经济一体化路径选择之前先介绍新比较制度理论。

### 8.4.1 新比较制度理论与东亚区域经济一体化的路径

前文中对霍尔和索斯吉斯的比较制度理论和 Amable（2003）的调节制度学派对制度的划分及不同制度对技术创新的影响进行了介绍，其实以青木昌彦为代表的新比较制度理论虽然是对前两者理论的继承，但是他将比较制度理论与演化博弈论相结合进行了理论上的发展，以研究社会制度演化为其主要的研究方向。在其著作《比较制度分析》中对制度提出了新的分析视角：第一，资本主义市场经济体制的多样性。这个是根据在不同经济内部进行不同的制度配置而形成不同的资本主义市场体制。这可以被理解为对多种经济体制共存和竞争的制度多样性的重视。第二，制度所具有的战略互补性。制度作为一个稳定的事物存在，是当社会中某一个行为模式越来越普遍时，作为自我约束的制约机制而确定下来的。也就是说，与现实的经济体制是经济系统内部由比较同质的制度而构成的不同，不同经济体制间存在巨大制度差异性的理由是制度所具有的这种战略互补性。第三，经济系统内部制度的互补性。多种经济体制的产生是由于一个体制内各种不同制度的相互补充，从而产生出体制整体的强大。第四，经济体制的演化和路径的依赖性。经济体制具有惯性，对经济所处的外部环境和积累起来的内部环境的变化缓慢地发生适应性变化。也就是说，不同制度的社会适应度是由经济体制所直面的历史的、技术的、社会的和经济的环境所决定的。第五，在推进经济体制改革时渐进式的改革方式往往容易取得成功。

新比较制度分析理论关心两个方面的问题。一方面是关于现有制度的稳定性问题，另一方面是关于各种制度存在的可能性、可变性及其演化的问题。新比较制度分析理论不仅仅只停留在对现有的制度为什么会稳定地发挥作用的分析上，而且还试图解明制度的形成和变化的动力机制。在这里，新比较制度分析理论从文化与制度的关系、法律制度、自生的制度等方面来揭示制度的多样性，从路径的历史依赖性、制度的互补性等方面来揭示制度的动力机制。

①文化与制度。文化与制度一起决定着经济的社会结构。文化可以被理解为经济社会共同生活的人所共有的价值观和偏好等。制度可以被定义为在社会经济中被广泛接受的一系列规则的总称。与文化是人们偏好的反映相对照，制度则是人们采取的实际行动，或者说是一定的行为模式。当考虑文化与制度之间的关系时，它们之间存在的这种互补关系十分重要。制度适应于文化而构筑，在制度普遍化之后，制度对文化是一种强化的关系。

②法律上的制度在社会中的存在当首推法律上的条文。像这样的由公权力担保执行的“制度”，在经济学模型分析中是作为外生变量来看

待的。经济系统间存在的制度的多样性大多数是由这些外生的法律制度方面的差异所引起的。

③自发性的制度。作为新比较制度分析理论分析对象的制度，还包括不需要强制力去确保执行，而自我发挥作用的制度，即可以被称为自发性的制度。这些自发性制度的存在对在考察经济体制多样性及其演化时是很有意义的。法律上的制度与自发性制度之间在本质上没有什么区别。只要在大部分人都遵守的情况下，从每一个人会产生遵守的动机这个意义上来说，两者都具有对每个人的行为进行自我约束的性质。

④制度的历史依赖性。从存在自我约束性的一个制度向另外一个制度转变时，大多数人必须步调一致地采取行动。要做到这样的协调一致就必须有某一或某些历史性事件的发生。由于制度具有自我约束性，一旦执行的制度就不容易发生变化。因此，现有制度体系中的绝大部分是由该经济体系的历史条件形成的，即所谓制度的历史依赖性。新比较制度分析理论对此有强烈的认同感。

⑤制度的互补性。在经济中现实存在着不同经济制度由于相互作用而变得更加稳固的制度关系。当一种制度的存在是另外一种（一些）制度存在的理由时，那么这两种制度就存在互补性。新比较制度分析理论从各种制度的互补性观点出发对一国的经济体制进行分析，将经济作为多种制度相互依存和相互作用的一个体系来理解和分析。

从以上对新比较制度分析理论的介绍可以看出，一种制度的形成和变迁受到这种制度所存在的社会文化和自发性制度的深刻影响，只有当法律上的制度变迁与文化以及自发性制度相适应或相匹配时，制度的变迁才能顺利进行，付出的成本更小。不仅如此，而且还会形成制度与文化以及自发性制度之间相得益彰的效果。同时，新比较制度分析理论中承认制度的互补性也是符合东方文化中的和谐共生理念。因此，东亚区域经济一体化的推进必须考虑东亚地区绝大部分国家以儒家中庸文化以及以和为贵为处世哲学的文化特征，推崇渐进式变革而非激进式变革的文化现实。

此外，从新比较制度分析理论还可以看出，东亚区域经济一体化的制度变迁必须要考虑制度的历史依赖性。当东亚国家国内一直采取诱发性、包容性和渐进式的制度变迁时，采取同样的经济一体化路径往往会使成员国在国内进行平稳的制度过渡或变迁，从而促进成员国的经济发展和技术进步。

### 8.4.2 制度变迁与东亚区域经济一体化的路径

所谓制度变迁，实际上就是指新旧制度之间的转换、替代的过程。美国著名经济学家诺思（Douglass C. North）将制度变迁分为两种类型：诱致性制度变迁（Induced Institutional Change）和强制性制度变迁（Compulsive Institutional Change）。诱致性制度变迁是指由于个体或群体在寻找获利机会时自我倡导，组织和实施的制度变迁。强制性制度变迁是由政府凭借其强制力，组织实施的制度变迁，主要通过政府命令或法律的颁布来实现。制度变迁的诱致因素在于经济主体期望获得潜在的利润。所谓“潜在利润”也就是“外部利润”，它是一种在已有的制度安排中经济主体无法获取的利润。通俗地讲，即经济主体在现行的制度中是无法获取这种利润的，除非把现行的制度转变为另一种制度，因为这种利润存在于另一种制度之中。因此，要获取这种外部的利润，就必须进行制度的变革，而这种制度变革的目的就在于使存在于现行制度安排之外的利润内部化。外部利润的主要来源有四个：一是由规模经济带来的利润；二是由外部经济内部化带来的利润；三是克服对风险的厌恶所带来的好处；四是交易费用的转移与降低所带来的利润等。

没有潜在利润，就不可能有制度变迁，但有了潜在利润，制度变迁也未必能发生，因为制度变迁还涉及成本问题。只有当通过制度变迁可能获取的潜在利润大于为获取这种利润而支付的成本时，制度变迁才会发生。因为制度变迁需要克服体系内受损方的抵制，新制度的建立需要付出必要的成本。因此，诱致性制度变迁一般比较缓慢，所取得“潜在利润”也就少一些。因为制度变迁需要克服阻力，付出成本，强制性制度变迁一般只有在体系受到外部冲击时，政府发挥强有力的作用才有可能实现。

从上文的分析可以看出，截止到20世纪末，东亚国家在WTO的制度框架下纷纷采取发展外向型经济的对外开放政策（未加入WTO的国家也一样采取了对外开放政策），目的是通过开放政策获取区域经济一体化所带来的经济效应，也即制度变迁中所说的“外部利润”。东亚国家通过相互贸易和发达国家对发展中国家的投资，在进行着实质上的自然的一体化进程，但是各国间一直没有签署强有力的对各国具有约束力的双边或多边的法律文件（贸易协定）。虽然 WTO 也是一种约束成员国的全球性贸易制度安排，但是 WTO 的多轮谈判时间间隔长，特别是东京回合谈判到乌拉圭回合谈判结束的时间间隔长达 15 年之久，对发展中国家，特别是最不发达成员国制定有特别多的保护措施。因此，这段时间，东亚区域经济一体化步伐缓慢，各国国内的经济改革和对外经贸政策的调整实质上是一种诱致性制度变迁，是各国应对外部环境的自我适应和自我调整，东亚国家的经济改革和对外开放是一种自发性的自我变革。这种诱致性的制度变迁遇到受损方的阻力小，所需付出的成本低，这与当时东亚国家的政治制度和经济制度是相适应的。这种经济一体化路径在东亚地区产生了经济上的“东亚奇迹”和“亚洲四小龙”。

从 21 世纪初开始，东亚地区掀起了缔结 FTA 的热潮，东亚各国国内的政策就必须适应与各国签订的 FTA 协议。这时，东亚各国的制度变迁从原先的诱致性制度变迁为主逐渐变成了以强制性制度变迁为主的局面，东亚国家的经济改革走上了一条快速的和进一步深化的道路。但是从东亚各国间所签订的 FTA 协议来看，对不发达国家的关税和非关税壁垒的减让水平和减让节奏，非关税壁垒削减的程度和领域，对不发达国家要求的开放领域（如服务贸易领域）都给予了充分的照顾。不仅如此，东亚地区的 FTA 还适时地进行升级，如正在进行的中国-东盟自由贸易区升级版谈判，中国-新西兰自由贸易区升级版谈判等。因此，从 21 世纪开始，虽然东亚地区的制度变迁逐步变成以强制性制度变迁为主导，但仍然是相对缓慢和渐进式的。这种缓慢和渐进式的一体化道路使东亚地区率先从 2008 年的全球金融危机中恢复过来，至今在全球范围内仍然保持着领先的发展速度。

从前文的分析可以知道，东亚地区制度的多样性产生了各国不同的比较制度优势。这种不同的比较制度优势又会产生不同的创新模式，从而在东亚地区形成不同的技术梯度和不同的专业化生产优势。当专业化生产的优势通过区域经济一体化进程的推进进一步发挥时，会产生诱致性的制度变迁，反过来对于东亚地区经济一体化进程的推进又具有重大的推动作用。因此，可以认为，东亚地区经济一体化不但是地理上的空间积聚，更是对东亚自身所采取的制度安排合理反应的产物。

### 8.4.3 制度安排与东亚区域经济一体化的路径

从制度变迁的角度考虑，制度安排指的是支配经济单位之间可能合作与竞争的一种规则安排。制度安排旨在提供一种使其成员的合作获得一些在结构内不可能获得的额外收入，或提供一种能影响法律或产权变迁的机制，以改变个人或团体可以用合法竞争的方式进行合作。诺思[①]将制度安排分为三个层次：个人、自愿联合团体和政府的制度安排。制度，按其形成主体可相应划分为由个人独自推进然后大家“仿效”的制度、大家自愿组合形成的制度和政府强制推行的制度。制度安排确定在哪一层次，主要取决于两个因素：一是每种层次安排中各自收益和成本的比较状况；二是受影响团体权利的大小。受影响团体的权利越大，就越有可能左右制度安排的层次。

现实中存在着多种多样的制度安排。不同的制度差异是由什么原因造成的？差异性的制度安排对经济增长的影响机理是什么？国家兴衰、国富国穷、国家间不平等和经济发展差距的根源何在？阿西莫格鲁（Daron Acemoglu）和罗宾逊（Joan Robinson）[②]从包容性（inclusive）和汲取性（extractive）、政治和经济两个维度对上述问题进行了解释。

汲取性，从政治维度说，公民无决策权或表决权，当权者大多由世袭而来，或者是军人政治。在汲取性政治制度中，精英或者既得利益者在制度选择或政策决策中发挥着决定性的力量；从经济维度说，经济制度或经济政策的决策同样由当权者或精英做出，他们通过垄断力量和对市场的控制权力掠夺各类经济主体，其结果导致整个经济体生产性激励的不足。

包容性制度安排，从政治维度说，包容性是指公民拥有政治权利，

① 诺思.制度、制度变迁与经济绩效［M］.杭行，译.上海：格致出版社，2008：36-148.

② ACEMOGLU, JAMES, ROBINSON. Economic Origins of Dictatorship and Democracy［J］. The American Economic Review, 2006, 96（2）：325-330.

拥有决策权或表决权，当权者仅仅是选民的代理人，任何人都有机会成为领导人。从经济维度说，包容性是指任何人都没有垄断或者控制市场进行掠夺的机会，自由和竞争使得经济主体具有很高的生产性激励。

理论上讲，汲取性制度和包容性制度存在着四种制度搭配：汲取性的政治制度配合汲取性的经济制度、包容性的政治制度配合包容性经济制度、汲取性政治制度配合包容性经济制度以及包容性政治制度配合汲取性经济制度。但是一般而言，采取汲取性政治制度的国家，其包容性的经济制度无法长久维持，高生产激励性的包容性经济制度不能从根本上触动当权者的利益以至于被汲取性经济制度所取代。而在政治上采取包容性政治制度的国家，很难想象它会选择汲取性经济制度，所以这样的国家一般不会出现。所以，从历史和现实来看，汲取性的政治制度往往和汲取性的经济制度相应，包容性的政治制度往往和包容性的经济制度相应。

从历史上看，汲取性制度几乎都出现在包容性制度之前，并且从前者到后者的转变来自于偶然的制度漂移（institutions drift）或者叫作制度变迁，换句话说，包容性制度往往是汲取性制度发展过程中偶然性的产物。无论是汲取性的制度，还是包容性的制度，都可以实现经济的增长。但是，关键是何种制度能保持一个经济体长期的经济增长呢？

毫无疑问，汲取性制度下的当权者也需要攫取利益，因而也有实现经济增长的动机，当然这种经济发展的动力是通过强迫其他经济主体实现的。这种强制劳动的成果越多，当权者可以攫取的利益也就越多，因而在短期内，当权者具备促进增长的激励，在短期内有可能实现资源的最优配置，实现一定的增长。但是，从长期来看，这种增长是不可持续的，因为首先当权者无法无限期地任职导致了其必然的短期化行为，无法为长远打算；其次是汲取性制度对经济主体激励的不足，经济主体被迫劳动的结果将导致长期的努力不足，从而引起产品供给减少；最后当权者之间为攫取利益而产生的竞争甚至冲突阻碍了经济长期增长的实现。

与此相反，包容性的制度恰恰具备长期经济增长的条件。首先当权者仅仅是代理人或决策的执行者，如果违背选民的意志行事甚至损害了选民的利益，将面临下台的风险，因此他们很难利用威权来攫取自己的利益；其次是包容性制度对经济主体的内生性激励，经济主体的劳动不是被迫进行的，经济主体可以有稳定的和可预期的经过自愿劳动和竞争实现的收益；最后长期稳定的生产性活动使得创新、发明被广泛开展，新技术、新组织、新工艺等的运用将进一步促进生产。

总体而言，两个其他初始条件相同的国家，仅仅由于汲取性制度和包容性制度的差别，在长期的经济发展中，经济发展绩效会有显著的差异。最初采用汲取性制度的国家，由于在短期内可以动员整个社会的资源，可以实现经济的快速增长，但一定时期之后，汲取性制度的弊端将导致经济增长的放缓，并逐步处于低于包容性制度下经济增长速度的水平，甚至会出现经济的停滞或倒退。包容性的经济制度，经济增长速度虽然开始较慢，但随着其优势的发挥，在长期内可以实现平稳且持续的增长，最终超越汲取性制度下的经济发展绩效水平。

从上述汲取性制度和包容性制度的分析看，其分析的对象是单个的独立的经济体，而美国国内的制度被西方国家普遍认为是包容性制度国家的范例，世界各国的制度应向美国式的制度模式“收敛”。但是如果把一个区域经济一体化组织作为一个独立的经济体来看的话，那么，该经济一体化组织内部也应该采取包容性的政治制度和经济制度，各成员国在协商过程中应该发扬民主，平等协商，采取协商一致的原则达成平等互利的协议。在区域内部，经济和技术强大的国家不利用其垄断优势或强大控制力控制市场，攫取超额利润。这种包容性的政治制度和经济制度虽然在刚开始使成员国的经济增长速度比较缓慢，但是，从长期来看，会超越汲取性政治制度和经济制度下的经济发展水平，能充分调动成员国的积极性，使区域内的国家共同发展。东亚地区到目前为止所走的经济一体化道路以及正在推进以 RCEP 为框架的区域经济一体化战略都是在成员国充分发扬民主，充分尊重各成员国差异性的基础上，能促使每个成员国发挥最大积极性的渐进式的制度安排，是一种典型的包容性政治制度和经济制度安排，是一条适合于东亚的区域经济一体化路径。

从前文分析可以看出，制度的变迁具有历史依赖性，东亚地区政治、法律、文化和宗教上的差异，都凸显了政府在东亚经济一体化进程中应该发挥巨大作用。

在东亚经济前期发展过程中，日本和韩国政府曾采取直接的干预手段对经济进行刺激，以创造就业机会和推进经济增长。东盟的新加坡、印度尼西亚和马来西亚三国同样由政府确定社会经济发展的优先目标，"亚洲四小龙"将工业发展方向从进口替代转向出口导向，中国内地和越南政府在转型经济的过渡中同样扮演了重要角色，两国的改革始终在政府的统一部署下采取重大变革措施。

由于路径依赖的影响，一种制度很难从自身的惯性中发生改变，这时，由政府强力推行的强制性制度变迁具有打破原来的制度均衡，创造新的发展机会，催生新的制度安排的优势。当然，强制性的制度变迁并不是政府随心所欲的产物，因为任何一种新制度必须被自觉执行才能长期存在，强制性制度变迁并不能必然建立起汲取性的制度安排。当经济进入起飞阶段，市场逐步开放，引入市场制度，发挥政府的调节作用，政府从直接干预转向间接调节，在市场制度和自由企业制度的基础上，通过政府政策，制定适合自身发展特色的经济发展战略，如重视教育，加强基础设施建设，扶持新兴产业和高新技术产业，从而推进社会全面发展。

东亚地区各国这种富有特色的强制性制度变迁，辅之以诱致性制度变迁的混合制度，对于东亚地区经济一体化有很大的借鉴意义。东亚地区所存在的因主权、文化、宗教、路径依赖等制约因素，使得东亚经济一体化长期处于低水平合作，并且进展缓慢。仅仅通过诱致性制度变迁，必将是一个漫长而曲折的过程。打破路径依赖，政府在这方面大有可为，通过政府积极创造对话沟通的平台和机制，在符合经济社会发展规律的基础上，一方面尊重市场制度的自发力量，另一方面不失时机地强制推进经济一体化的各项变革，进而实现包容性和渐进式的东亚经济一体化制度安排，造福于东亚各国人民。

### 8.4.4 东亚区域经济一体化路径的生物生态学解释

如果将东亚的区域一体化组织视作一个生物圈或生态系统的话，那么东亚地区各国共同发展的机理也和一个生态系统的共同进化机理一样。生态系统的进化是从临界点（或卡俄斯临界线）的上下两侧状态逐步向临界点（或卡俄斯临界线）移动而实现的。从临界点（或卡俄斯临界线）下侧向上的进化过程是系统随着多样性逐步增加，新物种逐步替代旧物种而逐步实现进化的。而从临界点（或卡俄斯临界线）向下进化的过程是系统内某一种或某几种生物的突然大量增加，破坏了系统的自我平衡，系统内一部分物种减少，甚至灭绝，之后慢慢向下逐步移动靠近临界点（或卡俄斯临界线）从而实现进化。这一种进化从实质上来讲其实是一种系统的倒退。其机理具体说明如下。

生物圈的秩序不仅仅是由自然淘汰法则，而且有可能是由更深层次的法则所支配的。必须注意的是生物圈的分子多样性本身有可能是引起分子种类爆炸性增长的原因。多样性将自身作为媒介，不断产生新的多样性。分子之间，与环境之间相互作用的细胞产生新的分子。这个分子经过一连串的激烈的创造过程，又会进一步产生出其他种类的细胞。这个激烈的过程就是“超过临界点”的过程。像原子弹的爆炸一样，在超过临界点的化学系统中，一种分子不断地创造出另一种分子，合成不可思议的“蘑菇云”，产生新的生物。由生物圈的多样性引起的进化过程如图 8-1 所示。在一个生态系统中存在着各种各样的生物，各种生物间存在着相互制约关系，特别是存在一种生物的增加会造成另一种生物减少的生物。这一种生物将其假定为细菌。当超过临界点时，即处于临界点（或卡俄斯临界线）的上方，某一种细菌具有将与它相撞的分子转变成具有巨毒性内部毒素的能力。因为该毒素具有杀死其他细胞的能力，该生态系统中同种的细菌就会灭绝。由于生态系统中某一种或几种细菌的灭绝，该生物系统中的多样性就会减少。由于系统超过了临界点，虽然系统在不断形成新的不同种类的分子，这些分子像上述的过程一样相继发生灭绝。这样，生态系统的多样性，从临界点上面的区域不得不向临界点下面的领域减少，最后实现系统新的平衡。这种现象的发生，一般是系统受到了外部环境的剧烈变化或剧烈冲击所造成的。

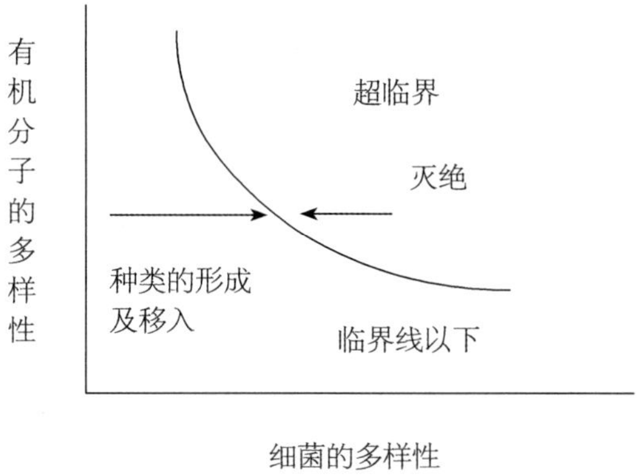


**图 8-1 生态系统进化的两个方向**

注：曲线把系统在临界点之前和临界点之后的两种状况分开。两个朝向曲线的箭头表示的是生物系统的多样性向临界状态进化。

另外，当系统处于临界点下面的时候，由于细菌种类很少，新陈代谢进展顺利，处于相互共生的状态，竞争较少。但是从生态系统的外部（或者说大的生态系统的内部）会有新的细菌不断移入，系统内的细菌相互作用会形成新的细菌。这样源源不断的新细菌的移入和新种类的形成，生态系统中细菌种类的多样性增加，生态系统就从临界点下面的区域逐步向临界点上面的领域移动。这样系统就会不断地向前进化①。

从上面的分析可以看出，在生态系统处于临界点（或卡俄斯临界线）上方的时候，系统的平衡被打破，这时相当于东亚地区在制度上受到了强烈的冲击，一部分国家的发展受到影响，甚至倒退，在一段时间之后，整个区域的发展才能恢复平衡，但是要以一部分国家的经济受损为代价。这相当于在经济一体化过程中东亚如果采取汲取性和激进式的一体化道路有可能会使东亚的经济生态系统遭到破坏，影响东亚国家整体的经济发展和技术进步。生态系统处于临界点（或卡俄斯临界线）下方的状况相当于东亚地区经济一体化道路采取的是包容性和渐进式的一体化路径。在这种状态下，东亚地区各国通过不断扩大彼此间的贸易，吸引外资，不断促进本国的经济发展和提高本国技术水平，实现共同

① STUART K. At Home in the Universe: The Search for Laws of Self Organization and Complexity [M]. New York: Oxford University Press, 1995: 95-110.

发展。

从上述的复杂系统理论的分析可以得知，自然界产生秩序有两种动力，一种是达尔文所说的自然淘汰的选择进化机制，另一种是自组织化，而自组织化是秩序产生的根源。从这两种动力促进进化的机制来看东亚区域经济一体化的话，东亚国家间需要削减关税和非关税壁垒，使得东亚国家间形成相互竞争的局面，运用自然界的自然淘汰选择进化机制促进东亚国家的技术进步和经济发展。但是如果自由化的节奏太快或幅度太大，有可能会超过弱小国家的承受能力，使这些国家失去像生物系统一样的自组织化能力而出现经济的倒退或技术上的“被俘获”。

著名的经济学家们也对多样性对经济发展的影响做出过论述，进而可以演绎推导出多样性对东亚区域经济一体化路径选择的启示。

马歇尔[①]在研究经济发展时十分注重系统均衡、自然选择、自然淘汰、有机体、进化和统一这些重要的概念，很好地将社会进化的机理运用到产业组织理论中，通过合理的产业组织，促使企业相互竞争和相互合作，从而促进企业的成长和社会的进步。如果将东亚区域经济一体化组织作为一个系统来看的话，需要注重区域内的均衡，把区域作为一个有机体，通过合理的组织架构，促使区域内各国的相互竞争和相互合作，发挥自然选择和自然淘汰的作用，促进区域内各国经济的共同发展。如果无视成员国间的差异性而采用激进式的一体化方式将会打破区域内的均衡，不利于区域内各国的共同发展。

韦伯[②]认为社会的进步是一个社会制度的累积和继承，而且是历史的、心理的进程，需要动态地和统一地把握社会进化进程的连续性和非连续性。从这一点来看，东亚区域经济一体化的进程和路径也是一个各国的制度性累积和继承的过程，不仅要考虑一国的历史、文化和社会意识形态，更要从总体上充分考虑各国间的制度协调，将制度的连续性和非连续性统筹考虑。

熊彼特[③]将创新比作自然界的进化。东亚区域经济一体化的进程和

① 马歇尔．经济学原理［M］．彭逸林，等，译．北京：人民日报出版社，2009：45-123.
② 韦伯．新教伦理与资本主义精神［M］．于晓，陈维纲，等，译．上海：三联书店，1987：23-162.
③ 熊彼特．经济发展理论［M］．邹建平，译．北京：中国画报出版社，2012：38-143.

路径，实质上就是在东亚区域内新的制度安排来替代旧的制度安排，进行区域内经贸制度的一种创新。但是这种制度上的替代需要考虑静态与动态、联合与分化、历史与心理、综合与进化之间的关系，需要保持各国内部的均衡。因此，渐进式的一体化道路是保持各国内部均衡的基本保证。

以哈耶克①的自发秩序的角度来看，东亚区域经济一体化的过程和路径实质上是一种制度的传承，区域经济一体化成功的决定条件是对成功的制度和习惯的模仿而非物理的淘汰。因此，东亚区域经济一体化的制度设计也必须注重制度的传承，走一条渐进式的一体化道路。

## 8.5 本章小结

本章中虽然讨论的是经济制度与区域经济一体化之间的关系，但是一国所采取的经济制度与一国的政治制度、文化、宗教和历史等有着密切的关系，特别受一国所选择的政治制度的影响。从这一点来看，东亚地区在政治制度、经济制度、文化、宗教和历史等方面存在着巨大的差异性。

经济学家毫不否认制度对经济发展的影响作用。本章选择了霍尔和索斯吉斯的比较制度分析理论和他们提出的 VOC 方法对资本主义的制度进行分类。比较制度分析理论将“企业”作为比较基准，认为不同的制度能为一国的企业带来某种特殊竞争力，形成一种特有的竞争优势。Amable 进一步将资本主义制度划分为 5 种不同的类型，不同类型的国家对应不同的创新模式，如自由市场型国家具有激进式创新的优势，而社会民主主义型和地中海型制度国家具有渐进式创新的优势等。根据上述观点，东亚国家间巨大的制度差异是形成不同创新型东亚国家的根源。不同的创新型能力以及各国经济发展水平的差异，在东亚区域经济一体化过程中形成梯度技术转移路径和优势互补的产业分工网络。

以青木昌彦为代表的新比较制度学派更加注重制度与文化的关系、

① HAYEK.The Constitution of Liberty［M］. Oxford:Routledge Press，1960：38-176.

制度的互补性和制度的历史依赖性等。这种制度理论为东亚地区采取包容性和渐进式的一体化路径提供了一种理论依据。

美国著名经济学家、制度学派创始人诺思将制度变迁分为诱致性变迁和强制性制度变迁，将制度安排分为包容性制度安排和汲取性制度安排。包容性制度安排强调平等和自由协商，而汲取性制度安排是由少数垄断势力决定制度选择。因此，包容性制度能激发经济主体的积极性，能实现经济体的长久持续发展。因此，东亚区域经济一体化也应该走包容性的发展道路，充分照顾成员间的差异性，通过渐进式的制度变迁促进成员国的经济发展。

这种包容性和渐进式的一体化路径在生物生态学中的复杂系统理论中可以找到合理的解释。激进式的一体化道路会像生态系统遭受巨大冲击而使生态系统丧失自组织化能力一样，会使东亚弱小的成员国遭受巨大冲击而影响其经济发展。

经济学家马歇尔、韦伯、熊彼特和哈耶克等关于多样性与经济发展的论述也同样可以解释东亚地区走包容性和渐进式的一体化道路的合理性。

# 9 结论和对策建议

## 9.1 研究结论

在东亚地区，和横贯南北的绿色地带孕育着丰富的生物一样，东亚各国间也同样存在着巨大的差异性。在政治制度、文化、宗教、经济体制、收入水平、经济发展阶段、技术水平等方面都存在着巨大的差异性。自从20世纪70年代末开始，东亚国家间贸易和投资逐步增长，开始了经济上实质性的一体化进程。自21世纪以来，在东亚地区掀起了签订FTA的热潮，在东亚地区开始了制度性安排的经济一体化进程。东亚地区的区域内贸易份额和贸易依存度快速提升，到2014年均超过了50%，大大超过了北美自由贸易区（NAFTA）和欧盟同期的比例。与此同时，在东亚经济一体化的过程中，东亚各国的经济一直保持着快速发展的势头，特别是经济发展水平落后的东亚国家经济发展的速度更快，在东亚地区呈现出人均收入收敛的态势。在区域经济一体化理论中，差异性一直是区域经济一体化的阻碍因素。从东亚地区的差异性与一体化过程中所产生的经济发展效益来看，似乎形成了传统经济一体化理论上的悖论。从东亚区域经济一体化的进程来看，东亚国家自第二次世界大战以后，一直采取的是渐进式的一体化道路，即使从 21 世纪初开始，东亚国家开启了以签订双边和多边贸易协定为主要形式的制度化区域经济一体化进程，从总体上仍然采取在充分认识成员国间巨大差异性的基础上，走一条包容性和渐进式的一体化道路。东亚国家提出了构建以东盟为核心的 RCEP 经济一体化蓝图。那么，由东亚地区的多样性所决定的在东亚地区所采取的包容性和渐进式的经济一体化道路是否适合东亚地区的经济发展和技术进步，东亚地区是否要继续按照 RCEP 的框架和路径推进经济一体化的进程，是一个十分值得研究的问题。

对这一问题通过前文各章的研究，本研究可以得出以下结论：

（1）东亚地区的人均收入差距随东亚区域经济一体化进程的逐步推进呈现逐步缩小的趋势。

东亚国家的人均收入虽然差距很大，但是通过第 3 章的实证分析可以看出，随着经济一体化进程的推进，在东亚地区并没有出现“近邻贫困化”的现象，通过 β 收敛实证分析发现东亚国家人均 GDP 增长率呈现出明显的绝对收敛趋势。东亚国家的利用外资是促进东亚国家间人均 GDP 收敛的重要因素。东亚国家原始的人均 GDP 与人均 GDP 的收敛不存在相关关系，说明东亚国家在经济一体化过程中人均 GDP 的增长与国家的经济发展程度没有关系，因为是收敛的态势，应该可以被理解为经济越不发达的国家人均 GDP 的增速越高。东亚国际分工在促进人均 GDP 收敛过程中显著为负，这与预期不相吻合。究其原因，主要是因为东亚经济增长较快的主要国家，如中国、韩国和印度等参与东亚分工的程度不高，但主要参与了全球的分工体系，而越南、泰国和柬埔寨的参与程度最高，但是参与分工的层次比较低。因此，提升东亚国家间产业分工的规模和层次是今后缩小东亚国家间人均收入差距的主要路径之一。

（2）东亚国家间的技术差距随区域经济一体化进程的推进呈现逐步缩小的趋势，部分国家甚至实现了赶超和“逆袭”。

东亚国家在经济一体化过程中并没有出现后发国家陷入“比较优势陷阱”，使后发国家在技术上陷入“被俘获”的现象。东亚国家间发展阶段上的差异造成了技术水平上的多样性。技术的多样性、创新模式和创新能力上的差异性，随着贸易与投资合作的不断深化，在东亚形成了顺梯度的技术转移路径，在东亚形成了雁阵型产业转移模式。随着经济一体化进程的加快，东亚各国整体技术水平得到了提升。东亚的一些国家由于采取了合适的政策还成功地实现了技术上的赶超，甚至“逆袭”。这一点从东亚各国零部件贸易的种类、份额以及增长率上可以明显地判断出来。

但是，从后发国家通过贸易和引进外资获得技术进步的机制来看，落后国家越开放，技术进步越快，甚至会超过先发国家。但是，通过国际技术转移促进一国技术进步的机理分析，一个国家无论有多么开放，靠国际技术传递来取得技术进步是有限度的。那么，后发国家靠什么缩小与先进国家的技术差距，甚至“逆袭”呢？这主要得依靠后发国家国内是否具有与开放条件下相配套的促进技术进步合适的制度、政策、技术吸收能力、好的市场秩序以及自我技术创新能力等。技术进步包括内生技术进步和外生技术进步，前者可称为自创型技术进步，后者可称为获得性技术进步。如果一个国家能将两种技术进步有机地结合起来，就有可能在某个或某些行业快速赶超世界先进水平。在东亚地区除日本、韩国和新加坡外，中国通过对外开放和采取合适的国内政策和措施，已经从技术模仿和学习向自主创新的方向迈进。

(3) 随着区域经济一体化进程的推进，在东亚地区已经逐步形成了垂直分工和水平分工交织的产业分工格局。

东亚国家间由于经济发展阶段的不同，产业的竞争优势各不相同，但是东亚国家间贸易依存度和产业内贸易指数随区域经济一体化进程的推进而显著提高，形成了垂直分工和水平分工交织的区域产业分工网络。从第5章的分析可以看出，从东亚区域内贸易的国别和产品类别来看，日本、韩国、新加坡和中国与东亚其他国家的贸易结合度最高，一般机械、化学品和其他原料及其制品的贸易结合度最高。从贸易模式上来看，在机械产品方面，韩国、日本、新加坡是出口专业化型，澳大利亚、新西兰、印度、文莱、柬埔寨的进口专业化程度最高。在化学品方面，新加坡的出口专业化指数是最高的，其次是日本、澳大利亚、泰国。而其他东盟国家和中国的进口专业化则相对高一些。在食品方面，新西兰是出口专业化程度最高的国家，其次是泰国、澳大利亚、印度、越南等国。这也体现出澳大利亚和新西兰两个国家在农业方面的竞争优势，也凸显一些东盟发展中国家在农业上的传统优势。在油脂和其他动植物制品方面，印度尼西亚是出口专业化程度最高的国家，其次是澳大利亚、马来西亚。大多数东亚国家在该商品方面都是进口专业化型，尤其是中、日、韩3国。在杂项制品方面，中国在此产品方面的竞争优势尤为突出，反映出中国在东亚地区强大的出口竞争优势，而澳大利亚、文莱、日本、韩国的进口专业化水平很高。在其他原料及其制品方面，文莱和澳大利亚的出口专业化水平最为突出。

（4）产品多样性程度和产品类别的不同对产品出口的影响不同，这为区域内经贸合作政策的制定提供了理论和实证分析的参考依据。

从第6章采用贸易引力模型，通过对产品多样性和出口额的实证分析结果来看，东亚地区各国的贸易多样性有升有降，贸易多样性对不同产品和经济规模大小不同国家的出口影响不一样。从总体上看，2000—2013年间，东亚地区各国的多样化指数有升有降，其中越南、菲律宾、老挝、马来西亚的增加幅度很大，说明随着东亚贸易与投资一体化程度的加深，东盟内部落后成员国通过积极参与区域内专业化分工，工业化水平得到提升，从而促进了进出口贸易的增长，并伴随着出口多样性指数的上升而上升。澳大利亚、韩国、新西兰多样化指数有所下降，原因主要在于澳大利亚、新西兰出口的商品主要以矿产品和农产品为主，出口集中度相对偏高，从而导致多样性指数下降。而韩国则是因为专业化分工水平提升后，专注于电子类和汽车等产品的生产与出口，出口集中度上升，导致整体多样性下降。

在多样性指数与出口之间的关系上，本国贸易的多样性和贸易对方国家多样性对本国的出口都具有正面的影响，其中本国的出口多样性对本国出口的影响更大。也就是说，从东亚整体来说，如果一个区域内国家相互出口的产品越多，贸易对象越多，贸易份额越均衡，对一国产品出口的促进作用越大，其中，本国产品出口的对象国越多，出口份额越均衡，对本国产品出口的促进作用越大。这也说明了东亚区域内国家的贸易关系越密切，贸易越均衡对东亚成员国的出口越有利。

从对在东亚区域内贸易中依存度最高的机械、化学工业类和东亚国家间竞争性最强的纺织原料及纺织制品类三类产品的多样性分析来看，对于垂直产业化分工比较深入、相互间竞争性不强的资本和技术密集型产品，如机械类产品和化学工业类产品，本国和贸易对象国的多样性越大对本国产品的出口越有利。而从相互间竞争强的纺织原料及纺织制品类产品和杂项制品的分析来看，虽然本国产品的多样性越大对出口越有利，但是，贸易对象的多样性越大对本国产品的出口越不利。因为是竞争关系，贸易对象国的多样性越高，说明对象国该种产品的国际竞争力越强，对本国产品的出口形成强有力的竞争，不利于本国产品的出口。从这一点来看，产品种类的不同，产品多样性对本国出口的影响不同。在东亚区域经济一体化协议谈判中，各国可以据此制定针对不同类产品的保护政策，而不需要对本国所有的弱势产业采取产业保护政策。这有利于区域经济一体化协议的达成。

在第 7 章，从区域经济一体化对成员国产业迁移影响的角度探讨了产品差异与市场规模、关税保护之间的关系。运用空间经济学模型进行理论推导和模拟分析，得出不同类的产品，不同市场规模的国家关税保护的作用不同，即对产业流入和流出的影响不同。对于将引进外资作为促进本国经济发展重要路径的东亚国家来说，这一点十分重要。这一分析结果也说明了东亚国家在区域经济一体化谈判中没有必要对本国所有的弱势产业采取关税保护政策，而要根据不同的产业，在考虑本国的市场规模基础上制定相应的保护措施。这同样有利于区域经济一体化协议的达成。

(5) 东亚国家间制度的多样性使在东亚区域内形成了不同类型的创新型国家，不同类型的创新型国家有利于区域内技术梯度转移和产业分工合作。

通过对霍尔和索斯吉斯的比较制度理论和资本主义制度的 VOC 方法以及 Amable 的调节制度学派的介绍，按照制度国家对经济干预程度的不同，并使企业形成不同的创新优势，Amable 最终将资本主义市场体制划分为“市场基础型”、“亚洲型”、“欧洲大陆型”、“社会民主主义型”和“地中海型”5 种类型。同时，他们还将技术创新划分为激进式创新和渐进式创新 2 种。这 5 种不同制度类型促使不同类型的创新国家形成。“市场基础型”国家适合于激进式的制度创新，而“社会民主主义型”和“地中海型”国家适合于渐进式的创新。在东亚地区，日本、韩国和新加坡的国家制度比较适合于激进式的创新，而越南、缅甸、老挝等国的国家制度适合于渐进式的创新。中国由于改革开放的深入，已经从渐进式的创新逐步转向激进式的创新，具备了一定的激进式创新型国家制度的特质。在东亚地区存在的不同类型的创新型国家为区域内形成梯度技术转移模式并形成雁阵型产业转移模式，并为区域内形成优势互补的产业分工合作模式提供了基础。

(6) 包容性和渐进式推进是一条适合于东亚区域经济一体化的路径

区域经济一体化的制度安排实质上是一种强制性的制度变迁，这种制度变迁通过外界的压力（双边和多边贸易制度约束）促使各成员国国内实现制度变迁，比起诱致性变迁更具有效率，但是遇到的阻力会更大，付出的成本往往会比较高。如果把区域经济一体化组织视作一个经济体，那么它和一个国家一样，制度安排既可以是包容性的制度安排，也可以是汲取性的制度安排。包容性制度安排从经济维度来说，任何人都没有垄断或者控制市场进行掠夺的机会，自由和竞争使得经济主体具有很高的生产性激励。而汲取性制度安排从经济维度来说，经济制度或经济政策的决策由当权者或精英做出，他们通过垄断和对市场的控制掠夺各类经济主体，其结果导致生产性激励不足。

因此，在东亚区域经济一体化过程中必须采取包容性的制度安排，通过渐进的方式逐步削减不发达成员国的关税和非关税壁垒，促使他们进行适度的制度性变迁，进而逐步推动其技术进步和经济发展。从生物生态学的自组织化理论来看，每一个生态系统在一定的条件下都具有自组织化的能力，即自我调节的能力，但是当系统受到了强大的外部冲击时，系统会失去自组织的能力，很难恢复到均衡状态，甚至会崩溃。

东亚国家在经济规模、人均收入、技术水平、出口产品等方面存在着巨大的差异性。到目前为止的一体化道路是成员国在充分重视彼此间的差异性，相互平等协商，照顾到彼此关切的基础上进行的包容性制度安排，并通过自由贸易协定升级版的谈判逐步提升一体化的深度和广度。通过前面几章的实证分析，结果证明，东亚地区的这种包容性和渐进式的一体化制度安排促进了成员国技术的共同进步和经济的共同发展。

## 9.2 对策建议

（1）我国应以包容性和渐进式的方式加速推动东亚区域经济一体化的进程。

东亚地区的经济一体化进程是一种包容性的制度安排和渐进式的一体化进程。实践证明，这种制度安排和路径选择是适合东亚地区成员国差异性大的实际情况，在平等协商的基础上达成自由贸易协议。这充分体现了制度经济学中的包容性制度安排的特征，又符合生物生态学中的自组织化原理。但是，我们不能以包容性制度安排为借口而丧失提升一体化水平的责任感和使命感；不能以唯恐超出东亚地区经济自组织能力为借口而丧失主动提升一体化水平的动力。不可否认，东亚地区的经济一体化制度安排在不断发展的过程中像生物的进化一样需要不断地进行更新和升级，因为有一些制度安排已经成为东亚地区密切贸易联系和深化产业分工协作的障碍。因此，我国应该发挥在东亚地区的影响力，适时推动相关贸易协定升级版的谈判，如中国-东盟自由贸易协定升级版的谈判，同时吸收亚太地区的其他国家加入 RCEP。以亚太经合组织为平台，以包容性的制度安排和渐进式的模式推动亚太自由贸易区的建立。这应该是东亚地区，乃至亚太地区实现自由贸易的终极目标。

在推动东亚区域经济一体化的过程中，不可避免地要涉及美国在亚太强推的 TPP 战略。通过上述研究证明，毋庸置疑，贸易自由化虽然能促进成员国福利的整体提升，但是如果路径和节奏不当会造成部分成员国经济的损失。经济自由化毕竟是区域经济一体化的终极目标，东亚区域经济一体化也应该以此为目标，按照包容性和渐进式的路径不断地朝此目标迈进。因此，我国对TPP不仅无需排斥，而且还需要以一种谦虚的精神学习之。TPP就自由贸易规则而言，应该是一种值得推崇和今后双边和多边经贸制度安排的目标。但是从制度安排的角度来看它是一种典型的汲取性制度安排，是强者利用其垄断地位实现霸权的手段。其无视成员国间的差异性，特别是落后成员国的差异性会造成落后成员国丧失“自组织化”能力，可能会导致落后成员国经济系统的崩溃。因此，我国可以将TPP的规则看作是亚太自由贸易区经贸规则的追求目标，但是我国不能采取强制性的手段和走激进式的道路，我国应遵循生物生态学中自组织化和共进化的原理，采取包容性的制度安排和渐进式的道路，逐步升级自由贸易协定的“版本”，从而实现东亚区域经济一体化成员国共同的经济发展和技术进步。

（2）我国应致力于打造适合促进技术创新的国内制度环境。

通过比较制度理论的分析可以看出，一个国家的制度，特别是经济制度能够使企业产生不同的创新竞争优势，从而形成不同的创新类型。因此，打造适合技术创新的宏观制度环境，对于大力倡导的“大众创业，万众创新”的今天具有特别重要的指导意义。市场基础型的国家才能产生激进式的创新，越自由越宽松的宏观制度环境越有利于企业的创新，特别是激进式的创新，而激进式创新是我国实现从中国制造向中国“智造”的必由之路。我国政府实行简政放权和负面清单管理虽然是我国实现创新驱动战略的壮士断腕之举，但是，这些举措才真正是建设创新型国家的必由之路。因此，确立市场在资源配置中的决定性作用，才能使“大众创业，万众创新”注入不竭之源泉，喷涌出无数创新之浪花，最终形成波澜壮阔的“大众创业，万众创新”之洪流。

（3）在推进东亚区域经济一体化过程中深化与东亚国家的产能合作。

随着东亚区域经济一体化的深入推进，我国与东亚国家间的贸易依存度和产业内贸易指数逐步提高，与东亚国家间的产业合作进一步加深，基本形成了垂直分工和水平分工相互交融的局面。我国在一般机械、电气产品、化工产品和IT产品等领域已经与东亚国家间初步形成了产业内分工的格局。东亚国家都是我国实施“一带一路”倡议的沿线国家，深化与东亚国家的产能合作是我国推进“一带一路”倡议实施的重要区域，也是在当前情况下推进我国供给侧结构性改革的重要举措之一。在纺织品、服装和杂项制品领域，我国与东亚的绝大部分发展中国家存在着竞争关系。对于这些产业，一方面我国可以通过产业转移（转移至东亚劳动力成本更低的国家）以实现淘汰落后产能，同时加大这些产业转型升级的力度。这样在推进东亚区域经济一体化过程中促进我国供给侧结构性改革，实现我国经济的转型升级。

（4）在东亚区域经济一体化制度安排谈判中我国应实行灵活的谈判策略。

在进行区域经济一体化协议谈判时，在产业保护上应根据不同的产品实行不同的保护政策。从产品多样性与出口贸易关系的分析中可以看出，不同产品本国和贸易对象国的多样性对本国产品出口的影响不同。对于本国产品竞争力强，区域国家间产业分工程度深的产品，本国产品的多样性和贸易对象国产品的多样性对本国产品的出口都有利。对于这一类产品我国在区域经济一体化谈判中尽量最大限度地取消贸易和非贸易壁垒，为这些类产品进一步的国际分工合作创造良好的条件。这一类产品在我国主要有一般机械产品、电气和电子产品、化学工业类产品和IT关联产品等。对于这类产品，我国一方面不仅要加大实行市场多元化战略，尽量均衡分布出口市场的份额，分散市场风险，而且要尽可能深化与其他国家的产业分工协作，因为贸易对象国的多样性有利于本国产品的出口。针对我国与区域内其他国家竞争性强的产品，这类产品主要是劳动密集型的产品，如纺织原料和纺织制品类产品、杂项制品等，由于贸易对象国的多样性对我国产品的出口不利，我国应该提高这类产品的竞争力，拉开这类产品与竞争对手的产品的档次，与贸易对象国进行差异化的竞争，或者将在我国失去比较优势的劳动密集型产业转移出去，促进我国供给侧结构性改革。

从产业立地和产业迁移的角度来看，差异性不同的产品在不同市场规模的国家关税的保护作用不同。因此，从这个角度来说，在东亚区域经济一体化协议谈判时也应该根据不同的产品和不同市场规模的国家制定不同的产业保护政策和保护水平。

（5）在推进东亚区域经济一体化的过程中，在进行制度协调的同时更加重视民心相通。

区域经济一体化的过程实质上是一种制度变迁的过程。韦伯认为社会的进步是一个社会制度的累积和继承，是历史的、心理的进程，需要动态和统一地把握社会进化进程的连续性和非连续性。哈耶克认为社会进化的决定条件是对成功的制度和习惯的模仿而非物理的淘汰。熊彼特认为创新需要考虑静态与动态、联合与分化、历史与心理、淘汰与进化之间的关系，区域经济一体化其实是一种新旧制度的替代过程。这种过程需要充分考虑历史与心理的作用；这种制度变迁是一种制度和规则受到大众认可和接受的过程。因此，推进区域经济一体化需要充分重视民心相通，只有民心相通才能减少强制性制度变迁的阻力，才能使新的制度尽快成为一种社会习惯。东亚地区是我国推进"一带一路"倡议的重要区域之一，政策协调和民心相通是推进"一带一路"倡议的重要组成部分。没有民心相通，政策协调的难度和效果会大打折扣。这也是东亚地区多样性的制度差异所决定的。

## 9.3 存在的不足和待继续研究的问题

（1）对制度的多样性与东亚区域经济一体化进程之间的关系没有用实证的方法进行研究，只运用了比较分析和逻辑推理的规范研究方法得出包容性制度安排和汲取性制度安排对东亚区域经济一体化进程可能造成的影响，得出的结论缺乏具体实证分析结论的支撑。另一方面，关于制度安排对于区域经济发展的实证研究方法和成果本来就不多，这为本研究造成了一定的难度，这也是本研究在这方面缺乏实证分析的主要原因之一。这为笔者进一步深化研究留下了空间，笔者今后将继续这方面的研究。

（2）对 RCEP 东亚区域经济一体化路径与美国强推的 TPP 亚太区域经济一体化路径缺少深入的和明确的对比分析。本书写作的目的之一就是回答东亚的多样性与区域经济一体化进程的关系，通过理论和实证分析证明东亚迄今所采取的包容性和渐进式一体化道路符合东亚地区的实际，有利于东亚区域的整体发展，同时从另一方面试图与美国在亚太强推的激进式的TPP经济一体化战略进行对比分析。但是，本研究主要侧重于对RCEP一体化路径的分析，对于与TPP的对比分析远远不够，这也可能超出了本研究的范围。但是这个问题确实十分值得研究，笔者将在今后的研究中继续予以探讨。

# 附录

附表 1　2000—2013 年东亚地区各国家的出口多样性指数表（一）

| 年份 | 澳大利亚 | 菲律宾 | 韩国 | 柬埔寨 | 老挝 | 马来西亚 | 日本 |
|---|---|---|---|---|---|---|---|
| 2000 | 0.7059 | 0.3963 | 0.6349 | 0.4884 | 0.3317 | 0.5040 | 0.5615 |
| 2001 | 0.6782 | 0.4021 | 0.6406 | 0.4829 | 0.3060 | 0.5087 | 0.5745 |
| 2002 | 0.6853 | 0.3845 | 0.6177 | 0.4611 | 0.2934 | 0.5081 | 0.5712 |
| 2003 | 0.6829 | 0.3818 | 0.5993 | 0.4810 | 0.2620 | 0.5051 | 0.5611 |
| 2004 | 0.6644 | 0.3693 | 0.5836 | 0.4681 | 0.3275 | 0.5055 | 0.5627 |
| 2005 | 0.6159 | 0.3689 | 0.5752 | 0.4940 | 0.4247 | 0.5024 | 0.5745 |
| 2006 | 0.6001 | 0.3700 | 0.5662 | 0.5081 | 0.3848 | 0.5098 | 0.5809 |
| 2007 | 0.5889 | 0.3673 | 0.5703 | 0.4844 | 0.3566 | 0.5233 | 0.6315 |
| 2008 | 0.5136 | 0.4157 | 0.5810 | 0.5092 | 0.4130 | 0.5271 | 0.5937 |
| 2009 | 0.5213 | 0.4612 | 0.5870 | 0.4703 | 0.4474 | 0.5322 | 0.6031 |
| 2010 | 0.4937 | 0.4316 | 0.5785 | 0.5163 | 0.4840 | 0.5222 | 0.5903 |
| 2011 | 0.4732 | 0.4991 | 0.5858 | 0.4972 | 0.4585 | 0.5250 | 0.5949 |
| 2012 | 0.4830 | 0.4820 | 0.5707 | 0.5328 | 0.5000 | 0.5248 | 0.5945 |
| 2013 | 0.4740 | 0.5856 | 0.5849 | 0.4477 | 0.4668 | 0.5673 | 0.6109 |

资料来源　根据 http：//comtrade.un.org/db/数据库计算得出。

附表 2　2000—2013 年东亚地区各国家的出口多样性指数表（二）

| 年份 | 泰国 | 文莱 | 新加坡 | 新西兰 | 印度 | 印度尼西亚 | 越南 | 中国 |
|---|---|---|---|---|---|---|---|---|
| 2000 | 0.6675 | 0.0640 | 0.4902 | 0.7345 | 0.7279 | 0.5663 | 0.5184 | 0.7514 |
| 2001 | 0.6831 | 0.0793 | 0.5067 | 0.7268 | 0.7405 | 0.5895 | 0.5439 | 0.7449 |
| 2002 | 0.6773 | 0.0643 | 0.5042 | 0.7476 | 0.7440 | 0.6053 | 0.5630 | 0.7291 |
| 2003 | 0.6705 | 0.0586 | 0.5121 | 0.7476 | 0.7157 | 0.6191 | 0.5700 | 0.7183 |
| 2004 | 0.6615 | 0.0493 | 0.5101 | 0.7473 | 0.6653 | 0.6178 | 0.5485 | 0.7073 |
| 2005 | 0.6505 | 0.0416 | 0.5036 | 0.7493 | 0.6389 | 0.6020 | 0.5285 | 0.7115 |
| 2006 | 0.6549 | 0.0303 | 0.5069 | 0.7348 | 0.6414 | 0.6170 | 0.5646 | 0.7095 |
| 2007 | 0.6571 | 0.0307 | 0.5253 | 0.7215 | 0.6303 | 0.6295 | 0.5979 | 0.7026 |
| 2008 | 0.6593 | 0.0221 | 0.5126 | 0.6929 | 0.6047 | 0.5961 | 0.6057 | 0.6925 |
| 2009 | 0.6641 | 0.0268 | 0.5357 | 0.7096 | 0.6598 | 0.6163 | 0.6558 | 0.6906 |
| 2010 | 0.6604 | 0.0377 | 0.5359 | 0.6765 | 0.6233 | 0.6067 | 0.6926 | 0.6997 |
| 2011 | 0.6739 | 0.0480 | 0.5381 | 0.6654 | 0.6370 | 0.5670 | 0.6937 | 0.7146 |
| 2012 | 0.6756 | 0.0380 | 0.5465 | 0.6699 | 0.6692 | 0.5644 | 0.6657 | 0.7107 |
| 2013 | 0.6985 | 0.0495 | 0.5393 | 0.6527 | 0.7140 | 0.5815 | 0.7061 | 0.7090 |

资料来源　根据 http：//comtrade.un.org/db/数据库计算得出。

附表 3　2000—2013 年东亚地区各国家机械类产品的出口多样性指数表（一）

| 年份 | 澳大利亚 | 菲律宾 | 韩国 | 柬埔寨 | 老挝 | 马来西亚 | 日本 |
|---|---|---|---|---|---|---|---|
| 2000 | 0.7987 | 0.6931 | 0.7807 | 0.6508 | 0.0365 | 0.6540 | 0.7845 |
| 2001 | 0.7812 | 0.7011 | 0.7730 | 0.6591 | 0.1818 | 0.6579 | 0.7691 |
| 2002 | 0.7517 | 0.7404 | 0.7572 | 0.6682 | 0.1041 | 0.6599 | 0.7250 |
| 2003 | 0.7074 | 0.6957 | 0.6928 | 0.7193 | 0.3792 | 0.6670 | 0.7051 |
| 2004 | 0.7030 | 0.6911 | 0.6275 | 0.7326 | 0.1438 | 0.6860 | 0.7248 |
| 2005 | 0.7223 | 0.6360 | 0.5819 | 0.5252 | 0.4003 | 0.6798 | 0.7263 |
| 2006 | 0.7544 | 0.5894 | 0.5783 | 0.5507 | 0.4218 | 0.6804 | 0.6693 |
| 2007 | 0.7542 | 0.5446 | 0.5674 | 0.6205 | 0.2735 | 0.6841 | 0.7557 |
| 2008 | 0.7877 | 0.5593 | 0.5755 | 0.8645 | 0.2386 | 0.6900 | 0.7172 |
| 2009 | 0.7882 | 0.6166 | 0.5505 | 0.9172 | 0.2232 | 0.6835 | 0.6889 |
| 2010 | 0.7741 | 0.6425 | 0.5365 | 0.3351 | 0.1818 | 0.6644 | 0.6911 |
| 2011 | 0.7741 | 0.6116 | 0.5390 | 0.8156 | 0.2705 | 0.6506 | 0.6822 |
| 2012 | 0.7804 | 0.6089 | 0.5407 | 0.7043 | 0.3540 | 0.6588 | 0.7170 |
| 2013 | 0.7697 | 0.7201 | 0.5873 | 0.4959 | 0.4125 | 0.7737 | 0.7616 |

资料来源　根据 http：//comtrade.un.org/db/数据库计算得出。

附表 4 2000—2013 年东亚地区各国家机械类产品的出口多样性指数表（二）

| 年份 | 泰国 | 新加坡 | 新西兰 | 印度 | 印度尼西亚 | 越南 | 中国 |
|---|---|---|---|---|---|---|---|
| 2000 | 0.7719 | 0.7807 | 0.4034 | 0.7606 | 0.6753 | 0.6174 | 0.7036 |
| 2001 | 0.7335 | 0.7513 | 0.4617 | 0.7517 | 0.6736 | 0.6665 | 0.6931 |
| 2002 | 0.7790 | 0.7624 | 0.4338 | 0.8529 | 0.7229 | 0.6459 | 0.7067 |
| 2003 | 0.8065 | 0.8048 | 0.4338 | 0.8851 | 0.6333 | 0.6208 | 0.7036 |
| 2004 | 0.8042 | 0.8078 | 0.4371 | 0.8476 | 0.6409 | 0.6504 | 0.7349 |
| 2005 | 0.8160 | 0.8128 | 0.4258 | 0.8555 | 0.6561 | 0.6666 | 0.7533 |
| 2006 | 0.8287 | 0.8156 | 0.4774 | 0.8652 | 0.6822 | 0.6909 | 0.7865 |
| 2007 | 0.8242 | 0.8342 | 0.4582 | 0.8774 | 0.7098 | 0.7318 | 0.8142 |
| 2008 | 0.8372 | 0.8368 | 0.4984 | 0.8992 | 0.7306 | 0.7194 | 0.8261 |
| 2009 | 0.8288 | 0.8406 | 0.4736 | 0.8799 | 0.7561 | 0.7473 | 0.8380 |
| 2010 | 0.8456 | 0.8331 | 0.5526 | 0.8649 | 0.7845 | 0.7603 | 0.8372 |
| 2011 | 0.8352 | 0.8280 | 0.5340 | 0.8809 | 0.8027 | 0.7951 | 0.8465 |
| 2012 | 0.8647 | 0.8267 | 0.5200 | 0.9073 | 0.7980 | 0.7650 | 0.8513 |
| 2013 | 0.9341 | 0.8538 | 0.5045 | 0.8196 | 0.7880 | 0.8996 | 0.8644 |

资料来源 根据 http：//comtrade.un.org/db/数据库计算得出。

附表 5 2000—2013 年东亚地区各国家纺织原料及纺织制品类产品的出口多样性指数表（一）

| 年份 | 澳大利亚 | 菲律宾 | 韩国 | 柬埔寨 | 老挝 | 马来西亚 | 日本 |
|---|---|---|---|---|---|---|---|
| 2000 | 0.7503 | 0.5664 | 0.6743 | 0.2369 | 0.4622 | 0.5833 | 0.5009 |
| 2001 | 0.7547 | 0.5475 | 0.6681 | 0.3215 | 0.6153 | 0.6059 | 0.4702 |
| 2002 | 0.7294 | 0.6379 | 0.7037 | 0.2564 | 0.6024 | 0.6604 | 0.4432 |
| 2003 | 0.7275 | 0.6528 | 0.6711 | 0.4431 | 0.6097 | 0.6725 | 0.4632 |
| 2004 | 0.6372 | 0.6165 | 0.6709 | 0.5968 | 0.5551 | 0.7256 | 0.4554 |
| 2005 | 0.5876 | 0.6596 | 0.6803 | 0.6508 | 0.7457 | 0.7674 | 0.4622 |
| 2006 | 0.5849 | 0.6495 | 0.6900 | 0.6845 | 0.5795 | 0.7839 | 0.4725 |
| 2007 | 0.5265 | 0.6834 | 0.6968 | 0.7803 | 0.6055 | 0.7847 | 0.4972 |
| 2008 | 0.5404 | 0.6653 | 0.7073 | 0.8205 | 0.5941 | 0.7982 | 0.5261 |
| 2009 | 0.5345 | 0.6444 | 0.7116 | 0.7403 | 0.4902 | 0.8604 | 0.5273 |
| 2010 | 0.5303 | 0.6533 | 0.7152 | 0.7504 | 0.5297 | 0.8788 | 0.5497 |
| 2011 | 0.4715 | 0.6877 | 0.7249 | 0.6513 | 0.5087 | 0.8906 | 0.5534 |
| 2012 | 0.4329 | 0.7130 | 0.7290 | 0.7058 | 0.3569 | 0.8923 | 0.5751 |
| 2013 | 0.4428 | 0.5803 | 0.7170 | 0.7110 | 0.3062 | 0.9350 | 0.6114 |

资料来源 根据 http：//comtrade.un.org/db/数据库计算得出。

附表 6　　2000—2013 年东亚地区各国家纺织原料及纺织制品类产品的出口多样性指数表（二）

| 年份 | 泰国 | 新加坡 | 新西兰 | 印度 | 印度尼西亚 | 越南 | 中国 |
|---|---|---|---|---|---|---|---|
| 2000 | 0.8686 | 0.5855 | 0.5341 | 0.7905 | 0.8269 | 0.3798 | 0.4769 |
| 2001 | 0.8653 | 0.6117 | 0.5208 | 0.7827 | 0.8303 | 0.4086 | 0.4742 |
| 2002 | 0.8934 | 0.6785 | 0.4850 | 0.7815 | 0.8436 | 0.5001 | 0.5466 |
| 2003 | 0.8856 | 0.6776 | 0.4850 | 0.7816 | 0.8480 | 0.5176 | 0.5835 |
| 2004 | 0.8903 | 0.6612 | 0.4755 | 0.8086 | 0.8585 | 0.5091 | 0.6111 |
| 2005 | 0.9059 | 0.6440 | 0.5213 | 0.8033 | 0.8750 | 0.5425 | 0.6458 |
| 2006 | 0.9190 | 0.6303 | 0.5105 | 0.7272 | 0.8596 | 0.5971 | 0.6721 |
| 2007 | 0.9223 | 0.5484 | 0.5058 | 0.7238 | 0.8585 | 0.6221 | 0.7313 |
| 2008 | 0.9183 | 0.5268 | 0.5047 | 0.7449 | 0.8578 | 0.6567 | 0.7352 |
| 2009 | 0.9065 | 0.6102 | 0.5144 | 0.7794 | 0.8491 | 0.6517 | 0.7197 |
| 2010 | 0.9125 | 0.6353 | 0.5150 | 0.6504 | 0.8458 | 0.6792 | 0.7698 |
| 2011 | 0.8876 | 0.5828 | 0.4789 | 0.6054 | 0.8103 | 0.6527 | 0.7799 |
| 2012 | 0.8848 | 0.5037 | 0.4973 | 0.5494 | 0.7871 | 0.6484 | 0.8092 |
| 2013 | 0.9007 | 0.7608 | 0.4221 | 0.5711 | 0.7861 | 0.6512 | 0.8308 |

资料来源　根据 http：//comtrade.un.org/db/数据库由笔者计算得出。

附表 7　　2000—2013 年东亚地区各国家化学工业类产品的出口多样性指数表（一）

| 年份 | 澳大利亚 | 菲律宾 | 韩国 | 柬埔寨 | 老挝 | 马来西亚 | 日本 |
|---|---|---|---|---|---|---|---|
| 2000 | 0.7998 | 0.8424 | 0.6265 | 0.7270 | 0.7224 | 0.8317 | 0.7240 |
| 2001 | 0.8081 | 0.8496 | 0.5929 | 0.5865 | 0.8099 | 0.8403 | 0.7282 |
| 2002 | 0.7844 | 0.8550 | 0.5911 | 0.4984 | 0.8267 | 0.8449 | 0.6862 |
| 2003 | 0.7456 | 0.8380 | 0.5651 | 0.3777 | 0.7435 | 0.8424 | 0.6827 |
| 2004 | 0.7401 | 0.8221 | 0.5388 | 0.2199 | 0.4590 | 0.8462 | 0.6628 |
| 2005 | 0.7073 | 0.8343 | 0.5009 | 0.2336 | 0.4453 | 0.8497 | 0.6489 |
| 2006 | 0.6978 | 0.7785 | 0.4954 | 0.3342 | 0.2376 | 0.8338 | 0.6356 |
| 2007 | 0.7332 | 0.8236 | 0.4871 | 0.3808 | 0.1894 | 0.8387 | 0.6351 |
| 2008 | 0.7775 | 0.8121 | 0.5304 | 0.3354 | 0.2721 | 0.8439 | 0.6410 |
| 2009 | 0.7961 | 0.7876 | 0.5306 | 0.3208 | 0.2120 | 0.8358 | 0.6211 |
| 2010 | 0.7884 | 0.7825 | 0.5489 | 0.4437 | 0.3216 | 0.8176 | 0.6315 |
| 2011 | 0.8308 | 0.8071 | 0.5546 | 0.4763 | 0.5251 | 0.8025 | 0.6325 |
| 2012 | 0.7761 | 0.7705 | 0.5610 | 0.4902 | 0.6118 | 0.8140 | 0.6332 |
| 2013 | 0.8601 | 0.7835 | 0.5668 | 0.5471 | 0.4885 | 0.8218 | 0.6513 |

资料来源　根据 http：//comtrade.un.org/db/数据库由笔者计算得出。

附表 8 2000—2013 年东亚地区各国家化学工业类产品的出口多样性指数表（二）

| 年份 | 泰国 | 新加坡 | 新西兰 | 印度 | 印度尼西亚 | 越南 | 中国 |
| --- | --- | --- | --- | --- | --- | --- | --- |
| 2000 | 0.8207 | 0.8530 | 0.6526 | 0.8843 | 0.8636 | 0.7645 | 0.7972 |
| 2001 | 0.8555 | 0.8568 | 0.6337 | 0.8735 | 0.8368 | 0.8046 | 0.7953 |
| 2002 | 0.8273 | 0.8385 | 0.5681 | 0.8261 | 0.8242 | 0.8237 | 0.8139 |
| 2003 | 0.8166 | 0.8506 | 0.5681 | 0.8092 | 0.8296 | 0.7836 | 0.8205 |
| 2004 | 0.8213 | 0.8454 | 0.6045 | 0.7942 | 0.8180 | 0.7970 | 0.8331 |
| 2005 | 0.8354 | 0.8456 | 0.5558 | 0.7858 | 0.8186 | 0.8252 | 0.8119 |
| 2006 | 0.8107 | 0.8471 | 0.5714 | 0.8072 | 0.8070 | 0.7908 | 0.8160 |
| 2007 | 0.8121 | 0.8031 | 0.5922 | 0.8287 | 0.8349 | 0.8425 | 0.8262 |
| 2008 | 0.8357 | 0.8167 | 0.6342 | 0.8645 | 0.8194 | 0.8790 | 0.8414 |
| 2009 | 0.8198 | 0.8232 | 0.6852 | 0.8813 | 0.8329 | 0.8745 | 0.8575 |
| 2010 | 0.7964 | 0.8219 | 0.6627 | 0.8763 | 0.8151 | 0.8599 | 0.8467 |
| 2011 | 0.7844 | 0.8247 | 0.6529 | 0.8739 | 0.7865 | 0.8690 | 0.8456 |
| 2012 | 0.7886 | 0.8331 | 0.6791 | 0.9025 | 0.8266 | 0.8699 | 0.8768 |
| 2013 | 0.8012 | 0.8514 | 0.6346 | 0.8851 | 0.8429 | 0.8284 | 0.8903 |

资料来源 根据 http：//comtrade.un.org/db/数据库计算得出。

附表 9 2000—2013 年东亚地区各国家食品类产品的出口多样性指数表（一）

| 年份 | 澳大利亚 | 菲律宾 | 韩国 | 柬埔寨 | 老挝 | 马来西亚 | 日本 |
| --- | --- | --- | --- | --- | --- | --- | --- |
| 2000 | 0.7437 | 0.4631 | 0.2939 | 0.7617 | 0.5565 | 0.6133 | 0.7457 |
| 2001 | 0.7590 | 0.5276 | 0.3533 | 0.8738 | 0.4137 | 0.6350 | 0.7305 |
| 2002 | 0.7887 | 0.5201 | 0.3477 | 0.7686 | 0.4660 | 0.6731 | 0.7584 |
| 2003 | 0.7534 | 0.5972 | 0.3908 | 0.7339 | 0.4090 | 0.6798 | 0.7484 |
| 2004 | 0.7534 | 0.6141 | 0.3974 | 0.6217 | 0.1274 | 0.7179 | 0.7274 |
| 2005 | 0.7512 | 0.6573 | 0.4682 | 0.4878 | 0.4451 | 0.7314 | 0.7250 |
| 2006 | 0.7818 | 0.6493 | 0.5134 | 0.5345 | 0.5751 | 0.7468 | 0.6933 |
| 2007 | 0.7843 | 0.6820 | 0.5883 | 0.5211 | 0.6455 | 0.7755 | 0.7203 |
| 2008 | 0.8027 | 0.6701 | 0.5850 | 0.4384 | 0.4728 | 0.8031 | 0.7657 |
| 2009 | 0.8304 | 0.5980 | 0.5937 | 0.5374 | 0.5389 | 0.7960 | 0.7515 |
| 2010 | 0.8434 | 0.6733 | 0.6172 | 0.4772 | 0.5362 | 0.8322 | 0.7564 |
| 2011 | 0.8488 | 0.7094 | 0.6258 | 0.4961 | 0.6240 | 0.8383 | 0.8234 |
| 2012 | 0.8707 | 0.6728 | 0.6311 | 0.6091 | 0.6759 | 0.8576 | 0.8429 |
| 2013 | 0.8746 | 0.7932 | 0.6703 | 0.7366 | 0.6869 | 0.8572 | 0.8240 |

资料来源 根据 http：//comtrade.un.org/db/数据库计算得出。

附表 10　**2000—2013 年东亚地区各国家食品类产品的出口多样性指数表（二）**

| 年份 | 泰国 | 新加坡 | 新西兰 | 印度 | 印度尼西亚 | 越南 | 中国 |
|---|---|---|---|---|---|---|---|
| 2000 | 0.6901 | 0.8678 | 0.7821 | 0.7267 | 0.5726 | 0.7525 | 0.4945 |
| 2001 | 0.6744 | 0.8600 | 0.8198 | 0.8173 | 0.6003 | 0.7482 | 0.4768 |
| 2002 | 0.7174 | 0.8920 | 0.7869 | 0.8500 | 0.6483 | 0.7644 | 0.5507 |
| 2003 | 0.7562 | 0.8751 | 0.7869 | 0.8691 | 0.7216 | 0.7552 | 0.5772 |
| 2004 | 0.7886 | 0.8844 | 0.8344 | 0.8508 | 0.7551 | 0.7611 | 0.5314 |
| 2005 | 0.7953 | 0.8966 | 0.8303 | 0.8603 | 0.7808 | 0.7560 | 0.5478 |
| 2006 | 0.8030 | 0.9023 | 0.8480 | 0.8745 | 0.8023 | 0.8130 | 0.5884 |
| 2007 | 0.8468 | 0.9015 | 0.8734 | 0.8765 | 0.8288 | 0.8516 | 0.6317 |
| 2008 | 0.8573 | 0.8707 | 0.8776 | 0.8566 | 0.8389 | 0.8119 | 0.6835 |
| 2009 | 0.8512 | 0.8744 | 0.8934 | 0.8901 | 0.8515 | 0.8349 | 0.7159 |
| 2010 | 0.8722 | 0.8903 | 0.9064 | 0.8614 | 0.8665 | 0.8671 | 0.7341 |
| 2011 | 0.8553 | 0.8807 | 0.8259 | 0.8566 | 0.8874 | 0.8989 | 0.7468 |
| 2012 | 0.8563 | 0.8793 | 0.8196 | 0.9134 | 0.9114 | 0.8808 | 0.7393 |
| 2013 | 0.8658 | 0.9234 | 0.7131 | 0.7855 | 0.9192 | 0.7897 | 0.7749 |

资料来源　根据 http：//comtrade.un.org/db/数据库由笔者计算得出。

附表 11　**2000—2013 年东亚地区各国家油脂和其他动植物制品类产品的出口多样性指数表（一）**

| 年份 | 澳大利亚 | 菲律宾 | 韩国 | 柬埔寨 | 老挝 | 马来西亚 | 日本 |
|---|---|---|---|---|---|---|---|
| 2000 | 0.5616 | 0.6853 | 0.2671 | 0.5246 | 0.6399 | 0.7346 | 0.7703 |
| 2001 | 0.5481 | 0.6879 | 0.3117 | 0.6171 | 0.8009 | 0.7246 | 0.8296 |
| 2002 | 0.5263 | 0.7065 | 0.3877 | 0.6002 | 0.4746 | 0.6989 | 0.7924 |
| 2003 | 0.5000 | 0.6865 | 0.3630 | 0.3178 | 0.4289 | 0.6683 | 0.8210 |
| 2004 | 0.5334 | 0.6676 | 0.3522 | 0.7852 | 0.4719 | 0.6941 | 0.7988 |
| 2005 | 0.5424 | 0.6670 | 0.3514 | 0.4791 | 0.5680 | 0.6927 | 0.7623 |
| 2006 | 0.5535 | 0.7458 | 0.4391 | 0.5781 | 0.6899 | 0.6979 | 0.7794 |
| 2007 | 0.6034 | 0.6189 | 0.5532 | 0.4262 | 0.5641 | 0.6296 | 0.7631 |
| 2008 | 0.6388 | 0.6781 | 0.5260 | 0.5141 | 0.4688 | 0.6467 | 0.7420 |
| 2009 | 0.6765 | 0.5999 | 0.5631 | 0.4857 | 0.5044 | 0.6711 | 0.6986 |
| 2010 | 0.6601 | 0.5860 | 0.6236 | 0.4956 | 0.5633 | 0.7111 | 0.6812 |
| 2011 | 0.7198 | 0.5939 | 0.6100 | 0.6954 | 0.5577 | 0.7191 | 0.6859 |
| 2012 | 0.6870 | 0.7220 | 0.6645 | 0.4920 | 0.4804 | 0.7018 | 0.7187 |
| 2013 | 0.6666 | 0.8975 | 0.6816 | 0.3288 | 0.5715 | 0.6972 | 0.7267 |

资料来源　根据 http：//comtrade.un.org/db/数据库计算得出。

附表 12 **2000—2013 年东亚地区各国家油脂和其他动植物制品类产品的出口多样性指数表（二）**

| 年份 | 泰国 | 新加坡 | 新西兰 | 印度 | 印度尼西亚 | 越南 | 中国 |
|---|---|---|---|---|---|---|---|
| 2000 | 0.7975 | 0.9161 | 0.6156 | 0.7896 | 0.5092 | 0.8862 | 0.5179 |
| 2001 | 0.7322 | 0.8873 | 0.6984 | 0.8497 | 0.5298 | 0.7886 | 0.5135 |
| 2002 | 0.7777 | 0.8924 | 0.6191 | 0.8603 | 0.5142 | 0.9127 | 0.6131 |
| 2003 | 0.8324 | 0.8949 | 0.6191 | 0.7953 | 0.5031 | 0.8220 | 0.6077 |
| 2004 | 0.7980 | 0.9180 | 0.6562 | 0.8124 | 0.5306 | 0.7747 | 0.5913 |
| 2005 | 0.8137 | 0.9003 | 0.6446 | 0.8066 | 0.5330 | 0.8557 | 0.6161 |
| 2006 | 0.8337 | 0.8399 | 0.6240 | 0.8447 | 0.5554 | 0.8216 | 0.6267 |
| 2007 | 0.7898 | 0.8716 | 0.5518 | 0.8263 | 0.5105 | 0.8308 | 0.6668 |
| 2008 | 0.8375 | 0.8582 | 0.4934 | 0.7928 | 0.5215 | 0.7669 | 0.6865 |
| 2009 | 0.9162 | 0.8688 | 0.6265 | 0.7616 | 0.5170 | 0.7888 | 0.7101 |
| 2010 | 0.9033 | 0.8456 | 0.6224 | 0.7378 | 0.5171 | 0.7600 | 0.7287 |
| 2011 | 0.7656 | 0.8878 | 0.6964 | 0.7647 | 0.5724 | 0.7138 | 0.7542 |
| 2012 | 0.8584 | 0.8378 | 0.6757 | 0.7954 | 0.5603 | 0.7588 | 0.7321 |
| 2013 | 0.8317 | 0.8927 | 0.7526 | 0.8051 | 0.5560 | 0.8081 | 0.7535 |

资料来源 根据 http：//comtrade.un.org/db/数据库计算得出。

附表 13 **2000—2013 年东亚地区各国家其他原料及其制品类产品的出口多样性指数表（一）**

| 年份 | 澳大利亚 | 菲律宾 | 韩国 | 柬埔寨 | 老挝 | 马来西亚 | 日本 |
|---|---|---|---|---|---|---|---|
| 2000 | 0.7251 | 0.6468 | 0.6494 | 0.5026 | 0.5036 | 0.7908 | 0.7662 |
| 2001 | 0.6795 | 0.6652 | 0.6394 | 0.6606 | 0.4809 | 0.7675 | 0.7443 |
| 2002 | 0.6871 | 0.7585 | 0.7081 | 0.6163 | 0.4056 | 0.7912 | 0.7113 |
| 2003 | 0.7042 | 0.7154 | 0.6363 | 0.5552 | 0.3802 | 0.8097 | 0.6945 |
| 2004 | 0.7213 | 0.7122 | 0.6504 | 0.4591 | 0.2583 | 0.8394 | 0.7021 |
| 2005 | 0.7158 | 0.7432 | 0.6993 | 0.4794 | 0.5031 | 0.8372 | 0.7096 |
| 2006 | 0.7226 | 0.7380 | 0.7141 | 0.6011 | 0.5026 | 0.8368 | 0.7118 |
| 2007 | 0.7075 | 0.7202 | 0.7377 | 0.5829 | 0.5415 | 0.8462 | 0.7329 |
| 2008 | 0.6738 | 0.7753 | 0.7744 | 0.5734 | 0.4704 | 0.8222 | 0.7624 |
| 2009 | 0.6600 | 0.7206 | 0.7831 | 0.2894 | 0.4937 | 0.8231 | 0.7391 |
| 2010 | 0.6288 | 0.7050 | 0.7845 | 0.5832 | 0.5006 | 0.8203 | 0.7544 |
| 2011 | 0.6157 | 0.6735 | 0.7882 | 0.5476 | 0.5155 | 0.7940 | 0.7688 |
| 2012 | 0.6159 | 0.6057 | 0.8180 | 0.3647 | 0.5481 | 0.7835 | 0.7700 |
| 2013 | 0.5702 | 0.6475 | 0.8475 | 0.2301 | 0.5215 | 0.8311 | 0.8088 |

资料来源 根据 http：//comtrade.un.org/db/数据库由笔者计算得出。

附表 14　**2000—2013 年东亚地区各国家其他原料及其制品类产品的出口多样性指数表（二）**

| 年份 | 泰国 | 新加坡 | 新西兰 | 印度 | 印度尼西亚 | 越南 | 中国 |
|---|---|---|---|---|---|---|---|
| 2000 | 0.8696 | 0.8525 | 0.6770 | 0.7463 | 0.5866 | 0.7645 | 0.6735 |
| 2001 | 0.8759 | 0.8292 | 0.6592 | 0.7443 | 0.6218 | 0.7615 | 0.6886 |
| 2002 | 0.8962 | 0.8192 | 0.5921 | 0.7624 | 0.6678 | 0.7429 | 0.7033 |
| 2003 | 0.8670 | 0.8376 | 0.5921 | 0.7052 | 0.6749 | 0.7709 | 0.7184 |
| 2004 | 0.9037 | 0.8485 | 0.6455 | 0.6471 | 0.6936 | 0.7587 | 0.7494 |
| 2005 | 0.9104 | 0.8495 | 0.6749 | 0.6490 | 0.7092 | 0.7846 | 0.7743 |
| 2006 | 0.9030 | 0.8571 | 0.6887 | 0.7181 | 0.7186 | 0.7957 | 0.7839 |
| 2007 | 0.9154 | 0.8045 | 0.6991 | 0.6599 | 0.7266 | 0.8088 | 0.8076 |
| 2008 | 0.9129 | 0.7992 | 0.7207 | 0.6501 | 0.7240 | 0.8173 | 0.7917 |
| 2009 | 0.8883 | 0.8113 | 0.7263 | 0.6563 | 0.7832 | 0.8591 | 0.8466 |
| 2010 | 0.9288 | 0.8213 | 0.7022 | 0.6399 | 0.7740 | 0.8575 | 0.8643 |
| 2011 | 0.9183 | 0.7717 | 0.7053 | 0.6534 | 0.7816 | 0.8344 | 0.8579 |
| 2012 | 0.9375 | 0.7604 | 0.6892 | 0.7304 | 0.7782 | 0.8301 | 0.8893 |
| 2013 | 0.9435 | 0.8135 | 0.6778 | 0.7735 | 0.8095 | 0.8949 | 0.9109 |

资料来源　根据 http：//comtrade.un.org/db/数据库计算得出。

附表 15　**2000—2013 年东亚地区各国家杂项制品类产品的出口多样性指数表（一）**

| 年份 | 澳大利亚 | 菲律宾 | 韩国 | 柬埔寨 | 老挝 | 马来西亚 | 日本 |
|---|---|---|---|---|---|---|---|
| 2000 | 0.6233 | 0.3571 | 0.6487 | 0.0663 | 0.6259 | 0.6369 | 0.8372 |
| 2001 | 0.6621 | 0.4239 | 0.6591 | 0.0464 | 0.6252 | 0.6521 | 0.8189 |
| 2002 | 0.6488 | 0.5089 | 0.6850 | 0.0551 | 0.4099 | 0.7239 | 0.7953 |
| 2003 | 0.5902 | 0.4498 | 0.6719 | 0.1363 | 0.6890 | 0.7100 | 0.7980 |
| 2004 | 0.5017 | 0.5127 | 0.6787 | 0.1409 | 0.4336 | 0.7206 | 0.7449 |
| 2005 | 0.4686 | 0.5134 | 0.6787 | 0.0513 | 0.7636 | 0.7597 | 0.7391 |
| 2006 | 0.5483 | 0.5214 | 0.7077 | 0.0582 | 0.7448 | 0.7759 | 0.7390 |
| 2007 | 0.5153 | 0.5630 | 0.7138 | 0.0769 | 1.0178 | 0.7600 | 0.7458 |
| 2008 | 0.5441 | 0.4702 | 0.7385 | 0.1597 | 0.6374 | 0.7723 | 0.7499 |
| 2009 | 0.5227 | 0.4770 | 0.6984 | 0.1854 | 0.2857 | 0.7673 | 0.7264 |
| 2010 | 0.5647 | 0.6019 | 0.6278 | 0.2323 | 0.2871 | 0.7846 | 0.7078 |
| 2011 | 0.5624 | 0.6145 | 0.7352 | 0.2509 | 0.2959 | 0.7887 | 0.7098 |
| 2012 | 0.5460 | 0.6208 | 0.7374 | 0.3390 | 0.3305 | 0.7980 | 0.7316 |
| 2013 | 0.5881 | 0.6298 | 0.6690 | 0.5368 | 0.3162 | 0.8424 | 0.7304 |

资料来源　根据 http：//comtrade.un.org/db/数据库由笔者计算得出。

附表 16 2000—2013 年东亚地区各国家杂项制品类产品的出口多样性指数表（二）

| 年份 | 泰国 | 新加坡 | 新西兰 | 印度 | 印度尼西亚 | 越南 | 中国 |
|---|---|---|---|---|---|---|---|
| 2000 | 0.4051 | 0.6882 | 0.2411 | 0.8331 | 0.5267 | 0.5799 | 0.5194 |
| 2001 | 0.3907 | 0.6589 | 0.2502 | 0.7621 | 0.4915 | 0.5494 | 0.4974 |
| 2002 | 0.4442 | 0.7030 | 0.1883 | 0.7959 | 0.5298 | 0.5963 | 0.5580 |
| 2003 | 0.4748 | 0.6053 | 0.1883 | 0.7248 | 0.6164 | 0.6218 | 0.5973 |
| 2004 | 0.5206 | 0.6243 | 0.1731 | 0.7547 | 0.6848 | 0.6500 | 0.6105 |
| 2005 | 0.5409 | 0.6607 | 0.2494 | 0.7462 | 0.6833 | 0.6531 | 0.6169 |
| 2006 | 0.5844 | 0.7503 | 0.2713 | 0.7252 | 0.7076 | 0.6936 | 0.6546 |
| 2007 | 0.6552 | 0.6601 | 0.2716 | 0.6725 | 0.7335 | 0.6961 | 0.6818 |
| 2008 | 0.6855 | 0.5914 | 0.2738 | 0.7366 | 0.7515 | 0.7205 | 0.7146 |
| 2009 | 0.6850 | 0.5924 | 0.1849 | 0.7232 | 0.7300 | 0.6935 | 0.7557 |
| 2010 | 0.7285 | 0.6135 | 0.2085 | 0.7328 | 0.7680 | 0.7184 | 0.8231 |
| 2011 | 0.7527 | 0.6042 | 0.1861 | 0.6666 | 0.7653 | 0.7318 | 0.8074 |
| 2012 | 0.7803 | 0.6101 | 0.2808 | 0.6827 | 0.7553 | 0.7260 | 0.8300 |
| 2013 | 0.8165 | 0.8090 | 0.2203 | 0.7296 | 0.7789 | 0.7654 | 0.8557 |

资料来源 根据 http：//comtrade.un.org/db/数据库计算得出。

# 主要参考文献

中文文献


[1] 尹翔硕，郎永峰.中国与FTA伙伴国/地区贸易密集度及互补性分析［J］.南开学报：哲学社会科学版，2011（4）：9-18.

[2] 刘志雄.东亚贸易演变与产业结构调整［J］.东南亚纵横，2008（2）：53-55.

[3] 谷忠倩，等.中日韩三国货物贸易的比较优势和竞争优势分析［J］.对外经贸，2014（6）：18-20.

[4] 蔡宏波，黄建忠.中国自由贸易区战略的有效性：基于商品竞争性与互补性的分析［J］.商业经济与管理，2010（3）：41-50.

[5] 陈露，朱荷.我国与已签订自由贸易协定的伙伴国（地区）比较分析——基于贸易平衡与贸易结合度的视角［J］.经济与管理，2014（8）：69-72.

[6] 邓力平，郑甘澍.贸易结合度分析与出口战略选择［J］.东南学术，2000（5）：49-58.

[7] 孙倩.东亚垂直专业化与我国贸易结构变迁［D］.天津：天津财经大学，2008.

[8] 冯永琦.东亚区域的生产分工、产品需求结构与贸易模式转型［J］.当代亚太，2011（3）：41-56

[9] 谢锐.东亚区域经济一体化进程中中国贸易结构变迁与经济效应研究［D］.

长沙：湖南大学，2010.
[10] 余振.东亚区域贸易安排：福利效应与中国的参与战略［M］. 北京：科学出版社，2010.
[11] 于津平.中国与东亚主要国家和地区间的比较优势与贸易互补性［J］. 世界经济，2003（5）：33-40.
[12] 苏浩.东亚区域一体化进程与“10+1”合作［J］.亚非纵横，2007（1）：24-29.
[13] 陈雯.试析东盟自由贸易区建设对东盟区内贸易的影响［J］. 世界经济，2002（12）：40-46.
[14] 薛敬孝，张伯伟.东亚经贸合作安排：基于可计算一般均衡模型的比较研究［J］. 世界经济，2004（6）：51-59.
[15] 邹宗森，原磊，薄晓东.中国与东亚地区产业内贸易现状及影响因素分析［J］. 亚太经济，2014（1）：53-58.
[16] 鲁晓东.中国与东亚其他经济体出口竞争模式：数量、质量还是多样性竞争［J］. 财贸经济，2013（5）：85-96.
[17] 丁一兵，刘璐，傅缨捷.中国在东亚区域贸易中的地位变化与其经济结构调整［J］. 国际贸易，2013（4）：5-14.
[18] 潘青友.中国与东盟贸易互补和贸易竞争分析［J］. 国际贸易问题，2004（7）：45-49.
[19] 刘璐.中国与东亚国家产业内贸易特征的演变［D］. 长春：吉林大学，2011.
[20] 王亚莉.中国与东亚主要贸易伙伴制造业产业内贸易研究［D］. 成都：西南财经大学，2011.
[21] 刘文娟.实现东亚区域内贸易结构再平衡［D］. 沈阳：辽宁大学，2011.
[22] 吴力.加速推进东亚区域经济一体化［N］. 国际商报，2015-11-24（3）.
[23] 重力，陈静，Somnath Sen，白雪飞.东亚垂直分工网络与技术梯度研究——基于零部件贸易的视角［J］. 世界经济研究，2009（6）：68-73.
[24] 关志雄.从美国市场看中国制造的实力：以信息技术产品为中心［J］. 国际经济评论，2002（7）：5-12.
[25] 联合国商品贸易统计数据库，http：//comtrade.un.org/db/.
[26] 世界银行统计数据库，http：//unctadstat.unctad.org/EN/.
[27] 世界贸易组织统计数据库，https：//www.wto.org/english/res_e/statis_e/statis_e.htm.
[28] 江崎光男.东亚的区域经济一体化与经济增长、收入分配及贫困削减［J］.

南洋资料译丛，2008 (1)：1-18.

[29] 黄凌云，张伟.中日韩三国建立自由贸易区的实证分析与模拟 [J]. 现代财经，2007 (1)：36-38.

[30] 李丽，陈迅，邵兵家.中印有由贸易区的构建对双方及世界经济影响计量研究 [J]. 财贸经济，2008 (4)：111-116.

[31] 尹华，吴彬.区域经济一体化经济增长收敛性的实证研究 [J]. 财务与金融，2008 (5)：16-19.

[32] 范爱军，都春燕.贸易自由化与经济收敛的关联性研究——基于中国-东盟自由贸易区视角 [J]. 亚太经济，2010 (6)：46-51.

[33] 杨帆，滕建州.东亚贸易自由化与经济收敛关系研究 [J]. 经济学家，2013 (3)：24-31.

[34] 鲁晓东.中国与东亚其他经济体出口竞争模式：数量、质量还是多样性竞争 [J]. 财贸经济，2013 (5)：85-96.

[35] 张攀，耿涌.产业生态系统多样性发展机制研究 [J]. 中国软科学，2008 (6)：41-47.

[36] 赵永亮，朱英杰.我国贸易多样性的影响因素和生产率增长——基于内延边际与外延边际的考察 [J]. 世界经济研究，2011 (2)：32-39.

[37] 刘凤义.资本主义多样性研究的方法论探讨——新古典经济学、演化经济学与马克思经济学的比较 [J]. 马克思主义研究，2007 (11)：45-51.

[38] 赵永亮，张光男.我国贸易多样性的度量与影响因素分析 [J]. 国际贸易问题，2009 (8)：30-37.

[39] 梁巧转，刘珍，伍勇.多样性的类型、度量及主要研究方法 [J]. 管理评论，2008 (11)：51-56.

[40] 卢姗.出口多样性对新兴经济体出口绩效的影响——基于跨国数据的实证分析 [J]. 世界经济研究，2009 (7)：45-49.

[41] 霍奇逊.现代制度主义经济学宣言 [M]. 北京：北京大学出版社，1993.

[42] 陈平.文明分岔、经济混沌和演化经济动力学 [M]. 北京：北京大学出版社，2004.

[43] 拉兹洛.进化——广义综合理论 [M]. 闵家胤，译.北京：社会科学文献出版社，1988.

[44] 欧阳莹之.复杂系统理论基础 [M]. 上海：上海科技教育出版社，2002.

[45] 魏宏森.系统论——系统科学哲学 [M]. 北京：清华大学出版社，1995.

[46] 普利戈金.从混沌到有序 [M]. 曾庆宏，等，译.上海：上海译文出版社，1987.

[47] 李巍东.亚经济地区主义的终结——制度过剩与经济整合的困境 [J]. 当代

亚太，2011（8）：6-32.
[48] 江瑞平．构建中的东亚共同体：经济基础与政治障碍，世界经济与政治[J]，2004（9）：60-65.
[49] 韩彩珍，时殷弘．东亚区域合作的瓶颈问题与中国 [J]．现代国际关系，2014（2）：32-36.
[50] 星野昭吉，刘小林．全球化与区域化视角下构建东亚共同体的思考 [J]．世界经济与政治，2011（4）：09-102.
[51] 张建立，李薇．构建东亚共同体的关键在于成功形塑东亚身份认同 [J]．国际经济评论，2014（3）：143-154.
[52] 谢立中．走向东亚共同体：东亚社会面临的困境与出路 [J]．社会学评论，2013（5）：3-11.
[53] 鸠山由纪夫．合作共建东亚共同体 [J]．全球化，2013（7）：19-20.
[54] 吴泽林．近年中国学界关于东亚一体化的研究述评 [J]．现代国际关系，2015（10）：54-62.
[55] 诺斯．制度、制度变迁与经济绩效 [M]．杭行，译．上海：格致出版社，2008.
[56] 阿西莫格鲁，罗宾逊．国家为什么会失败 [M]．李增刚，译．长沙：湖南科学技术出版社，2015.
[57] 宣昌勇，郭韶伟，晏维龙．从空间经济学看东亚区域经济一体化进程 [J]．国际经济合作，2012（8）：36-40.
[58] 佟家栋，张焦伟，曹青云．FTA外商直接投资效应的实证研究 [J]．南开学报：哲学社会科学版，2010（3）：86-92.
[59] 谈茜．双边FTA谈判的策略选择模型与实证分析 [J]．世界经济研究，2010（11）：72-78.

**英文文献**

[1] AGOSIN M R. Export Diversification and Growth in Emerging Economies [J]. CEPAL Review，2009（97）：115-131.
[2] AKBARI N，Farahmand S. The Survey of Economic Convergence and Spillover Effects between EU and Mediterranean Countries：a Spatial Econometric Perspective [J]. Iranian Economic Review，2005，10（12）：63-83.
[3] AMSDEN，ALICE H. Asia New Giant：South Korea and Late Industrialization [M]. New York：Oxford University Press，1989：159-203.
[4] ARKOLAKIS，COSTAS，DEMIDOVA S，PETER J，KLENOW，

ANDRÉS RODRÍGUEZ-CLARE. Endogenous Variety and the Gains from Trade [J]. American Economic Review, 2008 (1): 444–450.

[5] ARKOLAKIS, COSTAS, COSTINOT A, ANDRÉS RODRÍGUEZ-CLARE. New Trade Model, Same Old Gains [C]. NBER working paper, 2009, No. 15628: 566–594.

[6] BALASSA, BELA. Development Strategies in Semi - industrializing Economies [M]. Baltimore: Johns Hopkins University Press, 1982: 56–123.

[7] BALDWIN R E. The Growth Effects of 1992 [J]. Economic Policy, No. 9, 1989: 247–282.

[8] BALDWIN R E. Expanding Membership of the European Union [M]. Cambridge UK: Cambridge University Press, 1995: 278–336.

[9] BALDWIN R E, FORSLID R, HAALAND J. Investment Creation and Diversion in Europe [J]. The World Economy, 1996: 635–659.

[10] BALDWIN R E. A North American Free Trade Agreement: Analytical Issues and a Computational Assessment [J]. The World Economy, 2004: 11–29.

[11] BALDWIN R E, ANTHONYJ, VENABLES. Trade Policy and Industrialization When Backward and Forward Linkages Matter [J]. Research in Economics, 2015 (69): 123 131.

[12] BERGIN, PAUL R, ROBERT C, FEENSTRA. Pass-through of Exchange Rates and Competition between Fixers and Floaters [J]. Journal of Money, Credit and Banking, 2009 (2): 35–70.

[13] BEN - DAVID DAN. Equalizing Exchange: Trade Liberalization and Income Equalization [J]. Quarterly Journal of Economics, 1993 (8): 653–679.

[14] BEN - DAVID DAN. Trade and Convergence Among Countries [J]. Journal of International Economics, 1996 (3): 279–298.

[15] BRODA CHRISTIAN, WEINSTEIN DAVID. Globalization and the Gains from Variety [C]. NBER Working Paper, 2004 (2): 367–406.

[16] BROWN D K, DEARDORFF A V, STERN R M. Computational Analysis of the Accession of Chile to the NAFTA and Western Hemisphere Integration [J]. The World Economy, 2000: 145–174.

[17] CAVES R E. Causes of Direct Investment: Foreign Firms' Shares in Canadian and United Kingdom Manufacturing Industries [J]. Review

of Economics and Statistics, 1974 (56): 272-293.

[18] COE, DAVID T, HELPMAN E. International R&D Spillovers [J]. European Economic Review, 1995, 39 (5): 859-887.

[19] COX D, HARRIS R. North American Free Trade and its Implications for Canada: Results from a CGE Model of North American Trade [J]. The World Economy, 1992: 31-41.

[20] DINOPOULOS E, SEGERSTROM P. Intellectual Property Rights, Multinational Firms and Economic Growth [J]. Journal of Development Economics, 2010, 92(1): 13-27.

[21] FEENSTRA, ROBERT C. New Product Varieties and the Measurement of International Prices [J]. American Economic Review, 1994 (84): 157-177.

[22] FEENSTRA, ROBERT C, HIAU LOOI KEE. On the Measurement of Product Variety in Trade [J]. American Economic Review, 2004, 94 (2): 145-149.

[23] FEENSTRA, ROBERT C, HIAU LOOI KEE. Export Variety and Country Productivity: Estimating the Monopolistic Competition Model with Endogenous Productivity [J]. Journal of International Economics, 2008, 74 (2): 500-518.

[24] FEENSTRA, ROBERT C. Measuring the Gains from Trade under Monopolistic Competition [J]. Canadian Journal of Economics, 2010 (2): 1-28.

[25] FEENSTRA, ROBERT C. Product Variety and the Gains from International Trade [M]. Massachusetts: MIT Press, 2010: 132-197.

[26] FEENSTRA, ROBERT C, WEINSTEIN D. Globalization, Competition, and the U.S. Price Level [C]. NBER Working Paper, 2010, No. 15749: 458-567.

[27] FISHER - VANDEN K, JEFFERSON H. Technology Diversity and Development: Evidence from China's Industrial Enterprises [J]. Journal of Comparative Economics, 2008, 36 (4): 658-672.

[28] GASIOREK M, SMITH A, VENABLES A J. Trade and Welfare: A General Equilibrium Model [M]. Cambridge UK: Cambridge University Press, 1992: 243-289.

[29] HAALAND J, NORMAN V. Global Production Effects of European Integration [M]. Cambridge UK: Cambridge University Press, 1992:

93-156.

[30] HALL, PETER, SOSKICE. Varieties of Capitalism: The Institutional Foundations of Comparative Advantages [M]. Oxford: Oxford University Press, 2001: 116-287.

[31] HENDERSON, VERNON J. Urban Development: Theory, Fact and Illusion [M]. New York: Oxford University Press, 1988: 23-145.

[32] HEJAZIW, SAFARIAN E. Trade, Foreign Direct Investment, and R&D Spillovers [J]. Journal of International Business Studies , 1999 (30): 491-511.

[33] HAUSMANN, RICARDO, HWANG, JASON, RODRIK, DANI. What You Export Matters [R]. KSG Working Paper , No. RWP05-063, 2005 (12): 324-415.

[34] HILEY MARK.The Dynamics of Changing Comparative Advantage in the Asia-PacificRegion [J]. Journal of the Asia Pacific Economy, 1999, 4 (3): 446-467.

[35] HUMMELS D, DANA RAPOPORT, YI KEI-MU. Vertical Specialization and the Changing Nature Of World Trade [J]. Federal Reserve Bank of New York Economic Policy Review, 1998: 79-99.

[36] HUMMELS D, KLENOW P. The Variety and Quality of a Nation's Trade [C]. NBER Working Paper, 2002: 8712.

[37] KAUFFMAN, STUART. At Home in the Universe: The Search for Laws of Self - Organization and Complexity [M]. New York: Oxford University Press, 1995: 78-189.

[38] KELLER, WOLFGANG. Do Trade Patterns and Technology Flows Affect Productivity Growth? [J]. World Bank Economic Review, 2000, 14 (1): 17-47.

[39] KAWAI M, WIGNARAJA G. Which Way Forward [R]. ADB Working Paper, 2009 (5): 234-316.

[40] KOJIMA K. Dynamics of Japanese Investment in East Asia [J]. Hitotsubashi Journal of Economics, 1995 (36): 93-124.

[41] KRUGMAN P R. Increasing Returns, Monopolistic Competition, and International Trade [J]. Journal of International Economics, 1979 (9): 469-479.

[42] KRUGMAN P R. Intra-industry Specialization and the Gains from Trado [J]. Journal of Political Economy, 1981 (89): 959-973.

[43] KRUGMAN P R. Is Bilateralism Bad? In International Trade and Trade Policy [M]. Massachusetts: MIT Press, 1991: 9-23.

[44] LALL S. The Technological Structure and Performance of Developing Country Manufactured Exports 1985-1998 [J]. Oxford Development Studies, 2000 (3): 337-369.

[45] LUMENGA-NESO, OLIVIER, OLARREAGA M, SCHIFF M. On In-direct Trade-Related R&D Spillover [J]. European Economic Review, 2005, 49 (7): 1785-1798.

[46] MAURICE J G, BUN, FRANC J G, KLAASSEN G K, TAN R. Free Trade Areas and Intra-Regional Trade: the Case of ASEAN [J]. The Singapore Economic Review, 2009, 54 (3): 319-334.

[47] MELITZ MARC J. The Impact of Trade on Intra-Industry Reallocations and Aggregate Industry Productivity [J]. Econometrics, 2003, 71 (6): 1695-1725.

[48] MELITZ M J, GIANCARLO I P, OTTAVIANO. Market Size, Trade, and Productivity [J]. Review of Economic Studies, 2008, 75 (1): 295-316.

[49] MOSER C, BARRETT C, MINTEN B. Spatial Integration at Multiple Scales: Rice Markets in Madagascar [J]. Agricultural Economics, Vol. 40, No. 3, 2009, 40 (3): 281-294.

[50] HADDAD M. Trade Integration in East Asia: the Role of China and Production Networks [C]. World Bank Policy Research Working Paper 4160, 2007 (3): 231-311.

[51] MARKUSEN J. Explaining the Volume of Trade [J]. AER, 1986, 76 (5): 1002-1011.

[52] NGUYEN T K. Gravity Model by Panel Data Approach: An Empirical Application with Implications for the ASEAN Free Trade Area [J]. ASEAN Economic Bulletin, 2009, 26 (3): 266-277.

[53] OMOREGIE E M, THOMSON K J. Measuring Regional Competitiveness in Oilseeds Production and Processing in Nigeria: a Spatial Equilibrium Modeling Approach [J]. Agricultural Economics, 2001 (26): 281-294.

[54] PETERSSON L. Export Diversification and Intra-Industry Trade in South Africa [J]. South African Journal of Economics, 2005, 73 (4): 785-802.

[55] ASHOK P, MIYUKI S. Does Trade Liberalization Accelerate Convergence in per Capita Incomes in Developing Countries [J]. Journal of Asian Economics, 2004 (15) : 33-48.

[56] VERNON R. International Investment and International Trade in the Product Cycle [J]. The Quarterly Journal of Economics, 1966 (5) : 190-207.

[57] RUTHERFORD T F, MARTINEZ J. Welfare Effects of Regional Trade Integration of Central American and Caribbean Nations with NAFTA and MERCOSUR [J]. The World Economy, 2000 (23): 799-825.

[58] SACHS J D, ANDREW W. Economic Reform and the Process of Global Integration [C]. Brookings Papers on Economic Activity, 1995 (1): 1-118.

[59] SMITH A, VENABLES A J. Completing the Internal Market in the European Community [J]. European Economic Review, 1988 (32): 1501-1525.

[60] TSANGARIDES C G. On Cross Country Growth and Convergence: Evidence from Africa and OECD Countries [J]. Journal of African Economies, 2002, 10 (4): 355-389.

[61] SHUJIRO U, KIYOTA K. The Impacts of an East Asia FTA on Foreign Trade in East Asia [C]. NBER Working Paper No. W10173, 2003: 1-24.

[62] VERNON R. International Investment and International Trade in the Product Cycle [J]. Quarterly Journal of Economics, 1966, 80 (2): 190-207.

[63] WADE, ROBERT. Governing the Market: Economic Theory and the Role of Government in the East Asian Industrialization [M]. Princeton: Princeton University Press, 1990: 203-324.

[64] YI KEI-MU. Can Vertical Specialization Explain the Growth of World Trade [J]. Journal of Political Economy, 2003: 52-102.

[65] OTTAVIANO G, TABUCHI T, THISSE J F. Integration, Agglomeration and the Political Economics of the Factor Mobility [J]. International Economic Review, 2002 (43): 409-436.

[66] BEHRENS K. Agglomeration Without Trade: How A Non-traded Goods shape the Space Economy [J]. Journal of Urban Economics, 2004 (55): 68-92.

[67] BEHRENS K. Market Size and Industry Location: Traded vs Non-traded

Goods [J]. Journal of Urban Economics，2005 (58)：42-44.

[68] AGO，ISONO T，TABUCHI T. Locational Disadvantage of the Hub [J]. Annals of Regional Science，2006 (40)：819-848.

# 索引